U0862804

中華古籍保護計劃

ZHONG HUA GU JI BAO HU JI HUA CHENG GUO

·成果·

（漢）高誘　注

元本呂氏春秋

第一册

國家圖書館出版社

圖書在版編目(CIP)數據

元本吕氏春秋:全三册 / (漢)高誘注. —北京:國家圖書館出版社,2022.8

(國學基本典籍叢刊)

ISBN 978 - 7 - 5013 - 6765 - 8

Ⅰ.①元… Ⅱ.①高… Ⅲ.①雜家 ②《吕氏春秋》—注釋 Ⅳ.①B229.21

中國版本圖書館 CIP 數據核字(2019)第 099685 號

書　　名	元本吕氏春秋(全三册)
著　　者	(漢)高誘　注
責任編輯	程魯潔
助理編輯	劉静怡
封面設計	徐新狀
出版發行	國家圖書館出版社(北京市西城區文津街7號　100034) (原書目文獻出版社　北京圖書館出版社) 010 - 66114536　63802249　nlcpress@ nlc. cn(郵購)
網　　址	http://www. nlcpress. com
印　　裝	北京市通州興龍印刷廠
版次印次	2022 年 8 月第 1 版　2022 年 8 月第 1 次印刷
開　　本	880 × 1230(毫米)　1/32
印　　張	24.5
書　　號	ISBN 978 - 7 - 5013 - 6765 - 8
定　　價	60.00 圓

《國學基本典籍叢刊》前言

國家圖書館出版社(原書目文獻出版社 北京圖書館出版社)成立三十多年來,出版了大量的中國傳統文化典籍。由於這些典籍的出版往往采用叢書的方式或綫裝形式,供公共圖書館和大學圖書館典藏使用,普通讀者因價格較高、部頭較大,不易購買使用。爲弘揚優秀傳統文化,滿足廣大普通讀者的需求,現將經、史、子、集各部的常用典籍,選擇善本,分輯陸續出版單行本。每書之前均加簡要説明,必要者加編目録和索引,總名《國學基本典籍叢刊》。歡迎讀者提出實貴意見和建議,以使這項工作逐步完善。

編委會

二〇一六年四月

序　言

《呂氏春秋》是戰國末期的一部重要著作，它内容鴻博，思想深邃，兼綜儒墨名法道百家之學，爲雜家之始祖，是研究周秦思想文化的寶藏。

一

《呂氏春秋》是呂不韋召集衆賓客纂集而成，呂不韋是召集人，也是主持者。

呂不韋的里籍，《史記·呂不韋列傳》與《戰國策·秦策》所記略有出入。《呂不韋列傳》云：『呂不韋者，陽翟大賈人也，往來販賤賣貴，家累千金。』《戰國策·秦策五》說：『濮陽人呂不韋賈於邯鄲。』《史記》說呂不韋是陽翟大賈人，《戰國策》說呂不韋是濮陽人，似有不合。高誘在《呂氏春秋解》的序文中說：『呂不韋者，濮陽人，爲陽翟之富賈，家累千金。』

考濮陽與陽翟，濮陽屬東郡；陽翟屬潁川郡。《漢書·地理志》云：『東郡，秦置……縣二十二：濮陽，衛成公自楚丘徙此。故帝丘，顓頊虚。』應劭注：『濮水南入巨野。』《地理志》：

『潁川郡，秦置。縣二十：陽翟，夏禹國。周末，韓景侯自新鄭徙此。』顏師古注：『陽翟本禹所受封耳。』由此看來，在戰國末，濮陽屬衛國，陽翟屬韓國。

從高誘所述，呂不韋當是濮陽人，在陽翟經商發迹，并以此爲駐地，成當地之巨賈，家累千金。四處販賤賣貴，經常往來於邯鄲之間。呂不韋在邯鄲見秦質子异人奇貨可居，歸而與其父商議，其所歸，蓋爲濮陽，濮陽距邯鄲亦近。

呂不韋的生年，史籍闕如。《史記·秦始皇本紀》云：『秦始皇帝者，秦莊襄王子也。莊襄王爲秦質子於趙，見呂不韋姬，悦而取之，生始皇。以秦昭王四十八年正月生於邯鄲。』而《呂不韋列傳》載：『乃遂獻其姬，姬自匿有身，至大期時，生子政。』則不韋獻姬，必在昭王四十七年（公元前二六〇），此時呂不韋爲陽翟大賈，積資甚富，其年至少應三十有餘。以此推算，呂不韋生年約爲公元前二九〇年前後。對於呂不韋的卒年，《秦始皇本紀》明確記載：『十二年，文信侯不韋死，竊葬。』因此，呂不韋卒於秦始皇十二年（公元前二三五）。

呂不韋的家世，史籍莫詳，難以稽考，我們衹能作些間接的推測。《戰國策·秦策五》有一段記載：『呂不韋……賈於邯鄲，見秦質子异人。歸而謂其父曰：「耕田之利幾倍？」曰：「十倍。」「珠玉之贏幾倍？」曰：「百倍。」「立國家之主贏幾倍？」曰：「無數。」曰：「今力田疾作，不得暖衣餘食；今建國立君，澤可以遺世，願往事之。」』據此推測，呂不韋應是出身於地主兼營商的家庭，其家營商，當非自不韋始，且富有積蓄。呂不韋年壯之時，欲棄商謀國，絶非泛泛商旅輩能有此膽識。呂不韋賈於邯鄲，當在秦昭王四十八年（公元前二五九）以前。他認定秦質子异人是一宗『奇貨可居』的交易，於是説服异人，又以五百金買奇物玩好，奉而西游秦，游説華陽夫人。華陽夫人以爲然，遂求得安國君約，以异人爲適嗣，并賜名子楚。秦昭王五十六年（公元前二五一），太子安國君立爲王，是爲孝文王，子楚爲太子。孝文王旋即死去，子楚代立，是爲莊襄王。莊襄王元年（公元前二四九），以呂不韋爲丞相，封文信侯，食河南洛陽十萬户。到公元前二三七年免相的十餘年中，呂不韋輔佐莊襄王、秦王政主持國務，政績突出。這十餘年間，秦國多次對六國用兵，取得重大勝利，大大擴展了秦國的疆域。特别是呂不韋親自率兵滅掉東周，使作爲號召力的、形式上的周天子不復存在，這是對東方六國的一次沉重打擊。呂不韋實行的一系列政策，爲秦國統一天下奠定了堅實的基礎。

呂不韋所行政策，與秦王政不合。所以秦王政在親政後的第二年，便以呂不韋牽連嫪毐與太后事爲藉口，免去了呂不韋的丞相之職，讓他回河南封邑。兩年以後，又怕他作亂，將他徙居蜀地。呂不韋見大勢已去，便飲鴆而死。

二

吕不韋在秦王政八年（公元前二三九）召集衆賓客纂集《吕氏春秋》，他此時作此書的目的何在？《史記・吕不韋列傳》云：『當是時，魏有信陵君，楚有春申君，趙有平原君，齊有孟嘗君，皆下士喜賓客以相傾。吕不韋以秦之强，羞不如，亦招致士，厚遇之，至食客三千人。是時諸侯多辯士，如荀卿之徒，著書布天下。吕不韋乃使其客人人著所聞，集論以爲八覽、六論、十二紀，二十餘萬言，以爲備天地萬物古今之事，號曰《吕氏春秋》。』司馬氏言，乃其目的之一，且非根本。其根本目的是順應形勢，爲秦國制定統一後的大政方針。他説：『勝非其難者也，持之其難者也。』如何保持統一大帝國的長治久安，是必須預先規劃的。吕不韋不同意用自秦孝公以來幾乎處於獨尊地位的法家思想作爲治國的基本國策，作爲相國，他必須提出自己的理論，作爲統一的秦帝國的治國綱領。這一部《吕氏春秋》就是他爲秦帝國維持長治久安所提出的治國方略。《吕氏春秋》的出現，是適應秦國統一天下的大勢的。

《吕氏春秋》的結構體系是經過精心設計的，十分完備。全書共二十六卷，分爲三個部分，《吕不韋列傳》説是『八覽、六論、十二紀』，今傳高誘訓解本是『十二紀、八覽、六論』。孰是孰非，我們可從書的内容看。十二紀是全書的總綱，八覽主要闡述其政治主張，着重論述君道和治術，六論則有點類似於雜篇，補充紀、覽所言。如此則當以高本爲是。『紀』按春夏秋冬十二個月分爲十二紀，如春分三紀，孟春、仲春、季春。每紀包括五篇文章，總共六十篇。『覽』按照内容分爲八覽，每覽八篇，共六十四篇（第一覽《有始覽》缺一篇，現有六十三篇）。『論』也是按内容分爲六論，每論六篇，共三十六篇。還有一篇《序意》，即全書的序言（今本已殘缺），放在十二紀之後。總括起來，《吕氏春秋》全書共一百六十篇，結構完整，自成體系。

班固在《漢書·藝文志》中將《吕氏春秋》列爲雜家，他說：『雜家者流，蓋出於議官，兼儒、墨，合名、法，知國體之有此，見王治之無不貫，此其所長也。』顏師古注曰：『治國之體，亦當有此雜家之說。王者之治，於百家之道無不貫綜。』治國之道，經緯萬端，必集諸家之長而爲治國之本。

《吕氏春秋》的治國思想，歸納起來，最根本的有兩條，一是虚君實臣，一是民本德治。

《吕氏春秋》要求遵照『法天地』的思想去建立君臣之間的關係。《序意》說：『蓋聞古之清世，是法天地。』《圜道》說：『天道圜，地道方。聖王法之，所以立上下。』天道是圜，是虚；地道是方，是實。所謂『天』，即爲君主；所謂『地』，即指臣下。《圜道》又說：『主執圜，臣處方，方圜不易，其國乃昌。』君主就如同天一樣，没有具體的形象，空靈無爲，從而達到無不爲。首先，君主要養性保真，秉持公心。其次，君主要選賢用賢，因而不爲。第三，君主要正名審分，設立官職，使百官各司其職，盡其力。臣下就好像地一樣，是實在的，就要盡忠盡力，處其職，治其事，以侍主。君臣關係就如同天地關係，君主與臣下做好本分的事，而不有所移易，國家就可以太平昌盛。《呂氏春秋》的治國方略是以民爲本，以德爲治。民本思想是儒家特别是孟子的基本思想，呂不韋采以爲己用。他説：『人主有能以民爲務者，則天下歸之矣。』又説：『古之君民者，仁義以治之，愛利以安之，忠信以導之，務除其災，思致其福。』君主治國，民是根本。要得民心，就要切實地爲民衆攘除災禍，創造福祉。在民本思想的基礎上，《呂氏春秋》提出了以德治爲主、以賞罰爲輔的方針。在實行德政的前提下，賞罰可以作爲輔助手段。賞罰不可無有，亦不可專恃。

《呂氏春秋》的價值，除他的治國理念，還在於保存了大量不見於先秦古籍的資料。如：保存了大量重要的先秦史料；保存了豐富的古代衛生醫學方面的知識；保存了詳細的音樂起源的記述，第一次全面記載了我國樂律計算法的三分損益法；保存了很多天文曆法方面的知識，第一次完整地記載了九野及二十八宿的名稱；保存了戰國時期重要的農業思想和農業技術理論。總之，很多毁於秦火的先秦古籍，其思想内容賴《呂氏春秋》得以保存。《呂氏春秋》是一部研究中國古代文明的寶藏，值得我們深入地發掘和利用。

三

《呂氏春秋》成書後，漢代多人爲之作注，現存最早的注本是漢代高誘《呂氏春秋訓解》，最早的刻本是元代至正六年（一三四六）嘉興路儒學刻本，簡稱元刻本或元本。此本誤字較多，明代有所補修，稱元至正嘉禾學宫刊明補修本。明時版本，主要有李瀚本、許宗魯本、張登雲本、姜璧本、宋邦乂本、宋啓明本、劉如寵本、汪一鸞本、凌稚隆朱墨套印本、朱夢龍本、黄之寀本、吴勉學本、李鳴春本等。明代《吕氏春秋》版本複雜，有官刻本、私刻本、翻刻本。其中李瀚本即翻刻元本，許宗魯本、張登雲本、宋邦乂本則較爲精善。

清代最爲突出的是畢沅《經訓堂》本《吕氏春秋新校正》。此本集清儒大家十餘人參校，刻於乾隆五十三年（一七八八），最爲後世所推崇。光緒元年（一八七五）浙江書局收入《二十二子》。近代以來，有許維遹《吕氏春秋集釋》及陳奇猷《吕氏春秋新校釋》，對畢沅本又有所訂正。

元本《吕氏春秋》爲嘉興路總管劉貞刊刻。此本前有鄭元祐序，總目後有鏡湖遺老記。鏡湖遺老即北宋哲宗時之慶湖遺老賀鑄。鏡湖遺老記中説：『元祐壬申（一〇九二），余卧病京師，喜得此書，每藥艾之間手校之。自秋涉冬，朱黄始就，即爲一客挾之而去。後三年見歸，而頗有欲得色，余亦心許之。得官江夏，因募筆工録之，竟以手校本寄欲得者云。』考賀鑄生平，元祐三年（一〇八八）任和州管界巡檢，後不久經蘇軾等人推薦，改任承事郎，爲常侍。旋請任閑職，改監北嶽廟。紹聖二年（一〇九五）授江夏寶泉監。這些，與《鏡湖遺老記》所云經歷正相吻合。《宋史·文苑傳》説賀鑄『家藏書萬餘卷，手自校讎，無一字誤，以是杜門將遂其老』。亦與鏡湖遺老記校書事相合。《宋史》又説賀鑄『出王子慶忌，以慶爲姓，居越之湖澤所謂鏡湖者，本慶湖也。避漢安帝父清河王諱，改爲賀氏，慶湖亦轉爲鏡。當時不知何所據。故鑄自號慶湖遺老』。鏡湖遺老記又説：『《吕氏春秋》總二十六卷，凡百六十篇，餘杭鏤本，亡三十篇，而脱句漏字，合三萬餘言。此本傳之於東牟王氏。今四明使君，元豐初奉詔修書於資善堂，取大清樓所藏本校定。』從記中看出，宋本有餘杭鏤本，傳之東牟王氏，又有内府大清樓本，四明使君校定之資善堂本，還有鏡湖遺老手校之本。鏡湖遺老本其後爲劉節軒所得，其餘宋本皆不傳。

鄭元祐字明德，曾於元成宗大德間受學胡汲仲門下，御史公劉節軒乃胡氏友人，胡氏延致中坐，劇談古今。元祐嘗聞劉節軒談論《吕氏春秋》，時年方二十餘。劉節軒名克誠，字居敬，號節軒先生，其子劉貞名庭幹，爲嘉興路總管。劉貞於至正六年（一三四六）刊印《吕氏春秋》，約鄭元祐爲之作序。時距鄭聞劉節軒談論《吕氏春秋》已四十餘年。鄭序云：『（劉貞）念其家所藏書，皆節軒先生所手校，於是出其一二，俾以刊於嘉禾之學宫，與學者共，而《吕氏春秋》其一也。』鄭元祐序後有『明德』印，下行有『嘉興路儒學教授陳泰至正⊥　』（下缺）字様。『⊥』乃殘缺，或謂是『十』，或謂是『六』。明弘治李翰刻本亦有此行，字作『六』，當以『六』爲是。『嘉興路儒學教授陳泰至正⊥　』同行下有小字『吴興謝盛之刊』。

嘉興路，宋爲嘉禾郡，故嘉禾學宫即嘉興路儒學，因鄭序後有『嘉興路儒學教授陳泰』字様，故稱嘉興路儒學刊本，而鄭序云刊於嘉禾之學宮，故又稱嘉禾學宮刊本，并無二致。

今上海圖書館藏有《吕氏春秋》元本，曾收入《中華再造善本》。此本除有鄭元祐序和鏡湖遺老記外，扉頁有手書之『周松靄大令手札』，及吴兔床識語。周松靄，名春字松靄，清代乾嘉時學者。其札云：『《吕覽》卷二十二《慎行論》中有緩氣之説，不獨元板，明板亦不删，已檢得矣。籠口之説，大約在《淮南子》注中，弟處《淮南子》乃明刻本有批點者，注極略，鄴架所儲，或係别本，望便中查示。再，《吕覽》匆匆閲過，但縱目力所至，恐尚脱漏，并乞留神再檢，爲感。恕便紙。』吴兔床名騫，字槎客，號兔床。其識語云：『此元初刻本，序文前半頁乃查初白先生手筆抄補，真如白獺髓矣。兔床志。』

此本書名頁有二印章，一爲『南書房史官』，一爲『海寧查慎行字夏重又曰悔餘』。此二印爲查慎行印。查慎行，清康雍時學者，初名嗣璉，字夏重，號查田，後改名慎行，字悔餘，號他山，晚年居初白庵，又稱初白。曾授翰林院編修，供職於南書房。該書第一、四、九、十三、十五、十八、二十、二十三共八卷卷首有『得封樓藏書』印，『得封樓』是查慎行的藏書樓，此書即查慎行所藏。這幾卷（除卷一）并有『上海圖書館藏書』印。

此本爲折頁，半頁十行，行二十字，大字、小字同，小字爲雙行。書版框高二十二點四厘米，寬十五點七厘米。版心上有字數，中間黑口，書『吕氏春秋卷某』，其下或有刻工記號『青』或『射』。

元至正本有訛脱之字，明補修本多所訂補。如：《安死》「是無不相之墓也」，「相」字誤，明補修本改作「扫」。《孝行》「安牀第」，「第」字誤，明補修本改作「第」。《慎大》「賢主愈大愈懼，愈强恐」，「强」下脱「愈」字，明補修本補「愈」字。

作爲現存最早之《吕氏春秋》刻本，元至正六年嘉興路儒學刻本雖非盡善，但仍有重要參考價值。今據上海圖書館藏之元至正本影印出版，以饗廣大讀者。

張雙棣

二〇二二年一月二十一日於海淀博雅西園

總目録

第一册

序一……五
總目……九
序二……二九
卷一　孟春紀……三三
卷二　仲春紀……五九
卷三　季春紀……八三
卷四　孟夏紀……一〇七
卷五　仲夏紀……一二九
卷六　季夏紀……一四九
卷七　孟秋紀……一七一
卷八　仲秋紀……一九三

卷九　季秋紀……二一三
卷十　孟冬紀……二三五

第二册

卷十一　仲冬紀……一
卷十二　季冬紀……二三
卷十三　有始覽……四五
卷十四　孝行覽……七三
卷十五　慎大覽……一二三
卷十六　先識覽……一六七
卷十七　審分覽……二〇七

第三册

卷十八　審應覽……一
卷十九　離俗覽……四三
卷二十　恃君覽……八三
卷二十一　開春論……一二七

卷二十二　慎行論……一四九
卷二十三　貴直論……一七三
卷二十四　不苟論……一九七
卷二十五　似順論……二一九
卷二十六　士容論……二四三

第一册目録

序一……五
總目……九
序二……二九
卷一　孟春紀
正月紀……三三
本生……三九
重己……四四
貴公……四九
去私……五四
卷二　仲春紀
二月紀……五九
貴生……六三
情欲……六九

當染……七三
功名……七八
卷三 季春紀
三月紀……八三
盡數……八八
先己……九二
論人……九七
圜道……一〇一
卷四 孟夏紀
四月紀……一〇七
勸學……一一一
尊師……一一五
誣徒……一二〇
用衆……一二四
卷五 仲夏紀
五月紀……一二九
大樂……一三三

侈樂……一三七
適音……一四〇
古樂……一四三
卷六　季夏紀
六月紀……一四九
音律……一五四
音初……一五八
制樂……一六一
明禮……一六五
卷七　孟秋紀
七月紀……一七一
蕩兵……一七五
振亂……一七九
禁塞……一八二
懷寵……一八七
卷八　仲秋紀
八月紀……一九三

論威……一九七
簡選……二〇一
决勝……二〇五
愛士……二〇八
卷九 季秋紀
九月紀……二一三
順民……二一八
知士……二二二
審己……二二六
精通……二三〇
卷十 孟冬紀
十一月紀……二三五
節喪……二四〇
安死……二四四
异寶……二五〇
异用……二五三

據上海圖書館藏元至正六年嘉興路儒學刻本影印原書版框高二十二點四厘米寬十五點七厘米

呂氏春秋

周松靄大令手札

呂覽卷二十三慎行論中有偃姜之說不獨元板明板亦不刪也拾曰吳以說口之說大約在淮南子注中亦云淮南子乃明刻本只批點者注相聯繁而備或係別本其便于查尋不用呂覽句句閱過但傷目力而無從出脫漏並之留神再檢原藏

如淳頓首

此元初刻本序文前半頁乃
查初白先生手筆抄補真
如白獺髓矣　免牀志

江南内附祕北方賢士大夫宦轍南邁者
往、嗜古績學考索研稽惟恐弗逮元祐
恨生晚無以參侍諸大老若徐公子方父
暢公純父劉公居敬父號節軒先生尚及
以諸生拜之於諸老先生坐席間久之金華
胡汲仲先生講道虎林山之僧舍蹝蓍古屋
之下中設一木榻賓友終日相過從其獲延
致中坐與先生劇談古今北南士大夫不數人

而節軒先生則其一也公踈秀而明潤玉立而長身時與先生論先秦古書以爲秦自用商鞅驅其民不戰則耕禁絶先王之學固不待李斯建言之時也然呂不韋廼能招延四方辨博之士成呂覽一書其書雖醇疵相參至於奇聞異見有裨世教若月令爲書小戴取之以記禮先儒不謂其爲不可也顧其書版久不復刊而讀者亦甚寡熙元祐聞先生此言

也時年二十餘今忽四十餘年矣已而元祐飢
驅東西漂頗聞節軒先生不樂仕僅以監
察御史終位不究德而始發於其子嘉興公
嘉興公以文儒起家歷朝著出爲嘉興路
總管念其家所藏書皆節軒先生所手校
於是出其一二俾以刊于嘉禾之學宮與學者
共而呂氏春秋其一也公念元祐嘗受學於
胡先生之門固以諸生拜御史公者矣呂覽

既刊版乃俾元祐為之序御史公海岱人諱克誠字居敬累贈至禮部尚書嘉興公名貞字庭幹由嘉興掾授海道都漕運萬户云

遂昌鄭元祐序

嘉興路儒學教授陳泰全立

吳興謝盛之刊

呂氏春秋總目

孟春紀第一凡五篇卷第一
一曰孟春
二曰本生
三曰重己
四曰貴公
五曰去私
仲春紀第二凡五篇卷第二
一曰仲春
二曰貴生

三曰情欲
四曰當染
五曰功名一作由道
季春紀第三凡五篇卷第三
一曰季春
二曰盡數
三曰先已
四曰論人
五曰圜道
孟夏紀第四凡五篇卷第四

一曰孟夏
二曰勸學 一作觀師
三曰尊師
四曰誣徒 一作詆没
五曰用衆 一作善學

仲夏紀第五凡五篇卷第五

一曰仲夏
二曰大樂
三曰侈樂
四曰適音 一作和樂

五曰古樂

季夏紀第六凡五篇卷第六

一曰季夏

二曰音律

三曰音初

四曰制樂

五曰明理

孟秋紀第七凡五篇卷第七

一曰孟秋

二曰蕩兵一作用兵

三曰振亂

四曰禁塞

五曰懷寵

仲秋紀第八凡五篇卷第八

一曰仲秋

二曰論威

三曰簡選

四曰決勝

五曰愛士 一作慎窮

季秋紀第九凡五篇卷第九

一曰季秋
二曰順民
三曰知士
四曰審己
五曰精通

孟冬紀第十凡五篇卷第十

一曰孟冬
二曰節喪
三曰安死
四曰異寶

五曰異用

仲冬紀第十一凡五篇卷第十一

一曰仲冬
二曰至忠
三曰忠廉
四曰當務
五曰長見

季冬紀第十二凡六篇卷第十二

一曰季冬
二曰士節

三曰八立一作立意

四曰誠廉

五曰不侵

六曰序意一作廉孝

右爲十二紀凡六十一篇

有始覽第一凡七篇卷第十三

一曰有始

二曰名類

三曰去尤

四曰聽言

五曰謹聽
六曰務本
七曰諭大

孝行覽第二凡八篇卷第十四

一曰孝行
二曰本味
三曰首時 一作肙時
四曰義賞
五曰長攻
六曰慎人 一作順人

七曰遇合

八曰必已作本知又作不過

慎大覽第三凡八篇卷第十五

一曰慎大

二曰權勳

三曰下賢

四曰報更

五曰順說

六曰不廣

七曰貴因

八曰察今

先識覽第四凡八篇卷第十六

一曰先識

二曰觀世

三曰知接

四曰悔過

五曰樂成

六曰察微

七曰去宥

八曰正名

審分覽第五 凡八篇 卷第十七

一曰審分

二曰君守

三曰任數

四曰勿躬

五曰知度

六曰慎勢

七曰不二

八曰執一

審應覽第六 凡八篇 卷第十八

一曰審應
二曰重言
三曰精諭
四曰離謂
五曰淫辭
六曰不屈
七曰應言
八曰具備
離俗覽第七凡八篇卷第十九
一曰離俗

二曰高義

三曰上德

四曰用民

五曰適威

六曰爲欲

七曰貴信

八曰舉難

恃君覽第八 凡八篇 卷第二十

一曰恃君

二曰長利

三曰知分
四曰召類
五曰達鬱
六曰行論
七曰驕恣
八曰觀表
右爲八覽凡六十三篇
開春論第一凡六篇卷第二十一
一曰開春
二曰察賢

三曰期賢

四曰審爲

五曰愛類

六曰貴卒

慎行論第二凡六篇卷第二十二

一曰慎行

二曰無義

三曰疑似

四曰壹行

五曰求人

六曰察傳

貴直論第三凡六篇卷第二十三

一曰貴直

二曰直諫

三曰知化

四曰過理

五曰壅塞

六曰原亂

不苟論第四凡六篇卷第二十四

一曰不苟

二曰贊能
三曰自知
四曰當賞
五曰博志
六曰貴當

似順論第五凡六篇卷第二十五

一曰似順
二曰別類
三曰有度
四曰分職

五曰處方
六月愼小
士容論第六凡六篇卷第二十六
一曰士容
二曰務大
三曰上農
四曰任地
五曰辯土
六曰審時
右爲六論凡三十六篇

右呂氏春秋揔二十六卷凡百六十篇餘杭鏤本亡三十篇而脫句漏字合三萬餘言此本傳之于東牟王氏今四明使君元豐初奉詔修書於資善堂取大清樓所藏本校定元祐壬申余卧疾京師喜淂此書每藥艾之間手校之自秋涉冬朱黄始就即為一客挾之而去後三年見歸而頗有欲淂色余亦心許之淂官江夏因募華工録之竟以手校本寄欲淂者云

鏡湖遺老記

呂氏春秋序

高誘撰

呂不韋者濮陽人也爲陽翟之富賈家累千金秦昭襄王者孝公之曾孫惠文王之孫武王之子也太子死以庶子安國君柱爲太子柱有子二十餘人所幸妃號曰華陽夫人華陽夫人無子安國君庶子名楚其母曰夏姬不甚得幸令楚質於趙而不能顧質數東攻趙趙不禮楚時不韋賈於邯鄲見之曰此奇貨也不可失乃見楚曰吾能大子之門楚曰何不大君之門乃大吾之門耶不韋曰子不知也吾門待子門大而大之

楚默幸之不韋曰昭襄王老矣而安國君爲太子竊
聞華陽夫人無子能立適嗣者獨華陽夫人耳請以
千金爲子西行事安國君令立子爲適嗣不韋乃以
寶玩珍物獻華陽夫人因言楚之賢以夫人爲天母
日夜涕泣思夫人與太子夫人大喜言於安國君於
是立楚爲適嗣華陽夫人以爲己子使不韋傳之不
韋取邯鄲姬已有身楚見說之遂獻其姬至楚所生
男名之曰正楚立之爲夫人暨昭襄王薨太子安國
君立爲華陽夫人爲后楚爲太子安國君立一年薨
謚爲孝文王太子楚立是爲莊襄王以不韋爲丞相

封爲文信侯食河南雒陽十萬户莊襄王立三年而
薨太子正立是爲秦始皇帝尊不韋爲相國號稱仲
父不韋乃集儒書使著其所聞爲十二紀八覽六論
訓解各十餘萬言備天地萬物古今之事名爲呂氏
春秋暴之咸陽市門懸千金其上有能增損一字者
與千金時人無能增損者誘以爲時人非不能也蓋
憚相國畏其勢耳然此書所尚以道德爲標的以無
爲爲綱紀以忠義爲品式以公方爲檢格與孟軻孫
卿淮南揚雄相表裏也是以著在錄略誘正孟子章
句作淮南孝經解畢訖家有此書尋繹案省大出諸

子之右既有脫誤小儒又以私意改定猶慮傳義失其本眞少能詳之故復依先師舊訓輒乃爲之解焉以述古儒之旨凡十七萬三千五十四言若有紕繆不經後之君子斷而裁之比其義焉

呂氏春秋卷第一

孟春紀第一　本生　重己　貴公　去私

呂氏春秋訓解　高氏

一曰孟春之月日在營室孟長春時夏之正月也營室北方宿衛之分野是月日躔此宿昏參中旦尾中參西方宿晉之分野尾東方宿燕之分野是月昏旦時皆中於南方其日甲乙甲乙木日也太皥伏羲氏以木德王天下之號死祀於東方為木德之帝其帝太皥其神句芒句芒少皥氏之裔子曰重佐木德之帝死為木官之神其蟲鱗東方少陽物去太陰甲散為鱗鱗魚屬也龍為之長角木也位在東方其音角律中太蔟太蔟陽律也竹管音與太蔟聲和太陰氣衰少陽氣發萬物動生蔟地而出故曰律中太蔟其數八五行數五木第三故數八其味酸春東方木王木味酸酸者鑽也萬物其臭羶

應陽鑽地而出壇木香壇也其祀户祭先脾蟄伏之類始動生出由户故祀户也脾屬土陳俎豆脾在前故曰祭先脾春木勝土先食所勝也一說脾屬木自用其藏也東風解凍蟄蟲始振蟄讀如詩文王之什東方木木火母也火氣溫故東風解凍冰泮釋地蟄伏之蟲乘陽始振動蘇生也魚上冰獺祭魚魚鯉鮒之屬也應陽而動上負冰獺獱水禽也取鯉魚置水邊四面陳之世謂之祭魚爲時候者候鴈北天子居青陽左个候時之鴈從彭蠡來北過至北極之沙漠也青陽者明堂也中方外圜通達四出各有左右房謂之个猶隔也東出謂之青陽南出謂之明堂西出謂之總章北出謂之玄堂是月天子朝日告朔行令於左个之房東向堂北頭室也乘鸞輅駕蒼龍輅車也鸞鳥在衡和在軾鳴相應和後世不能復致鑄銅爲之飾以金謂之鸞輅也周禮馬八尺以上爲龍七尺以上爲騋六尺以上爲馬也載青旂衣青衣服青玉旂旗名交龍爲旂載者昔今之雜翹車是也服佩也所衣服佩玉皆青者順木色也食

麥與羊其器疏以達麥屬金羊屬土是月也金土以老衰所勝也宗廟所用之器皆
疏鏤通達以象陽氣之射出是月也以立春冬至後四十六日而立春立春之節多在
是月也先立春三日太史謁之天子曰某日立春盛德
在木謁告也周禮太史掌國之六典正歲時以序事故告天子以立春日也盛德在木王東方也
天子乃齋論語曰齋必變食居必遷坐自禋潔也立春之日天子親率
三公九卿諸侯大夫以迎春於東郊率使也迎春木氣於東方八里
之郊還乃賞公卿諸侯大夫於朝賞爵祿之賞也三公至尊坐而論道不嫌
不賞與但言卿諸侯大夫者也命相布德和令行慶施惠下及兆民
相三公也出爲二伯一相處于內也布陽德和柔之令行其慶善施其澤惠下至于兆民無不被之也
慶賜遂行無有不當各得其所也迺命太史守典奉法司

天日月星辰之行典六典法八法日月五星行度遲速太史之職也故命使司知之也
宿離不忒無失經紀以初為常忒差也星辰宿度司知其度以起牽牛之初為常是月也天子乃以元日祈穀于上帝日從甲至癸也元善也祈求也上帝天帝也乃擇元辰天子親載耒耜措之參于保介之御間元善也辰十二辰從子至亥也耒耜耕器也措置也保介副也御致也擇善辰之日載耒耜之具於籍田致手保介之間施用之也率三公九卿諸侯大夫躬耕帝籍田躬親也天子籍田千畝以供上帝之粢盛故曰帝籍天子三推三公五推卿諸侯大夫九推禮以三為文故天子三推謂一發也國語曰王耕一發班三之班次也謂公卿大夫各三其上公三發卿九發大夫二十七發也反執爵于太寢爵飲爵太寢祖廟也示歸功於先祖故於廟飲酒也三公九卿諸侯大夫皆御命

曰勞酒致天子之命勞群臣於太廟飲之以酒是月也天氣下降地氣上騰天地和同草木繁動是月也泰卦用事乾下坤上天地和同繁衆動揔而生也王布農事命田舍東郊命令也東郊農郊也命農大夫舍止東郊監視田事皆修封疆審端徑術修治也封界也起其疆畔紏督情窳於疆下也詩云中田有廬疆場有瓜無休廢也端正其經路不得邪行賊稼穡也善相丘陵阪險原隰相視也阪險傾危也廣平曰原下濕曰隰土地所宜五穀所殖殖長以教道民必躬親之詩云弗躬弗親庶民弗信田事既飭先定準直農乃不惑飭讀作勑勑督田事準定其功農大正乾不疑惑也是月也命樂正入學習舞樂正樂官之長也入學官教國子講習羽籥之舞周禮大胥掌學士之板以六樂之會正舞位也乃修祭典命祀山林川澤犧牲無用牝典掌也功施於民則祀之

山林川澤百物所生又能興雲雨以殖嘉苗故祀之無用牝尚蠲潔也禁止伐木春木王尚長養也無覆巢無殺孩蟲胎夭飛鳥無麛無卵蕃庶物也麛子曰犬鹿子日麛也無聚大衆無置城郭置立也掩骼霾髊髊讀水漬物之漬白骨曰骼有肉曰髊掩霾者覆藏之也順木德而尚仁恩者也是月也不可以稱兵稱兵必有天殃稱舉也殃咎也兵戎不起不可以從我始春當行仁非興兵征伐時也故曰不可以從我始無變天之道變猶戾也無絕地之理絕猶斷也無亂人之紀人反德為亂紀道也孟春行夏令則風雨不時草木旱槁國乃有恐春木也夏火也木德用事法當寬二而行火性炎上故使草木槁落不待秋冬故曰天氣不和國人惶恐也行秋令則民大疫疾風暴雨數至藜莠蓬蒿並興木仁金殺而行其令氣不和故民疫

病也金生水與水相干故風雨數行冬令則水潦爲
至荒穢滋生是以藜莠蓬蒿並興敗霜雪大摯首種不入春陽冬陰也而行其令陰乘陽故水潦爲敗雪霜大摯傷害五穀春爲歲始稼穡應之不成熟也故曰首種不入

正月紀

二曰始生之者天地養成之者人也始初也能養天之所生而勿攖之謂天子攖猶戾也天子之動也以全天爲故者也全猶順也天性也故事也此官之所自立也官正也自從也立官者以全生也生性也今世之惑主主謂王也多官而反以害生則失所爲立之矣多立官政任不肖人亂豪于度故以害生也失其所爲立官之法也譬之若修兵者以備寇也今修兵而反以自攻則

亦失所爲修之矣君秦築長城以備患不知長城之所以自亡也亦失其所爲修兵之
法也夫水之性清土者扫之故不得清扫讀曰骨骨濁也人之
性壽物者扫之故不得壽扫亂也亂之使夭折也物也者所以
養性也非所以性養也物者貨賄所以養人也世人貪欲過制者多所以取禍敗
曰非所以性養也今世之人惑者多以性養物夫無爲者不以身役物有
爲者則以物役身故曰惑者多以性養物也則不知輕重也輕喻物重喻身不知
輕重則重者爲輕輕者爲重矣若此則每動無不敗
以此爲君悖以此爲臣亂以此爲子狂三者國有一
焉無幸必亡假令有幸且猶危危病者也今有聲於此耳聽之必
慊慊快也已聽之則使人聾必弗聽以聾故不當聽有色於此

目視之必慊已視之則使人盲必弗視以盲故不當視也有

味於此口食之必慊已食之則使人瘖必弗食以瘖故不當食也老子曰五聲亂耳使耳不聰五色亂目使目不明五味實口使口爽傷也是故聖人

之於聲色滋味也利於性則取之害於性則舍之此

全性之道也世之貴富者其於聲色滋味也多惑者惑眩日夜求幸而得之則遁焉遁流逸不能自禁也性惡得

不傷惡安也傷病也萬人操弓共射其一招招無不中招埻的也衆人所見會弓射之故曰無不中也萬物章章以害一生生無不傷章章明美貌故生殆也以便一生生無不長便利也利其生性故生長久也故聖

人之制萬物也以全其天也天身也天全則神和矣目

明矣耳聰矣鼻臭矣口敏矣三百六十節皆通利矣若此人者不言而信法天不言四時行焉是其信也不謀而當不慮而得詩云不識不知順帝之則故曰不謀慮而當合得事實精通乎天地神覆乎宇宙宇宙區宇之內言其德大皆覆被其於物無不受也無不裹也受猶承也裹猶囊裹也若天地然其德如天無不覆如地無不載故曰若天地然也上爲天子而不驕常戰栗也故堯戒曰戰戰栗栗日愼一日下爲匹夫而不惛惛讀憂悶之悶義亦然也此之謂全德之人其德行升降無所虧闕故曰全貴富而不知道適足以爲患不知持盈止足之道以至破亡故曰適足以爲患也不知貧賤貧賤之致物也難雖欲過之奚由貧賤無勢不能致情欲之物故曰難也於禮無爲於身無闕故曰雖欲過之奚由也出則以車入則以

輦務以自佚 人引車曰輦出門乘車入門用輦此驕逸之務也 命之曰招蹷之機 招至也蹷機門內之位也乘輦于宮中遊翔至於蹷機故曰務以自佚也詩曰不遠伊邇薄送我畿此不過蹷之謂 肥肉厚酒務以相彊命之曰爛腸之食 論語曰肉雖多不使勝食氣又曰不爲酒困老子曰五味實口使口爽傷故謂之爛腸之食也 靡曼皓齒鄭衛之音務以自樂命之曰伐性之斧 靡曼細理弱肌美色也皓齒詩所謂齒如瓠犀者也鄭國淫辟男女私會於溱洧之上有絢盱之樂芍藥之和昔者紂使樂師作朝歌北鄙靡靡之樂以爲淫亂武王伐紂樂師抱其樂器自投濮水之中暨衛靈公北朝于晉宿於濮上夜聞水中有琴瑟之音乃使師涓以琴寫其音靈公至晉國晉平公作樂公曰寡人得新聲請以樂君遂使涓作之平公大說師曠曰止之曰此亡國之音也紂之太師以此音自投於濮水得此聲必於濮水之上地在衛因曰鄭衛之音以其淫辟滅亡故曰伐性之斧者也 三患者貴富之所

致也故古之人有不肯貴富者矣由重生故也古人謂堯時許由方回善綣舜時皐陶周時伯夷漢時四皓皆不肯富貴者髙位寶疾頗攸曰重生故也非夸以名也爲其實也夸虛也非以為輕富貴求虛名也以為其可以全生保性之實也則此論之不可不察也論此上句貴賤禍福不可不察也

本生

三曰倕至巧也人不愛倕之指而愛己之指有之利故也倕堯之巧工也雖巧無益於己故不愛之也己指雖不如倕指巧猶自為用故言有之利故也人不愛崑山之玉江漢之珠崑山之玉燔以爐炭三日三夜色澤不變玉之美者也江漢有夜光之明珠珠之美者也而愛己之一蒼璧小璣有之利故也蒼璧石多玉少也珠之不圜者曰璣皆喻不好也而愛之者有之為己用得其利故也今

吾生之爲我有而利我亦大矣〔吾亦我有有我身也天下之利有我如我之愛蒼璧與小璣有之利故也故曰利我亦大矣〕論其貴賤爵爲天子不足以比焉〔論其所貴所賤人雖尊爲天子不足以比己之所賤〕論其輕重富有天下不可以易之〔論其所輕富而所重人雖富有天下之財不肯以己易之〕論其安危一曙失之終身不復得〔貧賤所以安也富貴所以危也曙明日也言一日失其所以安終身不能復得之也〕此三者有道者之所慎也〔道尚無為不尚此三者故曰有道者之所慎〕有慎之而反害之者不達乎性命之情也〔守慎無為輕貴重身當時行則行時止則止而反有害之者故曰不達乎性命之情者也〕不達乎性命之情慎之何益〔雖慎之猶見害故曰何益〕是師者之愛子也不免乎枕之以糠是聾者之養嬰兒也方雷而

窺之于堂有殊弗知慎者（師瞽師目無見者也故抗子以糠糠其盲眯子目非利之者也聾者不聞霤之聲不頓頼自拍解謝咎過而反徐步窺見於堂故曰有殊弗知慎者也殊猶甚也）

夫弗知慎者是死生存亡可不可未始有別也（言不能別知也）

未始有別者其所謂是未嘗是其所謂非未嘗非是其所謂非非其所謂是此之謂太惑（已之所是衆人之所非也故曰未嘗是已之所非衆人之所是也故曰未嘗非是已之所是非已之所非而以此求同於已者也故謂之太惑）

若此人者天之所禍也（禍咎也）

以此治身必死必殃以此治國必殘必亡（以其天之所禍也不死不亡者未之有也故曰必亡）

夫死殃殘亡非自至也惑召之也（召致也以惑致之也）

壽長至常亦然（亦以仁義召之也）

故有道者不察所召而察其召之

者所召仁與義也推行仁義壽長自至故曰不察所召也召之者不行仁義殘亡應行而至故曰察其召也之則其至不可禁矣禹湯罪已其興也勃焉桀紂罪人其亡也忽焉皆已自召之何禁御此論不可不熟熟猶知也使烏獲疾引牛尾尾絕力勯而牛不可行逆也烏獲秦武王力士也能舉千鈞勯讀曰單單盡也使五尺豎子引其棬而牛恣所以之順也恣猶從也之至也世之人主貴人人主謂王者諸侯也貴人謂公卿大夫也無賢不肖莫不欲長生久視視活也而日逆其生欲之何益王者貴人所行淫修縱欲暴虐反戾天常不順生道日所施行無不到逆其生雖欲長生若烏獲多力到引牛尾尾絕不能行故曰欲之何益也凡生長也順之也使生不順者欲也欲情欲也故聖人必先適欲適猶節也室大則多陰臺高則多陽多陰則蹷

（蹷逆寒疾也）多陽則痿（痿躄不能行也）此陰陽不適之患也（患害也）是故先王不處大室（為蹷疾也）不為高臺（為痿疾也）味不眾珍（為傷胃也）衣不燀熱（燀讀曰亶亶厚也）燀熱則理塞（理塞脈理閉結也）理塞則氣不達（達通也）味眾珍則胃充（充滿也）胃充則中大鞔（鞔讀曰懣不勝食氣為懣病也肥肉厚酒爛腸之食此之謂也）中大鞔而氣不達（不達壅閉也）以此長生可得乎（言不得也）昔先聖王之為苑囿園池也足以觀望勞形而已矣（畜禽獸所大曰苑小曰囿詩云王在靈囿樹果曰園詩曰園有樹桃有水曰池可以遊觀娛志故曰足以勞形而已）其為宮室臺榭也足以辟（一作備）燥濕而已矣（宮廟也室寢也爾雅曰宮謂之室室謂之宮築土方而高曰臺有屋曰榭燥謂陽炎濕謂雨露故曰足以備之而已）其為輿馬衣裘也

足以逸身煖骸而已矣逸安也其為飲食酏醴也足以適味充虛而已矣酏讀如詩虵虵不言之虵周禮漿人掌王之六飲水漿醴涼醫酏也又酒正二曰醴齊醴者以蘖與黍相醴不以麴也濁而甜耳其為聲色音樂也足以安性自娛而已矣聲五音宮商角徵羽也色青黃赤白黑也五者聖王之所以養性也非好儉而惡費也節乎性也節猶和也和適其情性而已不過制也

重已

四曰昔先聖王之治天下也必先公公正也公則天下平矣平和也平得於公得猶出也嘗試觀於上志上志古記也有得天下者衆矣其得之以公其失之必以偏偏私不正也

凡主之立也生於公（生性也）故鴻範曰無偏無黨王道蕩蕩（蕩蕩平易也詩云魯道有蕩）無偏無頗遵王之義（義法也）無或作好遵王之道（或有也好私好鬻公平於曲惠也）無或作惡遵王之路（惡擅作威也）天下非一人之天下也天下之天下也（書曰皇天無親惟德是輔故曰天下之天下也）陰陽之和不長一類甘露時雨不私一物（私猶異也）萬民之主不阿一人（阿亦私也）伯禽將行請所以治魯（伯禽周公子也成王封之於魯詩云建爾元子俾侯于東）周公曰利而勿利也（務在利民勿自利也）荊人有遺弓者而不肯索（遺失也）曰荊人遺之荊人得之又何索焉孔子聞之曰去其荊而可矣（言人得之而已何必荊人也）老聃聞之曰去其人而可

矣故老聃則至公矣公正也言天下得之而已何必人故曰至公無所私爲也天地大矣生而弗子成而弗有天大地大生育民人不以爲己子成遂萬物不以爲己有也萬物皆被其澤得其利而莫知其所由始由從也萬物皆蒙天地之澤而得其利若堯時父老無䌛役之勞擊壤於里陌自以爲當然故曰莫知其所從始也此三皇五帝之德也三皇五帝德大能法天地民人被其澤而得其利亦不知其所從始也老子云聖人不仁以百姓爲蒭狗此之謂也管仲有病桓公往問之曰仲父之病矣病困也漬甚國人弗諱漬亦病也公羊傳曰大眚者何大漬也國人弗諱言死生不可諱也寡人將誰屬國屬託也管仲對曰昔者臣盡力竭智猶未足以知之也未足以知人也今病在於朝夕之中臣奚能言奚何也桓公曰此大事也願仲

小三百二十六

父之教寡人也教猶告也管仲敬諾曰公誰欲相言欲用誰爲相公曰鮑叔牙可乎管仲對曰不可夷吾善鮑叔牙夷吾管仲名善猶和也鮑叔牙之爲人也清廉潔直視不已若者不比於人也比方也一聞人之過終身不忘念人之過必亡人之功不可爲覇者之相也勿已則隰朋其可乎隰朋之爲人也上志而下求志上世賢人而摸之也求猶問也論語曰孔文子不耻下問是以謂之文醜不若黃帝而哀不已若者自醜其德不如黃帝詩云高山仰止景行行止鄉者人也哀不如已者欲教育訓厲使與已齊也其於國也有不聞也不求聞其善也志在利國而已其於物也有不知也物事也非其職事不求知之也其於人也有不見也務在濟民求見之孝經曰非家至而見之也此總說隰朋所行勿已乎則隰

朋可也言可用也夫相大官也處大官者不欲小察察苛也不欲小智小智則好知小事以自矜伐也故曰大匠不斲但視模範而已不復自斲削也大庖不豆但調和五味使神人享之而已不復自列簋簠籩豆也大勇不鬭夫勇之人折衝千里而能服遠不復自鬭也大兵不寇寇害也若武王之伐紂掃除無道釋箕子之囚朝成湯之廟撫殷之民不寇害之也桓公行公去私惡過於人之無所念無所私也故曰去私也用管子而為五伯長長上也行私阿所愛用豎刁而蟲出於戶阿豎刁易牙之諛不正適長其怨也國亂民擾五子爭立無主喪六十日乃殯至使蟲流出戶也人之少也愚其長也智故智而用私不若愚而用公用私以敗用公則濟日醉而飾服飾讀曰勑禮喪不飲酒食肉而日醉於酒欲整喪紀猶無目欲視青黃無耳欲聽宮商也私利而立公貪戾

而求王舜弗能爲舜猶不能爲況凡人乎

貴公

五曰天無私覆也地無私載也日月無私燭也四時無私行一作爲也行其德而萬物得遂長焉遂成也黃帝言曰聲禁重不欲虛名過其實也色禁重不欲好色至淫縱也衣禁重不欲衣服踰僭若子臧好聚鷸冠也香禁重不欲奢侈芬香聞四遠也味禁重不欲厚味勝食氣傷性命室禁重不欲宮室崇侈使土木勝也堯有子十人不與其子而授舜孟子曰堯使九男二女事舜此曰十子殆獨失爲胤子不在數中舜有子九人不與其子而授禹至公也國語曰舜有商均此曰九子不知出於何書也晉平公問於祁黃羊曰南陽無令其誰可而爲之南陽晉山

陽河北之邑今河内温陽樊川之屬皆是也今君也而能爲治祁黄羊對曰解狐可
黄羊晉大夫祁奚之字平公曰解狐非子之讎耶平公晉悼公之子彪對
曰君問可非問臣之讎也平公曰善遂用之國人稱
善焉居有間間頃也平公又問祁黄羊曰國無尉其誰
可而爲之對曰午可傳曰祁奚請老晉侯問嗣焉稱解狐其讎也將立之而卒又問
對曰午也可平公曰午非子之子耶對曰君問可非問臣
之子也平公曰善又遂用之國人稱善焉孔子聞之
曰善哉祁黄羊之論也外舉不避讎内舉不避子祁
黄羊可謂公矣墨者有鉅子腹䵍居秦鉅姓子通稱腹䵍字也䵍
讀曰車笔之笔其子殺人秦惠王曰先生之年長矣非有他

子也寡人已令吏弗誅矣惠王秦孝公子異先生之以此聽寡人也腹䵍對曰墨者之法曰殺人者死傷人者刑此所以禁殺傷人也夫禁殺傷人者天下之大義也王雖爲之賜愛賜也而令吏弗誅腹䵍不可不行墨者之法欲必行之殺其子也不許惠王而遂殺之子人之所私也私愛也忍所私以行大義忍讀仁行行之忍也鉅子可謂公矣庖人調和而弗敢食故可以爲庖若使庖人調和而食之則不可以爲庖矣王伯之君亦然誅暴而不私以封天下之賢者故可以爲王伯若使王伯之君誅暴而私之則亦不可以爲王伯矣傳曰作事威克其愛雖小必濟故曰

誅暴而弗私也假令有所私枉則不可以為王伯君矣

去私

呂氏春秋卷第一

呂氏春秋卷第二

仲春紀第二

貴生　情欲　當染　功名一作由道

呂氏春秋訓解　高氏

一曰仲春之月日在奎仲春夏之二月奎西方宿魯之分野也是月日躔此宿昏弧中旦建星中弧星在輿鬼南建星在斗上是昏旦時皆中於南方其日甲乙其帝太皞其神句芒其蟲鱗其音角律中夾鐘夾鐘陰律也是月萬物去陽夾陰而生故竹管音中夾鐘也其數八其味酸其臭羶其祀户祭先脾始雨水桃李華自冬冰雪至此土發而耕故曰始雨水也桃李之屬皆舒華也蒼庚鳴鷹化爲鳩蒼庚爾雅曰商庚黎黃楚雀也齊人謂之摶黍

秦人謂之黃離幽冀謂之黃鳥詩云黃鳥于飛集于灌木是也至是月而鳴鷹化爲鳩喙正直不鷙擊也鳩蓋布穀鳥天子居青陽太廟青陽東向堂太廟中央室乘鸞車駕蒼龍載青旂衣青衣服青玉食麥與羊其器疏以達說在孟春是月也安萌牙養幼少存諸孤順春陽長養幼少存恤孤寡萌牙諸當生者不擾動故曰安擇元日命人社元善也日從甲癸也社祭后土所以爲民祈穀也嫌日有從否重農事故卜擇之命有司省囹圄去桎梏無肆掠止獄訟有司理官主獄者也囹圄法室省之者赦輕微也在足曰桎在手曰梏肆極掠笞也言無者須立秋也止禁是月也玄鳥至至之日以太牢祀于高禖玄鳥燕也春分而來秋分而去傳曰玄鳥氏司啓者也周禖禖氏以仲春之月合男女於時也奔則不禁因祭其神於郊謂之郊禖郊音與高相近故或言高禖王者后妃以玄鳥至日祈繼嗣於高禖三牲具曰太牢

天子親往后妃率九嬪御王者一后三夫人九嬪二十七世婦但后夫人之九嬪祀高媒耳御見天子於高禖中也乃禮天子所御帶以弓韣授以弓矢于高禖之前禮后妃之侍見於天子者於高禖祠之前韣弓韣也授以弓矢示服猛得男象也是月也日夜分雷乃發聲始電分等晝夜鈞也冬陰閉固陽伏於下是月陽升雷始發聲震氣為雷激氣為電蟄蟲咸動開戶始出蟄伏之蟲始動蘇開蟄之戶始出生先雷三日奮鐸以令于兆民曰雷且發聲鐸木鈴也金口木舌為木鐸金舌為金鐸所以振告兆民使知將雷電也有不戒其容止者生子不備必有凶災有不戒慎容止者以雷電合房室者生子必有瘖躄通精狂癡之疾故曰不備必有凶災日夜分則同度量鈞衡石角斗桶正權槩度尺丈也量斛鍾也鈞銓衡石稱也石百三十斤角平斗桶量器也稱錘曰權槩平斗斛者令

釣等也是月也耕者少舍少舍皆耕在野少有在都邑者也尚書曰厥民析散布在野傳曰陰陽分方震雷出滯土也不備壓辟在司寇之謂也乃脩闔扇寢廟必備闔扇門扇也民所由出故治之也寢以安身廟以事祖故曰必無隳頹也無作大事以妨農功人事兵戈征伐也是月也無竭川澤無漉陂池無焚山林皆為盡類夭物天子乃獻羔開冰先薦寢廟開冰室取冰以鑒以祭廟春薦韭卵詩云二之日鑿冰沖沖三之日納于凌陰四之日其早獻羔祭韭此之謂也上丁命樂正入舞舍采是月上旬丁日命樂官正率卿大夫之子入官學習舞也舍猶置也初入學官必札先師置采帛於前以贄神也周札春入學舍采合舞秋頒學舍聲以六樂之會正舞位此之謂也天子乃率三公九卿諸侯親往視之常事曰視中丁又命樂正入學習樂中旬丁日又入學官習樂樂所以移風易俗協和民人也謂六代之

樂雲門咸池大韶大護大夏大武也周禮曰以樂教和則民不乖此之謂也是月也祀不用犧牲用圭璧更皮幣是月尚生育故不用犧牲更代也以圭璧代犧牲也皮幣鹿皮玄纁束帛也記曰幣帛皮圭告於祖禰此之謂也仲春行秋令則其國大水寒氣總至寇戎來征仲春陽中也陽氣長養而行秋令殺戮之故令寒氣猥至寇害之兵來伐其國也行冬令則陽氣不勝麥乃不熟民多相掠冬陰縮殺而行其令陰氣乘陽陽氣不勝故麥不成熟民飢窮故相刼掠也行夏令則國乃大旱煖氣早來蟲螟為害夏氣炎陽所行其令故大旱火氣熱故旱煖也極陽生陰故蟲螟作害也蟲食稼心謂之螟

二月紀

二曰聖人深慮天下莫貴於生夫耳目鼻口生之役

也役事也耳雖欲聲目雖欲色鼻雖欲芬香口雖欲滋
味害於生則止在四官者止禁也四官耳目鼻口也不欲利於生
者則弗爲則不治此四官之欲由此觀之耳目鼻口不得擅行
必有所制擅專也制制於心也譬之若官職不得擅爲爲作必有
所制制於君也此貴生之術也堯以天下讓於子州友父
子州友父古賢人也子州友父對曰以我爲天子猶可也雖然
我適有幽憂之病方將治之未暇在天下也幽隱也詩云如
有隱憂我心不悅未暇在於治天下天下重物也重大物事而不以害其生
又況於他物乎他猶異也惟不以天下害其生者也可以
託天下託附也越人三世殺其君王子搜患之王子搜淮南子

云越王翳也）逃乎丹穴（淮南云山穴也）越國無君求王子搜而不得從之丹穴王子搜不肯出越人薰之以艾乘之以王輿王子搜援綏登車仰天而呼曰君乎獨不可以舍我乎（舍置也）王子搜非惡爲君也惡爲君之患也（患害）若王子搜者可謂不以國傷其生矣此固越人之所欲得而爲君也（欲得王子搜爲君也）魯君聞顏闔得道之人也使人以幣先焉顏闔守閭鹿布之衣而自飯牛魯君之使者至顏闔自對之使者曰此顏闔之家耶顏闔對曰此闔之家也使者致幣顏闔對曰恐聽繆而遺使者罪不若審之（恐繆誤致幣得罪故勸令審之）使者還反審之復

來求之則不得已顔闔踰坯而逃之逃之故不得故若顔闔者非惡
富貴也由重生惡之也世之人主多以貴富驕驕泰也
得道之人其不相知淮南記曰魚相忘乎江湖人相忘乎道術言各得其志故不相
知之也豈不悲哉悲於富貴而驕人也故曰道之眞以持身其緒
餘以爲國家以持身之餘緒以治國家其土苴以治天下土瓦礫也苴草
蒯也土鼓蒯桴伊耆氏之樂也孝經曰安上治民莫善於禮移風易俗莫善於樂故可以治天下苴音同
鮮由此觀之帝王之功聖人之餘事也聖人治之優有餘裕故曰
餘事非所以完身養生之道也堯舜禹湯之治天下黎黑癯瘠過家門而不入
故曰非所以完身養生之道趨濟民而已今世俗之君子危身棄生以徇
物徇猶隨彼且奚以此之也此此物也之至也彼且奚以此爲

也（彼謂今世俗人云君子優之也何以物為也）凡聖人之動作也必察其所以之（之至也）與其所以為（為作也）今有人於此以隨侯之珠彈千仞之雀世必笑之是何也所用重所要輕也（重謂隨侯珠也要得也輕謂雀也）夫生豈特隨侯珠之重也哉子華子曰全生為上（子華子古體道無欲故全其生長生是行之上也）虧生次之（少虧其生和光同塵可以次全生者）死次之（守死不移其志可以次虧生者）迫生為下（迫促也促欲得生尸素寵祿志不高潔人之下也）故所謂尊生者全生之謂（於身無所虧於義無所損故曰全生）所謂全生者六欲皆得其宜也（六欲生死耳目口鼻也）所謂虧生者六欲分得其宜也（分半虧也）虧生則於其尊之者薄矣其虧彌甚者也其尊彌薄（彌益）

所謂死者無有所以知復其未生也死君親之難義重於生視死如歸故曰無有所以知復其未生也所謂迫生者六欲莫得其宜也皆獲其所甚惡者服是也辱是也服行也行不義是故辱辱莫大於不義故不義迫生也不能蹈義而死迫於苟生語曰水火吾見蹈死者矣未見蹈仁而死者也而迫生非獨不義也故曰迫生不若死迫促急於苟生不仁義不如蹈仁義死為貴奚以知其然也耳聞所惡不若無聞目見所惡不若無見故雷則揜耳電則揜目此其比也凡六欲者皆知其所甚惡而必不得免不若無有所以知無有所以知者死之謂也故迫生不若死嗜肉者非腐鼠之謂也嗜酒者非敗酒之謂也尊

者非迫生之謂也

貴生

三曰天生人而使有貪有欲欲有情情有節（節適也）聖人修節以止（一作制）欲故不過行其情也（不過其適）故耳之欲五聲目之欲五色口之欲五味情也此三者貴賤愚智賢不肖欲之若一（三謂耳目口也一猶等也）雖神農黃帝其與桀紂同（有天下同也）聖人之所以異者得其情也（聖人得其不過節之情）由貴生動則得其情矣不由貴生動則失其情矣（失其不過節之情）此二者死生存亡之本也（聖人得其情亂人失其情得情生存失情死亡故曰生死存亡之本）俗主虧情故每動爲亡敗（俗主

凡君也敗滅亡也耳不可贍目不可厭口不可滿身盡府種府腹疾也種首疾也筋骨沈滯血脈壅塞九竅寥寥曲失其宜極三關之欲以病其身故九竅皆寥寥然虛曲過其適以害其性也雖有彭祖猶不能爲也彭祖殷之賢臣治性清靜不欲於物蓋壽七百歲論語所謂述而不作信而好古竊比於我老彭是也言雖彭祖之無欲不能化治俗主使之無欲故曰雖有彭祖猶不能爲其於物也不可得之爲欲貴不可得之物寶難得之貨此之謂欲故曰爲欲不可足之爲求規求無足不知紀極不可盈厭此之為求故曰為求大失生本老子曰出生入死故曰大失生本民人怨謗又樹大讎俗主求欲民人皆怨而誹謗訕如仇讎也意氣易動蹻然不固蹻謂乘蹻之蹻謂其流行速疾不堅固之貌故其志氣易動也矜勢好智胷中欺詐矜大其寵契好尚其所行自謂為智胷臆之中欺詐不誠所行縣虛猶語

民言恩惠也德義之緩邪利之急緩猶後急猶先身以困窮雖後
悔之尚將奚及困猶危奚何也巧佞之近端直之遠巧佞者親近之
正直者疏遠之國家大危悔前之過猶不可反反還聞言而驚
不得所由所行殘暴聞將危敗滅亡之言而乃始驚怖行不仁不義之所致也故曰不得所由
由用也百病怒起亂難時至以此君人為身大憂此非恤民
之道故身大憂耳不樂聲目不樂色口不甘味與死無擇聲色
羙味死者所不得説人不能樂甘之故曰與死無擇擇別也古人得道者生以壽
長體道無欲象天天子之福故必壽長終其𡉏命聲色滋味能久樂之奚故
論早定也體道者生而能行之故曰論早定論早定則知早嗇嗇愛知
早嗇則精不竭愛精神故不竭秋早寒則冬必煗矣春多雨

則夏必旱矣天地不能兩而況於人類乎人之與天地也同於不能兩也萬物之形雖異其情一體也體性也情皆好生故曰一體故古之治身與天下者必法天地也法象也尊酌者衆則速盡尊酒也酌挹之者多故酒遫盡也萬物之酌大貴之生者衆矣萬物酌挹陰陽以生陰陽諭君大貴君者愛君之德以生者衆也故大貴之生常速盡非徒萬物酌之也酌取之也又損其生以資天下之人資猶給而終不自知知猶覺也功雖成乎外而生虧乎内幽通記曰張循襮而內逼故曰虧生乎內耳不可以聽目不可以視口不可以食

胷中大擾妄言想見臨死之上顛倒驚懼不知所爲用心

如此豈不悲哉悲情欲而不知所為用心之人世人之事君者皆以孫叔敖之遇荆莊王為幸孫叔敖楚令尹遠賈之子也自有道者論之則不然此荆國之幸言孫叔敖賢能事君以道致之於霸荆國得之幸也荆莊王好周遊田獵馳騁弋射歡樂無遺遺廢也盡傳其境內之勞與諸侯之憂於孫叔敖事功曰勞盡俾付孫叔敖使憂之也孫叔敖日夜不息不得以便生為故休息也不得以便利生性敖不休息也故使莊王功迹著乎竹帛傳乎後世莊王之覇功傳於後世乃孫叔敖之日夜不息以廣其君君德之所以成也

情欲

四曰墨子見染素絲者而歎墨子名翟魯人作書七十一篇曰染於蒼則蒼染於黃則黃所以入者變其色亦變五入而以為五色

矣一入一色故染不可不慎也非獨染絲紗也国亦有染舜染
於許由伯陽舜顓頊五世之孫瞽瞍之子也名重華許由陽城人堯聘之不至伯陽盖老子也舜時師
之者也禹染於皋陶伯益禹顓頊六世孫鯀之子也名文命伯益皋陶之子也湯染於
伊尹仲虺湯契後十二世孫王癸之子也名天乙伊尹陽相詩云實惟阿衡實左右商王仲虺居薛為湯
之左相皆賢德也孟子曰王者師臣也武王染於太公望周公旦武王周文王之子名
發太公望河內汲人也佐武王伐紂成王封之於齊周公旦武王之弟也輔成王封之於魯此四王者
所染當故王天下所從染得其人故曰當立為天子功名蔽天地蔽猶
極也舉天下之仁義顯人必稱此四王者稱美其德以為諭也夏
桀染於羊辛歧踵戎桀夏后皋之孫癸之子也羊辛歧踵戎桀之邪臣殷紂
染於崇侯惡來紂帝乙之子名辛崇國侯爵名虎惡來嬴姓飛廉之子紂之諛臣周

厲王染於虢公長父榮夷終厲王周夷王之子名胡虢榮二卿士也傳曰榮
夷公好專利而不知大難幽王染於虢公鼓祭公敦幽王周厲王之孫宣王之
子名宮皇號公祭公二卿士也傳曰號石父讒諂巧佞之人也以此教王其能久乎此四王者
所染不當故國殘身死爲天下僇不當者不得其人僇辱也舉天
下之不義辱人必稱此四王者稱其惡以爲戒也齊桓公染
於管仲鮑叔桓公齊僖公之子名小白管鮑其二卿也晉文公染於咎犯
郄偃文公晉獻公之子名重耳咎犯郄偃者其二大夫荆莊王染於孫叔敖
沈尹蒸莊王楚穆王之子名旅孫沈其二大夫吳王闔廬染於伍員父
之儀闔廬吳王夷昧之子名光伍父其二大夫越王句踐染於范蠡大夫
種句踐允常之子范蠡楚三户人也字少伯大夫種姓文氏字禽楚之鄒人此五君者所

染當故霸諸侯功名傳於後世范吉射染於張柳朔王生吉射晉范獻子鞅之子昭子也張柳朔王生二人者吉射家臣也中行寅染於黄藉秦高彊寅晉大夫中行穆子之子荀子也黄藉秦高彊其家臣高彊齊子尾之子奔晉爲仲行氏之臣吳王夫差染於王孫雄太宰嚭夫差吳王闔廬子也雄與嚭二人其大夫也嚭晉伯宗之孫楚州犂之子智伯瑤染於智國張武智瑶宣子申之子襄子也國武二人其家臣中尚染於魏義椻長尚魏公子牟之後魏得中山以邑之也義長其二臣也宋康王染於唐鞅田不禋唐田宋康王之二臣此六君者所染不當故國皆殘亡身或死辱宗廟不血食絕其後類君臣離散民人流亡舉天下之貪暴可羞人必稱此六君者凡爲君非爲君而因榮也非

爲君而因要也以爲行理也行理生於當染故古之善爲君者勞於論人（論猶擇也）而佚於官事得其經也（經道）不能爲君者傷形費神愁心勞耳目國愈危身愈辱不知要故也（愈益也益危辱者不知所行之約要也）不知要故則所染不當（所從染不得其人也）所染不當理奚由至（至猶得也）六君者是已六君者非不重其國愛其身也所染不當也存亡故不獨是也帝王亦然（爲王帝者亦當知所從染也）非獨國有染也孔子學於老聃孟蘇夔靖叔（三人皆體道者亦染孔子）魯惠公使宰讓請郊廟之禮於天子（惠公魯孝公之子隱公之父）桓王使史角往惠公止之（止留之）其後在於魯墨子學焉（其後史角之後也亦

染墨翟此二士者無爵位以顯人無賞祿以利人二士謂孔
子墨翟舉天下之顯榮者必稱此二士也稱說也皆死久
矣從屬彌衆弟子彌豐充滿天下彌益豐盛也言二士之徒顯榮者益
盛散布故曰充滿天下王公大人從而顯之有受子弟者隨而
學焉無時乏絶子貢子夏曾子學於孔子田子方學
於子貢段干木學於子夏吳起學於曾子禽滑釐學
于墨子許犯學於禽滑釐田繫學於許犯孔墨之後
學顯榮於天下者衆矣不可勝數皆所染者得當也

當染

五曰由其道功名之不可得逃淮南記曰八廿非正爲蹠也蹠而馬桂欲

曰不可得逃猶表之與影若呼之與響影景也行則景隨之呼則響應之推此言之故功各何可得逃也善釣者出魚乎十仞之下餌香也七尺曰仞下猶底善弋者下鳥乎百仞之上弓良也弋繳射之也詩云弋鳧與鴈下猶隕也善為君者蠻夷反舌殊俗異習皆服之德厚也東方曰夷南方曰蠻其在四表皆為夷也戎狄言語與中國相反因謂反舌一說南方有反舌國本在前末倒向喉故曰反舌水泉深則魚鱉歸之樹木盛則飛鳥歸之廡草茂則禽獸歸之人主賢則豪桀歸之才過百人曰豪千人曰桀故聖王不務歸之者而務其所以歸務人使歸之末也而務其所行可歸本也故曰務其所以歸之也彊令之笑不樂彊令之哭不悲無其中心不樂不悲故彊令之為道也可以成小而不可以

成大虛揣可以爲致顯實難以詐成虛小實大也故曰不可以成大也缶醯黃蜹聚之有酸黃美也黃汝能致酸醶故能致蜹徙水則必不可水無酸故不可以致蜹也以貍致鼠以冰致蠅雖工不能不能致也以茹魚去蠅蠅愈至茹讀茹船漏之茹字茹臭也愈益也不可禁禁止也以致之之道去之也致之者茹也去之不可也桀紂以去之之道致之也去之殘暴也致暴之道致治不治也罰雖重刑雖嚴何益淮南記曰急轡利錣非千里之[illegible]也嚴刑峻法非百之治也故曰何益大寒既至民煗是利大熱在上民清是走故民無常處見利之聚無之去處居也去移也欲爲天子民之所走不可不察察猶知也今之世至寒矣至熱矣而民無走者取則行鈞也鈞等也等於亂暴也欲爲天子

所以示民不可不異也若殷紂暴亂武王以仁義伐之故曰不可不異行不異亂雖信今民猶無走傳曰以化平化謂之治以亂止亂何治之有故行不異亂雖欲信利民無肯歸走也民無走則王者廢矣夫民以王者爲命王者以民爲本無所走命無所制而不廢者未之有也暴君幸矣民絶望矣無明天子故暴亂諸侯以爲幸也民無所於救命故絶望故當今之世有仁人在焉不可而不此務務其仁義有賢主不可而不此事事其仁義賢不肖不可以不相分分猶與也若命之不可易命短不可爲使長也若美惡之不可移堯舜爲美桀紂爲惡故曰不可移也桀紂貴爲天子富有天下能盡害天下之民而不能得賢名之殘義損善曰紂賊仁多累曰紂賢生於行何可虛得關龍逄王子比干能以要領之死爭其

上之過關龍逄桀忠臣也王子比干紂諸父也爭諫也桀紂皆殺之故曰能以要領之死爭其上之過也而不能與之賢名不能致桀紂使享賢名若后稷好稼不能使禾自生名固不可以相分必由其理爲善得善名爲惡得惡名故曰必由其理

功名一作由道

呂氏春秋卷第二

呂氏春秋卷第三

季春紀第三

盡數　先已　論人　圜道

呂氏春秋訓解　高氏

一曰季春之月日在胃季春夏之二月胃西方宿趙之分野是月日躔此宿昏七星中旦牽牛中七星南方宿周之分野牽牛北方宿趙之分野是月昏旦時皆中於南方也其日甲乙其帝太皞其神句芒其蟲鱗其音角律中姑洗姑洗陽律也姑故洗新是月陽氣養生去故就新竹管音中姑洗也其數八其味酸其臭羶其祀戶祭先脾桐始華田鼠化爲鴽桐梧桐也是月生葉故曰始華田鼠鼠也鴽鶉青州謂之鷃爲周雒謂之鴽幽州謂之鷃也虹始

見萍始生虹螮蝀也兗州謂之訌詩曰螮蝀在東莫之敢指是也萍水藻是月始生天子居青陽右个右个南頭室也乘鸞輅駕蒼龍載青旂衣青衣服青玉食麥與羊其器疏以達說在孟春是月也天子乃薦鞠衣于先帝周禮曰司服曰服章王祀昊天上帝則服大裘冕祀五帝亦如之又內司服章王后之六服有菊表黃衣如菊花故謂之菊衣春王東方色皆尚青此云薦菊衣誘未達也命舟牧覆舟五覆五反乃告舟備具于天子焉舟牧主舟官也是月天子將乘舟始漁恐有穿漏反覆視之五覆五反慎之至也天子焉始乘舟薦鮪于寢廟乃為麥祈實焉猶於此自冬至此於是始乘舟薦進也鮪魚似鯉而大詩曰鱣鮪潑潑進此魚於寢廟禱祈宗祖求麥實也前曰廟後曰寢詩云寢廟奕奕言後連是月也生氣方盛陽氣發泄生一作牙者畢出萌者盡達不

可以內發泄猶布散也象陽達物亦當散出貨財不可賦歛以內之天子布德行惠命有司發倉窌賜貧窮振乏絕方者曰倉穿地曰窌無財曰貧鰥寡孤獨曰窮行而無資曰乏居而無食曰絕振救也開府庫出幣帛周天下勉諸侯府庫幣帛之藏也周賜勉進聘名士禮賢者有名德之士大賢之人聘而禮之將與典化致理也是月也命司空曰時雨將降下水上騰循行國邑周視原野司空主土官也是月下水上騰恐有浸漬害傷五稼故使循行遍視之廣平曰原郊外曰野修利隄防導達溝瀆開通道路無有障塞障壅塞絕也田獵罼弋罝罘羅網餧獸之藥無出國一作九門罼掩網也弋繳射飛也詩云弋鳧與鴈罝兔網也詩云肅肅兔罝羅鳥網也詩云鴛鴦于飛畢之羅之罘射鹿罟也網其總名也天子城門十二東方三門王氣所在處尚生育明餧獸之藥所不得出

也嫌餘三方九門得出故特戒之加言無也是月也命野虞無伐桑柘野虞
主林官桑與柘皆可以養蠶故命其官使禁民不得斫伐鳴鳩拂其羽戴任降于
桑鳴鳩班鳩也是月拂擊其羽直刺上飛數十丈乃復者是也戴鵀戴勝鴟也爾雅曰鷗鳩部生於桑是月
其子彊飛從桑空中來下故曰戴任降于桑也具挾曲篆筐挾讀曰朕三輔謂之挾關東謂
之得曲薄也青徐謂之曲底曰篆方底曰筐皆受桑器也是月立夏蠶生故敕具也后妃齋戒
親東鄉躬桑王者一后三夫人妃即夫人與后參職配王兼衆事王者親耕故后妃親桑也
以為天下先勸衆民也禁婦女無觀觀遊省婦使勸蠶事省其他使勸其
趨蠶事蠶事既登登成也分繭稱絲效功效致也絲多為上功以共
郊廟之服無有敢墮郊祭天廟祭祖周禮內子章仲春詔后率內外命婦蠶于北郊
以為祭服此之謂是月也命工師令百工審五庫之量金鐵

皮革筋角齒羽箭幹脂膠丹漆無青不良良善百工咸

理監工日號無悖於時監工工官之長悖逆也時可用作器無逆之也不作爲逆

也無或作爲淫巧以蕩上心淫巧非常說詭怪若宋人以王爲楮葉三年而

成亂之楮葉之中不可別知之類也故曰以蕩上心蕩動也是月之末擇吉日大

合樂樂以和民故擇於是月下旬吉日大合於樂八音克諧簫韶九成周禮大胥司樂章以樂舞教

國子舞雲門大卷大咸大韶大夏大濩大武大合樂以和邦國以諧萬民以安賓客以悅遠人此之謂

天子乃率三公九卿諸侯大夫親往視之視其樂也是月

也乃合纍牛騰馬游牝于牧纍讀如詩葛藟之藟纍牛父牛也騰馬父馬也

皆將羣游從牝於收之野風合之犧牲駒犢舉書其數舉其犢駒在犧牲者皆簿

領書其頭數也國人儺九門磔禳以畢春氣儺讀論語鄉人儺同命國人儺

索宮中區隅幽闇之處擊鼓大呼驅逐不祥如今之正歲逐除是也九門三方九門也嫌非王氣所在故磔犬羊以禳木氣盡之故曰以畢春氣也行之是令而甘雨至三旬行之是令行是之令也十日曰旬季春行冬令則寒氣時發草木皆肅國有大恐行冬令寒殺氣之令故寒氣早發草木肅隸木不曲直也氣不和故國大惶恐也行夏令則民多疾疫時雨不降山陵不收行夏炎陽之令火干木故民疾疫雨澤不降故山陵所殖不收入行秋令則天多沈陰淫雨早降兵革並起秋陰氣用事水之母也而行其令故多沈陰為淫雨也陰為兵器故並起

三月紀

二曰天生陰陽寒暑燥濕四時之化萬物之變莫不為利莫不為害順者利時逆者害時聖人察陰陽之宜辨萬物

之利以便生故精神安乎形而年壽得長焉精神內守無所

貪欲故形性安形性安則壽命長也長也者非短而續之也畢其數也畢盡也平其無欲之情不夭隕故盡其長久之數畢數之務在乎去害何謂

去害大甘大酸大苦大辛大鹹五者充形則生害矣

大喜大怒大憂大恐大哀五者接神則生害矣大寒

大熱大燥大濕大風大霖大霧七者動精則生害矣

諸言大者皆過制也故凡養生莫若知本知本則疾無由至矣

傳曰人受天地之中以生所謂命也孟子曰人性無不善本其善性閉塞利欲欲疾無由至矣精無

氣之集也必有入也集於羽鳥與為飛揚一作翔集於

走獸與為流行集於珠玉與為精朗集於樹木與為

茂長集於聖人與爲夐明集皆成也夐大也遠也夐讀如詩云于嗟夐兮精
氣之來也因輕而揚之因走而行之因美而良之因
長而養一作善之因智而明之因依也明智也流水不腐腐臭敗也
戶樞不螻動也形氣亦然形不動則精不流精不流
則氣鬱鬱處頭則爲腫爲風腫與風皆首疾處耳則爲揭爲
聾皆耳疾也處目則爲䁾爲盲䁾肝䁾盲無見皆目疾也處鼻則爲鼽
爲窒鼽鼻窒不通處腹則爲張爲府府跳動皆腹疾處足則爲痿
爲蹷痿不能行蹷逆疾也輕水所多禿與癭人禿無髮癭咽疾重水所
多尰與躄人尰足曰尰躄不能行也甘水所多好與美人美亦好也
辛水所多疽與痤人疽痤皆惡瘡也苦水所多尪與傴人尪突

傴何向疾也傴傴脊疾也凡食無彊厚味無以烈味烈猶酷也重酒重酒
厚也是以謂之疾首疾首頭痛疾也食能以時身必無災時節也不
過差故身無災疾也凡食之道無飢無飽是之謂五藏之葆葆安
也口必甘味和精端容將之以神氣端正將養百節虞歡
咸進受氣飲必小咽端直無戾今世上卜筮禱祠故
疾病愈來譬之若射者射而不中反脩一作循于招一作
的何益於中于招埻藝也患射不能中不知循聲精藝而反循其標的故曰何益於中也
夫以湯止沸沸愈不止去其火則止矣故巫醫毒藥
逐除治之故古之人賤之也為其末也古之人治正性保天命者
也不然則邪氣乘之以疾病使巫醫毒藥除逐治之故謂賤之也若止沸以湯不去其火故曰為其末也

盡數

三曰湯問於伊尹曰欲取天下若何湯爲諸侯時也伊尹對曰欲取天下天下不可取可取身將先取言不可取天下身將先爲天下所取也凡事之本必先治一作取身嗇其大寶嗇愛也大寶身也用其新棄其陳腠理遂通用藥物之新棄去其陳以療疾則腠理肌軀遂通利不閉也精氣日新邪氣盡去及其天年此之謂眞人眞德之人昔者先聖王成其身而天下成王道成也治其身而天下治詹何曰未聞身治而國亂身亂而國治者此之謂也故善響者不於響於聲聲善則響善也善影者不於影於形形正則影正爲天下者不於天下於身身正則天下治詩曰淑人君子其儀不忒其儀

不忒正是四國也（忒差也）言正諸身也故反其道而身善矣（體道無欲故身善）行義則人善矣（行仁義於所宜則人善之矣）樂備君道而百官已治矣（樂服行君人無爲之道則百官承使化職事也）萬民已利矣（君無爲則萬民安利）三者之成也在於無爲無爲之道曰勝天（天則爲而化君能無爲而治民以爲勝於天）義曰利身（能行仁義則可以利其身）君曰勿身（爲君之道務在利民勿自利身故曰勿身）勿身督聽（督正也正聽頤不聽也）利身平靜（行仁義故能平靜也）勝天順性（無爲而不欲故能順靜也）順性則聰明壽長（順法天性則聽明也虞書云天聰明自我民聰明此之謂也法天無爲故壽長久也）平靜則業進樂鄉（行仁義則民業進而樂鄉其化）督聽則姦塞不皇（正聽萬法賞罰分明故姦軌塞斷於不皇皇暇也）故上失其道則邊侵於敵（君無道則

敵國侵削其邊俘其民也論語曰上失其道民散久矣此之謂也內失其行名聲墮於外內失撫民之行則鄰國賤之故曰名聲墮於外也若晉惠公背外內之賂殺李克之黨內無忠臣之輔外無諸侯之助與秦穆公戰而敗之是故百仞之松本傷於下而末槁於上本根也君亦國之本商周之國謀失於胷商周二王之季也胷猶內令困於彼彼亦外也故心得而聽得得猶知也聽得而事得事得而功名得事事必得之則功成名立故功名得也五帝先道而後德五帝黃帝高陽高辛堯舜先猶尚故德莫盛焉德之大者無出於五帝者三王先教而後殺三王夏商周也故事莫功焉成王事之功無過於三王五伯先事而後兵五伯昆吾大彭豕韋齊桓晉文故兵莫彊焉兵之彊者無彊於五伯者也當今之世巧謀並行詐術遞用遞代攻戰不休亡

國辱主愈恐衆愈益衆多所事者末也事治夏后相與有扈戰於甘澤而不勝有扈夏同姓諸侯傳曰啓伐有扈書曰大戰于甘乃召六卿王曰六事之人予誓告汝有扈氏威侮五行怠棄三正天用勦絕其命今予惟龔行天之罰此之謂也六卿請復之請復戰也夏后相曰不可吾地不淺淺褊吾民不寡戰而不勝是吾德薄而教不善也於是乎處不重席食不貳味琴瑟不張張施鍾鼓不脩脩設子女不飭不文飭也親親長長長長敬長尊賢使能期年而有扈氏服服從故欲勝人者必先自勝欲論人者必先自論傳曰惟無瑕者可以戮人亦由無關者可以論人身有關而論人是爲自論也欲知人者必先自知知人則哲惟帝其難之故當先自知而後求知人也詩曰執轡如組組讀組織之組夫組織之近成文於也猶良御轡於手而調馬口以致萬里也孔子曰

審此言也可以爲天下審實也爲治也子貢曰何其躁也孔子曰非謂其躁也謂其爲之於此而成文於彼也聖人組脩其身而成文於天下矣故子華子曰丘陵成而穴者安矣穴而君之大水深淵成而魚鼈安矣沈而居之松栢成而塗之人已蔭矣成茂孔子見魯哀公哀公定公宋之子蔣也哀公有語寡人曰爲國家者爲之堂上而已矣夫人皆治堂以行禮治國亦當以禮故曰爲之堂上而已矣寡人以爲迂言也迂遠孔子曰此非迂言也丘聞之得之於身者得之人失之於身者失之人論語曰君子求諸已故曰得之身者求諸人失之身則失之人也不出於門户而天下治者其惟知反於已身者乎反者穴也

先己

四曰主道約君守近近者守之於身也太上反諸己其次求諸人其索之彌遠者其推之彌疏索求之彌益也其求之彌彊者失之彌遠何謂反諸己也適耳目節嗜欲釋智謀去巧故釋亦去也巧故爲詐也而游意乎無窮之次次舍事心乎自然之塗事治也自然無爲塗道也若此則無以害其天矣天身無以害其天則知精情明微知精則知神知神之謂得一一道也凡彼萬形得一後成天道生萬物萬物得一乃後成也故知三則應物變化闊大淵深不可測也測盡極也德行昭美比於日月不可息也息滅也豪士時之遠方來賓不可塞

也塞遏也意氣宣通無所束縛不可收收守也故知知一則復歸於樸樸本也嗜欲易足取養節薄不可得也不可得使多欲厚自養也一曰若此人者不可得離世自樂中情潔白不可量也離世不群量行也威不能懼嚴不能恐不可服也不可無威得威力服故知知一則可動作當務與時周旋不可極也極窮舉錯以數取與遵理不可惑也惑疑言無遺者集肌膚不可革也遺失也孝經曰言滿天下無口過此之謂也革更也讒人困窮賢者遂興不可匿也匿猶任也故知知一則若天地然則何事之不勝勝猶任也何物之不應應當也譬之若御者反諸己則車輕馬利致遠復食而不倦倦罷昔上世之亡主以

罪爲在一作存人故曰殺僇而不止以至於亡而不悟亡主若桀紂者也以罪爲在他人故多殺僇是滅亡之道也而不自覺知也以罪爲罪在己故曰功而不衰以至於王三代禹湯文王也日行其人民之功不衰倦以至於王有天下也何謂求諸人人同類而智殊殊異賢不肖異皆巧言辯辭以自防禦防禦仇也此不肖王之所以亂也亂惑凡論人通則觀其所禮通達也孟子曰達則兼善天下故觀其所賓禮貴則觀其所進進薦也堯薦舜舜薦禹傳曰善進善不善進不善善亦蔑由至矣故曰觀其所進也富則觀其所養聽則觀其所行養則善賢也行則行仁也故觀之也止則觀其所好習則觀其所言好則好義言則言道窮則觀其所不受賤則觀其所不爲不受非其

類也不爲諂諛喜之以驗其守守清守也樂之以驗其僻僻邪怒之
以驗其節節性懼之以驗其特特獨也雖獨不恐哀之以驗其
人人可哀不忍之也苦之以驗其志鑽堅攻難不成不止故曰以驗其志也八
觀六驗此賢主之所以論人也論猶論量也論人怒又必
以六戚四隱六戚六觀也四隱相隱而揚長蔽短何謂六戚父母兄弟
妻子何謂四隱交友故舊邑里門郭內則用六戚四
隱外則用八觀六驗人之情僞貪鄙美惡無所失矣
言盡知之譬之若逃雨汙無之而非是皆是雨也此先聖王之
所知人也

論人

五曰天道圜地道方聖王法之所以立上下上君下臣何以說天道之圜也精氣一上一下圜周復雜無所稽留故曰天道圜雜猶迊無所稽留運不止也何以說地道之方也萬物殊類殊形皆有分職不能相爲故曰地道方不能相為不能相兼主執圜臣處方方圜不易其國乃昌日夜一周圜道也圜天道也月躔二十八宿軫與角屬圜道也躔舍也軫南方鶉尾角東方蒼龍行度所經也精行四時一上一下各與遇圜道也精日月之光明也物動則萌萌而生生而長長而大大而成成乃衰衰乃殺殺乃藏圜道也藏替也雲氣西行云云然云遊也周旋運布膚寸而合西行則雨也冬夏不輟輟止也水泉東

流日夜不休休息也上不竭下不滿水從上流而東不竭盡也下至海受而不滿溢也小為大重為輕圜道也小者泉之源也流不止也集於海是為大也水瀝而重升作為雲是為輕也黃帝曰帝無常處也無常處言無為而化乃有處也有處者乃無處也有處有為也有為則不能化乃無處為也以言不刑蹇圜道也刑法也言無刑法故蹇難也天道正刑不法故曰圜道也人之竅九一有所居則八虛居讀曰居處之居居居猶壅閉也八虛甚久則身斃虛病斃死故唯而聽唯止聽則唯止矣聽而視聽止視則聽止矣以言說一一道一本一不欲留留運為敗留滯圜道也一也齊至貴道無足敵故曰至貴也莫知其原莫知其端莫知其始莫知其終而萬物以為宗道無形其原始終極莫能知之其生萬物以為宗本聖王

法之以令[一作全]其性以定其正[一作生]以出號令令出於主口官職受而行之[官職職官之長]日夜不休宣通下究[宣徧布也]瀸於民心遂於四方[瀸合遂達]還周復歸至于主所圜道也令圜則可不可善不善無所擁矣[不可者能令之可不善者能令之善化使然也皆通之故曰無所擁]無所擁者主道通也[言納忠受諫臣情上達無所擁蔽是為君之道通也]故令者人主之所以為命也賢不肖安之危之所定也[君者法天天無私故所以為命也賦命各得其中安與危無怨懟故曰定也]人之有形體四枝其能使之也為其感而必知也[感者痛恙也手足必知其處所故使之也]感而不知則形體四枝不使矣[不能相使則形體疾也]人臣亦然號令不感則不得而使

矣不可得而使則國亂有之而不使不若無有不若無臣主也者使
非有者也湯使桀臣武王使紂臣皆非其有也舜禹湯武皆然先王之
立高官也必使之方方正方則分定分定則下不相隱
隱私也君臣正下無私邪相擁蔽之堯舜賢主也皆以賢者爲後不肯
與其子孫猶若立官必使之方以賢者爲後謂禪位也堯傳舜舜傳禹故
曰不肯與其子孫也方正不私邪之謂也今世之人王皆欲世勿失矣父死
子繼曰世而與其子孫立官不能使之方以私欲亂之也
何哉其所欲者之遠而所知者之近也自傳子孫纂世世不失是
其所欲者之遠也子孫不肖驕淫縣畫必見毀置不得長久是所知者之近也今五音之無
不應也其分審也各守其聲集以成和故曰其分審宮徵商羽角各

處其處音皆調均不可以相違此所以不受也受亦應之賢主之立官有似於此百官各處其職治其事以待主主無不安矣以此治國國無不利矣以此備患患無由至矣

圜道

呂氏春秋卷第三

者

呂氏春秋卷第四

孟夏紀第四

勸學一作觀師　尊師　誣徒一作詆役　用衆一作善學

呂氏春秋訓解　高氏

一曰孟夏之月日在畢孟夏夏之四月也畢西方宿秦之分野是月日躔此宿也昏翼中旦婺女中翼南方宿楚之分野婺女南方宿越之分野是月昏旦時皆中於南方其日丙丁其帝炎帝丙丁火日也炎帝少典之子姓姜氏以火德王天下是為炎帝號曰神農死祀於南方為火德之帝其神祝融祝融顓頊氏後老童之子吳回也為高辛氏火正死為火官之神其蟲羽其音徵盛陽用事鱗散而羽故曰其蟲羽羽蟲鳳為之長徵火也位在南方律中仲呂其數七仲呂陰律也陽散在外陰實在中所以類

陽也故曰仲呂其數成功五火第二故曰七其性禮其事視其味苦其臭
焦火味苦火臭焦其祀竈祭先肺吳國回祿之神託於竈是月火王故祀之也肺金也
祭禮之先進肺用其勝也一曰肺火用自其藏螻蟈鳴丘蚓出螻蟈蝦蟇也是月陰氣動
於下故類鳴丘蚓蝦蟇從土中出王善生苦菜秀善或瓜瓠瓤也是月乃生爾雅云不
榮而實曰秀榮而不實曰英苦菜當言英者也天子居明堂左个明堂南鄉堂左个東
頭室乘朱輅駕赤駵順火德也騂馬黑尾曰駵載赤旂衣赤衣服赤
玉皆赤順火也食菽與雞其器高以觕菽豆也觕大也器高大象以火性
是月也以立夏春分後四十六日立夏立夏多在是月先立夏三日太
史謁之天子曰某日立夏盛德在火太史說在孟春以盛德在火火
王南方也天子乃齊說在孟春立夏之日天子親率三公九卿

大夫以迎夏於南郊南郊七里之郊還乃行賞封侯慶賜無不欣說還從南郊還也封侯命以茆土傳曰賞以春夏刑以秋冬此之謂也無不欣說咸頼其所賜乃命樂司習合禮樂禮所以經國家定社稷利人民樂所以移風易俗蕩人之邪存人之正性故命樂師使習合之命太尉贊傑儁遂賢良舉長大命使贊白也千人為俊萬人為傑遂達也有賢良長大之人皆當自達舉用之故齊桓公命於夫子之鄉有孝於父母聰慧質直仁秀出於衆者則以告有不以告謂之蔽賢而罪之此之謂也行爵出祿必當其位當直也是月也繼長增高無有壞隳象陽長養物也無起土功無發大衆無伐大樹所以順陽氣是月也天子始絺絺細葛也論語曰當暑袗絺綌此之謂也命野虞出行田原勞農勸民無或失時勞勉勸敎使民不失其時命司徒循行縣鄙縣畿內之縣縣

大二ノ一十七

二千五百家也鄙五百家也司徒主民故使循行命農勉作無伏于都伏藏都國
是月也驅獸無害五穀無大田獵為夭物也農乃收麥升獻
天子乃以彘嘗麥先薦寢廟麥始熟故言嘗彘水畜夏所宜食也先寢廟孝
之至是月也聚蓄百藥靡草死是月陽氣極藥草成故聚積之也靡草薺亭歷
之類麥秋至斷薄刑決小罪出輕繫是月陽氣盛於上及五月陰氣伏於
下故斷薄刑決罪順殺氣也輕繫不及於刑者解出之蠶事既畢后妃獻繭乃
收繭稅以桑為均均平也桑多稅多桑少稅少貴賤少長如一以
給郊廟之祭服是月也天子飲酎用禮樂酎春醞也是月天子
乃與群臣飲酒作樂詩云為此春酒以介眉壽行之是令而甘雨至三旬行之
是令行此之令也旬十日也十日一雨三旬三雨也孟夏行秋令則苦雨數來

五穀不滋四鄙入保孟夏盛陽而行金氣殺戮之令水生於金故苦雨殺穀不滋茂也四鄙之民畏寇賊來入城郭以自保守也行冬令則草木早枯後乃大水敗其城郭行冬寒固閉之令故草木早枯大水壞其城郭姦時逆行之徵也行春令則蟲蝗爲敗暴風來格秀草不實是月當繼長增高助陽長養而行春啓蟄之令故蟲蝗之敗春木氣多風故暴疾之風應氣而至使當秀之草不長茂

四月紀

二曰先王之教莫榮於孝莫顯於忠忠孝人君人親之所甚欲也顯榮人子人臣之所甚願也然而人君人親不得其所欲人子人臣不得其所願此生於不知理義不知理義在君父則不仁不慈在臣子則不忠不孝不忠不孝故君父不得其所欲也不

仁不慈故臣子不得其所願也不知義理生於不學生出猶學者師達
而有材吾未知其不為聖人學者師道通達其義而有材秀言聖人之行聖人之行是則聖人矣故曰吾未知其不為聖人也聖人之所在則天下理焉
理治在右則右重在左則左重重尊也德大行可順移也是故古之
聖王未有不尊師者也尊師則不論其貴賤貧富矣
言道重人輕若此則名號顯矣德行彰矣故師之教也不
爭輕重尊卑貧富論語曰人能弘道非道弘人故曰不爭輕重尊卑而爭於
道其人苟可其事無不可易繫辭曰苟非其人道不虛行故曰其人苟可其事
無不可所求盡得所欲盡成此生於得聖人聖人生於
疾學疾趨也不疾學而能為魁士名人者未之嘗有也

魁大之士名德之人疾學在於尊師師尊則言信矣道論矣信從也言從則其道見講論矣故往教者不化召師者不化易曰匪我求童蒙童蒙來求我故往教之師不見化從也童蒙當求師而反召也亦不宜化師之道也自卑者不聽言往教之師不見聽也卑師者不聽謂召師而學亦不聽師言也師操不化不聽之術而以彊教之欲道之行身之尊也不亦遠乎言愈遠於尊也學者處不化不聽之勢而以自行欲名之顯身之安也是懷腐而欲香也是入水而惡濡也腐爛也必臭懷而欲其香入水必濡而惡之皆不可得也凡說者兊之也非說之也本作今世之說者多弗能兊而反說之夫弗能兊而反說是拯一作承溺而磓之以石也磓沈也能没溺人何極之有

是救病而飲之以堇也救治也堇毒藥也能毒殺人何治之有使世益
亂不肖主重惑者從此生矣故爲師之務在於勝理
在於行義行尊道貴德之義勝理義立則位尊矣王者不臣師是位尊
也王公大人弗敢驕也不敢驕侮輕慢師道上至於天子朝之
而不慙天子朝師尊有德故不慙凡遇合也合不可必師道與天子遭時見
尊不可必常也遺理釋義以要不可必要求也而欲人之尊之
也不亦難乎爲師如是不見尊之道也故曰不亦難乎故師必勝理行義
然後尊曾子曰君子行於道路其有父者可知也其
有師者可知也夫無父而無師者餘若夫何哉此言
事師之猶事父也曾點使曾參過期而不至曾點曾參父也

詩云期逝不至而多爲恤此之謂也人皆見曾點曰無乃畏耶畏猶死也曾點曰彼雖畏我存夫安敢畏孔子畏於匡顏淵後孔子曰吾以汝爲死矣顏淵曰子在回何敢死顏回之於孔子也猶曾參之事父也古之賢者與其尊師若此故師盡智竭道以教尊師猶尊父則師不爲之愛道也故曰盡智竭道以教也

勸學一作觀師

三曰神農師悉諸悉諸姓名也黄帝師大撓大撓作甲子帝顓頊師伯夷父一作父帝嚳師伯招帝堯師子州支帝舜師許由禹師大成贄湯師小臣小臣謂伊尹文王武王師呂望周公旦齊桓公師管夷吾晉文公師咎犯隨會咎犯

孤偃也隨會范武子秦穆公師百里奚公孫枝百里奚故虞臣也公孫枝大夫
子桑也楚莊王師孫叔敖沈申巫沈縣大夫吳王闔閭師伍
子胥文之儀文氏之儀名越王句踐師范蠡大夫種范蠡字少
伯楚人也大夫種姓文字會楚鄭人此十聖人六賢者未有不尊師者
也今尊不至於帝智不至於聖而欲無尊師奚由至
哉至於道此五帝之所以絕三代之所以滅言五帝三代之後不
復重道尊師故所以絕滅且天主人也而使其耳可以聞不學其
聞不若聾聾無所聞也使其目可以見不若學其見不若盲
盲無所見也使其口可以言不學其言不若爽爽病無所別也使
其心可以知不學其知不若狂狂闇行妄發之謂狂故凡學非

能益也達天性也能全天之所生而勿敗之是謂善學（敗毀也）子張魯之鄙家也（鄙小也）顏涿聚梁父之大盜也學於孔子段干木晉國之大駔也（駔會人也）學於子夏（子夏孔子弟子卜商之字）高何縣子石齊國之暴者也指於鄉曲（其暴虐爲鄉曲人所斥也）學於子墨子（墨翟）索盧參東方之鉅狡（鉅大狡猾也）學於禽滑黎（禽滑黎墨子弟子一作籥滑）此六人者刑戮死辱之人也今非徒免於刑戮死辱也有此爲天下名士顯人以終其壽也（壽年也）王公大人從而禮之此得之於學也（學以致之無鬼神也故曰得之）凡學必務進業心則無營（營惑也）疾諷誦（疾力）謹司聞（司候）觀驩愉問書意（觀師歡悅順以問書意）

耳目不逆志 不自干逆力學之志 退思慮求所謂 求所思慮是而行之 時

辨說以論道 辨別道之義理 不苟辨必中法 不苟口辨反是為非言中法制

得之無矜失之無慚 矜自伐無慚慚愧也 必反其本 本謂本性也 生

則謹養謹養之道養心為貴 貴尚也 死則敬祭敬祭之

術時 一作崇 節為務 四時之節 此所以尊師也治唐圃疾灌

寖務種樹 唐隄以壅水圃農圃也樹稼也 織葩屨結罝網捆蒲葦之

田野力耕耘事五穀 事治也 如山林入川澤 如猶也川

澤有水故言入也 取魚鱉求鳥獸此所以尊師也視

輿馬慎 一作順 駕御適衣服 一作務 輕煗臨飲食必蠲絜

絜字一作祭蠲讀曰圭也 善調和務甘肥必恭敬和

顏色審辭令疾趨翔必嚴肅此所以尊師也君子之學也說義必稱師以論道倫明聽從必盡力以光明聽從師所行聽從不盡力命之曰背說義不稱師命之曰叛背戾也叛換也言學者聽從不盡其力猶民背其國說義不稱其師猶臣叛君背叛之人賢主弗內之於朝賢明君子不與交友不與背叛之人爲交友故教也者義之大者也學也者知之盛者也義之大者莫大於利人利人莫大於教以仁義利之教然後知故曰莫大於教也知之盛者莫大於成身成身莫大於學成身遂爲君子以致之故曰莫大於學身

成則爲人子弗使而孝矣爲人臣弗令而忠矣爲人君弗彊而平矣有大勢可以爲天下正矣天下正者正天下也故子貢問孔子曰後世將何以稱夫子孔子曰吾何足以稱哉勿已者則好學而不厭好教而不倦其惟此耶天子入太學祭先聖則齒嘗爲師者弗臣所以見敬學與尊師也太學明堂也

尊師

四曰達達通也師之教也使弟子安焉樂焉休焉游焉肅焉嚴焉此六者得於學則邪辟之道塞矣塞斷也理義之術勝

矣（術道也勝猶行也）此六者不得於學則君不能令於臣父不能令於子師不能令於徒（此篇一名詆役凡篇中徒字皆作役徒與役謂弟子也）人之情不能樂其所不安不能得於其所不樂為之而樂矣奚待賢者雖不肖者猶若勸之為之而苦矣奚待不肖者雖賢者猶不能久（久長也）反諸人情則得所以勸學矣子華子曰王者樂其所以王（子華古之體道人樂其所以王故得王湯武是也）亡者亦樂其所以亡（樂其所以亡故得亡桀紂是也）故烹獸不足以盡獸嗜其脯則幾矣（幾近也）然則王者有嗜乎理義也（嗜猶樂樂行理義）亡者亦有嗜乎暴慢也所嗜不同故其禍福亦不同（嗜理義則獲福嗜暴慢則獲禍故曰禍福

（亦不同）不能教者志氣不和取舍數變固無恒心若晏

陰喜怒無處（晏陰喻殘害也處常也）言談日易以恣自行失之

在己不肯自非（謂若桀紂罪人）愎過自用不可證移（愎戾證諫）見

權親勢及有富厚者不論其材不察其行毆而教之

阿而諂之若恐弗及（見權勢及富厚者故不論其材行阿意諂之恐不見及）弟

子居處修潔身狀出倫（倫匹）聞識疏達就學敏疾本業

幾終者則從而抑之（幾近也）難而懸之妬而惡之弟子

去則冀終（弟子欲去則冀終其業且由豫也）居則不安（居近也見其惡不安也）

歸則愧於父母兄弟（愧慙）出則慙於知友邑里此學者

之所悲也（悲悼）此師徒相與異心也人之情惡異於己

者此師徒相與造怨尤也（造作）人之情不能親其所怨不能譽其所惡學業之敗也道術之廢也從此生矣（發失）善教者則不然視徒如己（徒謂弟子也）反己以教則得教之情矣（情理）所加於人必可行於己（所施於人者人樂也故曰必可行於己）若此則師徒同體（體行也）人之情愛同於己者譽同於己者助同於己者學業之章明也道術之大行也從此生矣不能學者從師苦而欲學之功也（苦讀如盬會之盬苦不精至也功名也欲得爲名）從師淺而欲學之深也（欲人謂之學深也）草木雞狗牛馬不可譙（譙一作讙下同）詬遇之譙詬遇之則亦譙詬報人（譙詬猶禍惡也）又況乎達師與道術之言乎

達通也故不能學者遇師則不中用心則不專不中不正也不專不壹也好之則不深就業則不疾不心好之故不能深就業不疾速也辯論則不審不能明是非教人則不精教效也效人別是非不能精接於師慍慍怒也不能別是非故怨於師懷於俗懷安也羈神於世羈牽也神御也世時也矜勢好尤故湛於巧智矜大其權勢好爲尤過之事湛沒於巧詐之智昏於小利惑於嗜欲昏迷惑悖也問事則前後相悖悖亂以章一作單則有異心心猶義也以簡一作文則有相反反叛離則不能合合則弗能離離別事至則不能受受猶成也此不能學者之患也患害也

誣徒

五曰善學者若齊王之食雞也必食其跖數千而後足（跖雞足踵喻學者之道能多然後優也跖讀如捃摭之摭）雖不足猶若有跖（食雞跖衆而後足也若有博學多藝如食雞跖道乃深也）物固莫不有長莫不有短人亦然（亦有長短）故善學者假人之長以補其短故假人者遂有天下無醜不能無惡不知（故孔子入太廟每事問是不醜不能不惡不知）醜不能惡不知病矣（病困）不醜不能不惡不知尚矣（尚上也）雖桀紂猶有可畏可取者而況於賢者乎（桀作瓦紂作胡粉今人業之尚可取之一隅）故學士曰辯議不可不爲（不可爲者不可施也）辯議而苟可爲是教也教大議也辯議而不可爲是被褐而出衣錦而入（被褐在外文錦盛內故不可）戎人生乎

戎長乎戎而戎言不知其所受之楚人生乎楚長乎楚而楚言不知其所受之今使楚人長乎戎戎人長乎楚則楚人戎言戎人楚言矣孟子曰有楚大夫欲其子之齊語也使一齊人傅之衆楚人咻之雖日撻而求其齊也不可得矣引而置之莊嶽之間數年雖日撻而求其楚亦不可得矣此之謂也由是觀之吾未知亡國之主不可以爲賢主也欲以楚人戎言戎人楚言化移之其所生長者不可耳故所生長不可不察也天下無粹白之狐而有粹白之裘粹純取之衆白也夫取於衆此三皇五帝之所以大立功名也三皇伏羲神農女媧也五帝黃帝帝嚳顓頊帝堯帝舜也凡君之所以立出乎衆也立已定而舍其衆是得其末而失其本得其

末而失其本，不聞安居不聞得末失本能有安定之居也故以衆勇無畏乎孟賁矣孟賁古大勇士以衆力無畏乎烏獲矣烏獲能一如人能舉千鈞以衆視無畏乎離婁矣離婁黄帝時明目人能見針末於百步之外以衆知無畏乎堯舜矣堯舜聖帝也言百姓之中必有羣英萃之功衆知之中必有與聖人同故曰無畏於堯舜也夫以衆者此君人之大寶也淮南記曰萬人之衆無廢功千人之衆無絶良故人君以衆爲大寶也田駢謂齊王曰孟賁庶乎患術而邊境弗患齊之邊境不以孟賁爲患者衆也楚魏之王辭言不說不以言辭爲說而境内已備備矣兵士已備用矣得之衆也

用衆 一作善學

呂氏春秋卷第四

呂氏春秋卷第五

仲夏紀第五

大樂　侈樂　適音（一作和樂）　古樂

呂氏春秋訓解　高氏

一曰仲夏之月日在東井（仲夏夏之五月東井南方宿秦之分野是月日躔此宿）昏亢中旦危中（亢東方宿衛之分野危北方宿齊之分野是月昏旦時皆中於南方也）其日丙丁其帝炎帝其神祝融其蟲羽其音徵律中蕤賓（蕤賓陽律也是月陰氣萎蕤在下象主人陽氣在上象賓客竹管音中蕤賓也）其數七其味苦其臭焦其祀竈祭先肺小暑至螳蜋生（小暑夏至後六月節也螳蜋於是生螳蜋一曰大馬一曰齕疣兗州謂之拒斧也）鶪始鳴反舌

無聲鶪伯勞也是月陰作於下陽發於上伯勞夏至後應陰而殺蛇磔之於棘而鳴於上傳曰伯趙氏司至者也反舌伯舌也能辯反其舌變易其聲效百鳥之鳴故謂之百舌承上微陰伯趙起於下後應陰故無聲天子居明堂太廟明堂南向堂也太廟中央室也乘朱輅駕赤駵載赤旂衣朱衣服赤玉食菽與雞其器高以觕養壯狡壯狡多力之士養之慎陽施也蓋所謂旱則資舟夏則資皮備之也是月也命樂師脩鞀鞞鼓均琴瑟管簫師樂官之長也鞀鞞所以節樂也故修之琴瑟管簫所以宣音也故均平之管一孔似篴簫今之歌竹簫也執干戚戈羽干楯戚斧戈戟長六尺六寸羽以爲翳舞者執之以指麾也春夏干戚秋冬籥羽調竽笙塤篪竽笙之大者皆以匏為之竽三十六簧笙十七簧塤以土為之大如鴈子其上為六孔篪以竹大二寸長尺二寸七孔一孔上伏橫吹之聲音相和故言調詩云伯氏吹塤仲氏吹篪此之謂也飭鐘磬柷敔鐘金

磬石柷如漆桶中有木椎左右擊以節樂敔木虎脊
上有鉏語以杖擽之以正樂以和成故飲整之也
命有司爲民祈祀山川百原大雩帝用盛樂名山大川泉原
所出非一故言百能興雨者皆祈祀之雩旱祭也
帝五帝也爲民祈雨重之故用盛樂六代之樂也乃
命百縣雩祭祀百辟卿士有益於民者以祈穀實百辟
畿內之百縣大夫也祀前世百君卿士
功施於民者雩祭之求福助成穀實農乃登黍登進
植黍熟
先進之是月也天子以雛嘗黍雛春鷄也不言嘗雛
而言嘗黍重穀也
羞以含桃先薦寢廟羞進含桃鸎桃鸎鳥所含食故
言含桃是月而熟故進之先致
寢廟孝
而且敬令民無刈藍以染爲藍青
未成也無燒炭爲草木未
成不欲夭
物無暴布是月炎氣盛猛
暴布則脆傷之門閭無閉關市無索門城
門閭
里門也民順陽氣布散在外人當出入故
不閉也關要塞也市人聚也無索不征稅挻重囚益

其食梃緩也游牝別其群則縶騰駒班馬正是月牝馬懷妊已定故放之則別其群不欲駒蹄踰趯其胎育故縶之也班告也馬正掌馬之官周禮五尺曰駒是月也長日至夏至之日晝漏水上刻六十五夜漏水上刻三十五故曰長至陰陽爭死生分是月陰氣始起於下盛陽蓋陽蓋其上故曰爭也品物滋生薺麥亭歷棘刺之屬故曰死生分分別也君子齋戒處必揜身欲靜無躁止聲色無或進揜深也聲五音色五色止節之無有進御也薄滋味無致和薄猶損也和齊和也退嗜慾定心氣百官靜事無刑以定晏陰之所成退止也事無刑當精詳而後行也晏安陰微陰鹿角解蟬始鳴夏至鹿角解墮蟬鼓翼始鳴半夏生木堇榮半夏藥草木堇朝榮暮落是月榮華可用作蒸雛家謂之朝生一名蕣詩云顏如蕣華是也是月也無用火南方火王南方爲揚火氣可以居高明

可以遠眺望，可以登山陵，可以處臺榭。（明顯也。積土四方而高曰臺，臺加木爲榭，皆所以順陽宣明之。）仲夏行冬令，則雹霰傷穀，道路不通，暴兵來至；（冬寒冰凍，故雹霰傷害五穀也。冬陰閉藏，多雹霰，道路隕壞不通，利於暴害之兵橫來至。）行春令，則五穀晚熟，百螣時起，其國乃饑；（行春木旺生育之令，故五穀晚熟也。百螣動股之屬也，時起爲害，故五穀不時，國饑也。螣讀近殆，兖州人謂蝗爲螣。）行秋令，則草木零落，果實早成，民殃於疫。（有核曰果，無核曰蓏。仲夏行秋成熟之令，故曰草木零落，果實早成熟，非其時氣，故民疾疫。）

五月紀

二曰：音樂之所由來者遠矣，（遠，久。）生於度量，本於太一。太一出兩儀，兩儀出陰陽。（兩儀，天地也。出，生也。）陰陽變化，一上一下合而成章（章猶形）渾渾沌沌離則復合合則復離（渾讀如衮冕之衮沌讀近屯離散合會）是謂天常（天之常道）天地車輪（輪轉）終則復始極則復反莫不咸當（極窮咸皆當合）日月星辰或疾或徐日月不同以盡其行（不同度有長短也以盡其行度也起牽牛至周于牽牛故曰以盡其行）四時代興或暑或寒或短或長或柔或剛（冬寒夏暑冬至短夏至長春柔而秋剛）萬物所出造（一作本）於太一化於陰陽（造始也太一道也陰陽化成萬物者也）萌芽始震凝㵳以形（震動也謂動足以成形也）形體有處莫不有聲聲出於和和出於適和適先王定樂由此而生（同和生也）天下太平萬物安寧皆化其上（化猶遵）樂乃可成成樂有具必節嗜慾（節止嗜慾）

不辟辟開樂乃可務務成務樂有術必由平出平出於公公正公出於道故惟得道之人其可與言樂乎言說亡國戮民非無樂也不樂其樂不和於雅故不樂也溺者非不笑也傳曰溺人必笑雖笑不懽罪人非不歌也當死者雖歌不樂狂者非不武也狂惑之人雖武不足畏亂世之樂有似於此君臣失位父子失處夫婦失宜民人呻吟其以為樂也若之何哉以民人呻吟歎戚不可為樂也故曰若之何哉凡樂天地之和陰陽之調也始生人者天也人無事焉天使人有欲人弗得不求欲貪也人情欲故弗得不有求也天使人有惡人弗得不辟惡憎辟違也故曰弗得不辟人情有所憎惡辟違之也欲與惡所受於天也受之於天人不得

與焉（不得為焉天之為也）不可變不可易（天所為故不可變易）世之學者有非樂者矣安由出哉（非猶譏出猶生）太樂君臣父子長少之所懽欣而說也懽欣生於平（平和）平生於道道也者視之不見聽之不聞不可為狀（言道無形不可為狀）有知不見之見不聞之聞無狀之狀者則幾於知之矣（幾近也有人能是近於知道也）道也者至精也（精微）不可為形不可為名彊為之謂之太一故一也者制令兩也者從聽（從聽聽從）先聖擇兩法一（擇棄也法用也）是以知萬物之情故能以一聽政者樂君臣和遠近說黔首（秦謂民為黔首）合宗親能以一治其身者免於災（災害）終其壽全其天（天身）能以一治其國

者姦邪去賢者至成大化能以一治天下者寒暑適風雨時（適和也時不差忒）爲聖人故知一則明明兩則狂

大樂

三曰人莫不以其生生而不知其所以生（以用）人莫不以其知知而不知其所以知知其所以知之謂知道不知其所以知之謂棄寶棄寶者必離其咎（寶重也咎殃也）（咎一作苦）世之人主多以珠玉戈劒爲寶愈多而民愈怨國人愈危身愈危累（老子曰多藏厚亡故曰愈危累）則失寶之情矣（情實也）亂世之樂與此同（同於危累）爲木革之聲則若雷爲金石之聲則若霆爲絲竹歌舞之聲則若譟（譟叫）以此

駭心氣動耳目搖蕩生則可矣[illegible]以此爲樂則不樂
不樂不和故樂愈侈而民愈鬱侈淫鬱怨國愈亂主愈卑則亦
失樂之情矣凡古聖王之所爲貴樂者爲其樂也夏
桀殷紂作爲侈樂大鼓鐘磬管簫之音以鉅爲美鉅大
以衆爲觀俶詭殊瑰耳所未嘗聞目所未嘗見俶於詭始
作詭異瑰之樂故耳未嘗聞目未嘗見務以相過不用度量不用樂之法則故曰
務相過宋之衰也作爲千鍾鍾律名齊之衰也作爲大呂
大呂陰律十二月也楚之衰也作爲巫音女曰巫侈則侈矣自有
道者觀之則失樂之情失樂之情其樂不樂非正樂故曰不
樂也樂不樂者其民必怨其生必傷怨悲傷痛其王之與樂

也若冰之於炎日反以自兵兵災兵也此生乎不知樂之情而以侈爲務故也樂之有情譬之若肌膚形體之有情性也有情性則必有性養矣寒溫勞逸饑飽此六者非適也適中適也凡養也者瞻非適而以之適者也能以久處其適則生長矣長久生也者其身固靜或而後知或使之也遂而不返返還制乎嗜欲爲嗜欲所制制乎嗜欲無窮則必失其天矣天身且夫嗜欲無窮則必有貪鄙浮亂之心淫佚姦詐之事矣故彊者劫弱衆者暴寡勇者凌怯壯者慠幼從此生矣從欲生也

侈樂

四曰耳之情欲聲欲聞音聲心不樂五音在前弗聽心不樂聲
音雖在前耳不聽之目之情欲色欲視五色心弗樂五色在前弗視
心不欲視之也鼻之情欲芬香欲芬香之韜韽也心弗樂芬香在前
弗嗅不嗅味也口之情欲滋味欲美味也心弗樂五味在前弗
食欲之者耳目鼻口也樂之弗樂者心也心必和平
然後樂心必樂然後耳目鼻口有以欲之故樂之務
在於和心和心在於行適適中適也夫樂之有適心亦有
適人之情欲壽而惡夭欲安而惡危欲榮而惡辱欲
逸而惡勞四欲得四惡除則心適矣四欲之得也在
於勝理勝理以治身則生全以生全則壽長矣勝理

以治國則法立法立則天下服矣故適心之務在於勝理夫音亦有適太鉅則志蕩以蕩聽鉅則耳不容弗容則橫塞橫塞則振動太小則志嫌以嫌聽小嫌聽譬自嫌之嫌則耳不充不充則不詹詹足也詹讀如澹然無爲之澹不詹則窕窕不滿密也太清則志危以危聽清則耳谿極谿虛極病也不聞和聲之故也谿極則不鑒不鑒則竭鑒察也太清無和耳不能察則竭病之太濁則志下以下聽濁則耳不收不收越散不收則不特不特則怒不時不專一也故感怒也故太鉅太清太小太濁皆非適也不鉅不小不清不濁得四者之中乃爲適此四者皆言其大故曰非適何謂適衷音之適也何謂衷大不出鈞重不過石小大輕

重之衷也三十斤爲鈞百二十斤爲石黃鐘之宮音之本也本始於黃鐘十一月律
清濁之衷也衷也者適也以適聽適則和矣
樂無太平和者是也故治世之音安以樂其政平也
民聞其樂安之日嘻亂世之音怨以怒其政乖也亡國之音悲
以哀其政險也險猶危凡音樂通乎政而移風平俗者
也風猶化俗定而音樂化之矣故有道之世觀其音而
知其俗矣觀其政而知其主矣故先王必託於音樂
以論其教論明清廟之瑟朱弦而疏越一唱而三歎有
進乎音者矣文王之廟肅然清靜貴其樂和故曰有進音大饗之禮上玄
尊而俎生魚大饗饗上帝於明堂也玄尊酒水也俎生魚皆上質貴本大羹不和

有進乎味者也大羹肉湆而不之和貴本古得禮也故曰有進乎味故先王之制禮樂也非特以歡耳目極口腹之欲也將將猶特也教民平好惡行理義也平正也行猶通也

適音

五曰樂所由來者尚也尚曩必不可廢有節有侈有正有淫矣節適也侈大也正雅也淫亂也賢者以昌不肖者以亡昌盛也亡滅也昔古朱襄氏之治天下也朱襄氏古天子炎帝之別號多風而陽氣畜積萬物散解果實不成解落也有核曰果故士達作爲五弦瑟以來陰氣以定群生士達朱襄氏之臣昔葛天氏之樂三人操牛尾投足以歌八闋葛天氏古帝名投足猶蹀足闋終

一曰載民二曰玄鳥三曰遂草木四曰奮五穀五曰
敬天常六曰達帝功七曰依地德八曰總萬物之極
一作禽獸之極上皆樂之八篇名也昔陶唐氏之始陰多滯伏而湛積
陶唐氏堯之號水道壅塞不行其原故有洪水之災一作陽道壅塞不行其次民
氣鬱閼而滯著閼讀曰遏止之遏筋骨瑟縮不達故作為舞
以宣導之宣通昔黃帝令伶倫作為律伶倫黃帝臣伶倫自
大夏之西大夏西方之山乃之阮隃之陰阮隃山名山北曰陰取竹於
嶰谿之谷以生空竅厚鈞者斷兩節間竹生谿谷者取其厚鈞斷
兩節間以為律管其長三寸九分而吹之以為黃鐘之宮斷竹
長三寸九分次之音中黃鐘之宮吹曰含少次制十二筒六律六呂各有管數

（曰十二筒合成舍矣）以之阮隃之下聽鳳皇之鳴以別十二律其雄鳴爲六雌鳴亦六以此黄鐘之宮適合（合和諧）黄鐘之宮皆可以生之故曰黄鐘之宮律呂之本（法鳳之雌雄故律有陰陽上下相生故曰黄鐘之宮皆可以生之）黄帝又命伶倫與榮將（一作援）鑄十二鐘以和五音以施英韶以仲春之月乙卯之日日在奎始奏之命之曰咸池（奏十二鐘樂名之爲咸池）帝顓頊生自若水實處空桑（處居空桑）乃登爲帝惟天之合正風乃行（惟天之合德與天合風化也）其音若熙熙淒淒鏘鏘帝顓頊好其音乃令飛龍作效八風之音（八風八卦之風）命之曰承雲以祭上帝（上帝昊天上帝）乃令鱓先爲樂倡（倡始也）鱓

乃偃浸以其尾鼓其腹（鼓擊）其音英英（英英和盛貌）帝嚳命咸黑作爲聲（一作唐）歌九招六列六英有倕作爲鼙鼓鐘磬吹苓管壎篪鞀椎鐘帝嚳乃令人抃（兩手相擊曰抃）或鼓鼙擊鐘磬吹苓展管篪因令鳳鳥天翟舞之帝嚳大喜乃以康帝德（康安）帝堯立乃命質（一作部）爲樂質乃效山林谿谷之音以歌（質當爲夔）乃以麋𩊚置缶而鼓之（鼓擊）乃拊石擊石以象上帝玉磬之音以致舞百獸瞽叟乃拌五弦之瑟（拌分）作以爲十五弦之瑟命之曰大章以祭上帝舜立仰延乃拌瞽叟之所爲瑟益之八弦以爲二十三弦之瑟帝舜乃令質修九招六列六英以

明帝德（招列英皆樂名也帝謂舜）禹立勤勞天下日夜不懈（勤亹）通大川決壅塞鑿龍門降通漻水以導河（決壅塞故鑿龍門也降大漻流）疏三江五湖注之東海以利黔首於是命皐陶作為夏籥九成以昭其功（九成九變昭明）殷湯即位夏為無道暴虐萬民侵削諸侯不用軌度天下患之湯於是率六州以討（一作誅）桀罪功名大成黔首安寧湯乃命伊尹作為大護歌晨露修九招六列以見其善（大護晨露九招六列皆樂名善美）周文王處岐諸侯去殷三淫而翼文王（文王古公亶父之孫王季歷之子也古公避獯鬻之難邑于岐謂岐山之陽有周地及受命因為天下號也淫過翼佐三淫謂剖比干之心斷材士之股剖孕婦之胎者故諸侯去之而佐文王也）散宜生曰

殷可伐也文王弗許散宜生文王四臣之一也論語曰文王為西伯三分天下有其二以服事殷故不許周公旦乃作詩曰文王在上於昭于天周雖舊邦其命惟新以繩文王之德武王即位以六師伐殷六師未至以銳兵克之於牧野未至殷都而勝紂於牧野歸乃薦俘馘于京太室乃命周公為作大武大武周樂成王立殷民反反叛王命周公踐伐之踐往商人服象為虐于東夷象獸名也周公遂以師逐之至于江南乃為三象以嘉其德故樂之所由來者尚矣非獨為一世之所造三象周公所作樂名嘉美也尚久也自黃帝以來功成作樂故曰非獨為一世之所造也

古樂

呂氏春秋卷第五

呂氏春秋卷第六

季夏紀第六

音律　音初　制樂　明禮

呂氏春秋訓解　高氏

一曰季夏之月日在柳（季夏夏之六月也柳南方宿周之分野是月日躔此宿）昏心中旦奎中（心東方宿宋之分野奎西方宿魯之分野是月昏旦時皆中於南方）其日丙丁其帝炎帝其神祝融其蟲羽其音徵律中林鐘（林鐘陰律也陽氣衰陰氣起萬物衆聚而成竹管之音應林鐘也）其數七其味苦其臭焦其祀竈祭先肺涼風始至蟋蟀居宇（夏至後四十六日立秋節故曰涼風始至蟋蟀蜻蛩爾雅謂之悬陰氣應故居宇鳴以促織）鷹乃學習腐

草化爲螢蚈秋節將至故鷙順殺氣自習肆為將搏鷙也蚈馬蚿也蚈讀如蹊徑之蹊幽州謂之秦渠一曰螢火也天子居明堂右个明堂向南堂右个西頭室乘朱輅駕赤駵載赤旂衣朱衣服赤玉食菽與雉其器高以觕是月也令漁師伐蛟取鼉升龜取黿漁師掌魚官也漁讀若相語之語蛟鼉黿皆魚屬鼉皮可作鼓詩曰鼉鼓韸韸黿可為羹傳曰楚人獻黿於鄭靈公靈公不與公子家黿羹公子怒染指於鼎嘗之而出是也皆不害人易得故言取也蛟有鱗甲能害人難得故言伐也龜神可以決吉凶入宗廟尊之故曰升也乃命虞人入材葦虞人掌山澤之官材葦供國用也是月也令四監大夫合百縣之秩芻以養犧牲周制天子畿內方千里分為百縣縣有四郡郡有鄙故春秋傳曰上大夫受縣下大夫受郡周時縣大郡小至秦始皇兼天下初置三十六郡以監縣耳此云百縣謂周制畿內之縣也四監監四郡大夫也秩常也

常所當務故聚之以養犧牲令民無不咸出其力（咸皆也出其力以聚芻而用之）以供皇天上帝名山大川四方之神以祀宗廟社稷之靈爲民祈福（祈求也）是月也命婦官染采黼黻文章必以法故無或差（一作遷）忒黑黄倉赤莫不質良（婦人善別五色故命其官使染采也白與黑謂之黼黑與赤謂之黻青與赤謂之文赤與白謂之章修其法章不有差忒故黑蒼黄赤之色皆美善）勿敢僞詐（勿無也）以給郊廟祭祀之服（郊祀天廟祀祖）以爲旗章以別貴賤等級之度（熊虎爲旗章服也貴有常尊賤有等卑故曰度）是月也樹木方盛乃命虞人入山行木無或斬伐（虞人掌山林之官行察也視山川禁民不得斬伐）不可以興土功不可以合諸侯不可以起兵動衆無舉大事以搖蕩於

氣土工築臺穿池合諸侯造盟會也舉動兵衆息封疆也大事征伐也於時不時故曰搖蕩於氣無發令而干時以妨神農之事無發干時之令畜聚人功以妨害神農耘耨之事水潦盛昌命神農將巡功舉大事則有天殃昔炎帝神農能植嘉穀神而化之號為神農後世因名其官為神農巡行堰畝修治之功於此時或舉大事妨害農事禁戒之云有天殃之罰是月也土潤溽暑大雨時行燒薙行水利以殺草如以熱湯可以糞田疇可以美土疆夏至後三十日大暑節火王也潤溽而濕重又有時雨燒薙行水灌之如以熱湯可以成糞田疇美土疆界畔行之是令是月甘雨三至三旬二日行之是令行是之令也十日為旬二日者陰晦朔日也月十日一雨又二十日一雨一月中得二日耳故曰三旬二日季夏行春令則穀實解落國多風欬人乃遷徙春木王木性墮落陽發多

雨而行其令故穀實散落民病風欬上氣民遷離穩家春陽布散也行秋令則丘隰水潦禾稼不熟乃多女災丘高隰下也言高下有水潦象金氣也故穀禾稼使不成熟也金干火故多女災生子不育也行冬令則寒氣不時鷹隼早鷙冬陰閉固而行其令故寒風不節也鷹隼早鷙象冬氣殺戮四界之民畏寇賊之來四鄙入保故入城郭自保守也

中央土其日戊己戊己土日土王中央也其帝黃帝黃帝少典之子以土德王天下號軒轅氏死託祀爲中央之帝后土官共工氏子句其神后土龍能平九土死託祀爲后土之神其蟲倮其音宮陽發散越而屬倮蟲倮蟲麒麟爲之長宮土也位在中央爲之音一律中黃鐘之宮其數五黃鐘陽律也竹管音中黃鐘之宮也數五五行之數土五也其味甘其臭香土味甘土臭香其祀中霤祭先心土中央故祀中霤霤室中之祭祭后土祭祀之肉先進心心火也用所勝也一

大六九十二

(曰心土自用其藏也)天子居太廟太室(南向中央室曰太廟又處其中央故曰太室)
乘大輅駕黃駵載黃旂衣黃衣服黃玉(土色黃故尚黃色)食
稷與牛(稷牛皆屬土)其器圜以揜(揜象土含養萬物一作揜以閟)

六月紀

二曰黃鐘生林鐘(黃鐘十一月律林鐘六月律)林鐘生太蔟(太蔟正月
律)太蔟生南呂(南呂八月律)南呂生姑洗(姑洗三月律)姑洗生
應鐘(應鐘十月律)應鐘生蕤賓(蕤賓五月律)蕤賓生大呂(大呂十二
月律)大呂生夷則(夷則七月律)夷則生夾鐘(夾鐘二月律)夾鐘生
無射(無射九月律)無射生仲呂(仲呂四月律)三分所生益之一
分以上生三分所生去其一分以下生黃鐘大呂太

蔟夾鍾姑洗仲呂蕤賓爲上林鍾夷則南呂無射應
鍾爲下律呂相生上者上生下者下生大聖至理之世天地之氣合
而生風日至則月鍾其風以生十二律仲冬日短至
冬至日日極短故曰日短至則生黄鍾季冬生大呂孟春生太蔟
仲春生夾鍾季春生姑洗孟夏生仲呂仲夏日長至
夏至日日極長故曰日長至則生蕤賓季夏生林鍾孟秋生夷則
仲秋生南呂季秋生無射孟冬生應鍾天地之風氣
正則十二律定矣黄鍾之月土事無作慎無發蓋以
固天閉地陽氣且泄黄鍾十一月也且將也大呂之月數將幾
終大呂十二月幾近終盡歲且更起而農民無有所使使役太蔟

之月陽氣始生太蔟正月冬至後四十六日立春故曰陽氣始生草木繁動
動生令農發土無或失時發土而耕夾鐘之月寬裕和平行
德去刑夾鐘二月也行仁德去刑戮也無或作事以害群生事兵戎事也故
曰以害羣生姑洗之月達道通路溝瀆修利姑洗三月也時雨將降故
修利溝瀆申之此令嘉氣趣至順其陽德故嘉喜之氣至仲呂之月無
聚大衆巡勸農事仲呂四月大衆謂軍旅工役也順陽長養無役大衆妨廢農工故戒
之曰無也必循行農事勸率之草木方長無攜民心民當務農長養穀木傜役聚則
心攜離逆上命也故戒之曰毋也蕤賓之月陽氣在土安壯養俠蕤賓
五月壯盛俠少也皆安養之助陽也本朝不靜草木早槁靜安朝政不寧故草木變
動墮落早枯槁也林鐘之月草木盛滿陰將始刑林鐘六月刑殺也夏

至後四十六日立秋秋則行刑戮故曰陰氣將始殺也 無發大事以將陽氣 發起

將猶養 夷則之月修法飭刑選士厲兵 夷則七月也飭讀如敕飭正刑法所以行法也簡選武士厲利其兵 詰誅不義以懷遠方 懷柔也詩云柔遠能迩以定我王也

南呂之月蟄蟲入穴 南呂八月也蟄讀如詩文王什之什 趣農收聚 仲秋大雨故收聚 無敢懈怠以多爲務 務猶事也

無射之月疾斷有罪當法勿赦 無射九月有罪當斷故勿赦 無留獄訟以亟以故 亟疾故事

應鐘之月陰陽不通閉而爲冬 應鐘十月陽伏在下陰閉於上故不通 修別 一作辨 喪紀審民所終 審慎終卒修別喪服親疏輕重之紀故曰審民所終也

音律

三曰夏后氏孔甲田于東陽萯山孔甲禹後十四年皋之父發之祖桀之宗田獵也天大風晦盲盲瞑也孔甲迷惑入于民室主人方乳乳産或曰后來見良日也之子是必大吉之其或曰不勝也之子是必有殃后乃取其子以歸曰以爲余子誰敢殃之子長成人幕動拆橑斧斫斬其足遂爲守門者以其無足遂爲守門之官向謂之子有殃也孔甲曰嗚呼有疾命矣夫乃作爲破斧之歌實始爲東音爲東陽之音禹行功見塗山之女禹未之遇而巡省南土遇禮也禹未之禮而巡狩南行也省南方之土塗山氏之女乃令其妾待禹于塗山之陽塗山在九廻近當塗也山南曰陽也女乃作歌歌曰候人兮猗實始作爲

南音（南方國風之音）周公及召公取風焉，以為周南、召南（取塗山氏女南音為樂歌）。周昭王親將征荊（周昭王，康王之子，穆王之父。荊，楚也。秦莊王諱楚，避之曰荊），辛餘靡長且多力，為王右（右，兵車之右也）。還反涉漢，梁敗，王及蔡公抎於漢中（抎，墜，音曰顛隕之隕）。辛餘靡振王北濟，又反振蔡公（振，救也。傳曰：齊桓公伐楚，讓之曰：爾貢苞茆不入，王祭不供，無以縮酒，寡人是徵；昭王南征沒而不復，寡人是問。對曰：貢之不入，寡君之罪，敢不共乎？昭王之不復，君其問諸水濵。由此言之，昭王為沒於漢，辛餘靡焉得振王北濟哉）。周公乃侯之于西翟，實為長公（西翟，西方也。以辛餘靡有振王之力，故賞之為長公）。殷整甲徙宅西河（河一作阿），猶思故處（處，居也），實始作為西音。長公繼是音以處西山（西音，周之音）。秦繆公取風焉，實始作為秦音（取西音以為秦）。

國之樂音有娀氏有二佚女，爲之九成之臺，成猶重飲食必以鼓。鼓樂帝令燕往視，一作翙之鳴若謚隘。二女愛而爭搏之，覆以玉筐，少選發而視之，少選須臾燕遺二卵，北飛，遂不反。帝天也，天令燕降卵於有娀氏女，吞之生契。詩云天命玄鳥，降而生商。又曰有娀氏女方將立子生商，此之謂也二女作歌一終，曰燕燕往飛，實始作爲北音。北國之音凡音者，產乎人心者也。感於心則蕩乎音，蕩動音成於外而化乎內，內化生內心是故聞其聲而知其風，風俗察其風而知其志，一作意下同觀其志而知其德。盛衰、賢不肖、君子小人皆形於樂，不可隱匿，故曰樂之爲觀也深矣。土弊則草木不長，弊惡水煩則魚鼈不大，攝渾孟春紀世濁則禮煩而樂淫煩亂淫邪鄭衛之聲桑間之音謚任此亂國之所好衰德之所說說樂流辟誂越慆濫之音出出生也則滔蕩之氣邪慢之心感矣感則百姦衆辟從此產矣故君子反道以修德修治也正德以出樂和樂以成順樂以和爲成順樂和而民鄉方矣鄉仰方道

音初

四曰欲觀至樂必於至治至樂至和之樂至治至德之治其治厚者其樂治厚其治薄者其樂治薄亂世則慢以樂矣今室閉戶牖動天地一室也故成湯之時有穀生於庭昏而生比旦其大拱書叙云伊陟相太戊亳有桑穀祥共生于朝太戊太甲之孫太

康之子也號爲中宗蒲兩手曰拱湯生仲丁仲丁生
太甲太甲生太康太康生太戊凡五君矣此云湯之
時不亦謬乎由此觀之曝咸陽市門無敢增損一字
者明畏不章之執耳故揚子雲恨不及其時車載其
金面歸也其吏請卜其故曰灼龜卜湯退卜者曰吾聞祥者福
之先者也見祥而爲不善則福不至妖者禍之先者
也見妖而爲善則禍不至爲善則福應之故禍無從至也於是早朝
晏退問疾弔喪務鎮撫百姓三日而穀止止滅故禍兮
福之所倚福兮禍之所伏聖人所獨見衆人焉知其
極極猶終周文王立國八年歲六月文王寢疾五日而
地動東西南北不出國郊邑外曰郊百吏皆請曰臣聞地
之動爲人主也今王寢疾五日而地動四面不出周

郊群臣皆恐曰請移之文王曰若何其移之也對曰興事動衆以增國城其可以移之乎文王曰不可夫天之見妖也以罰有罪也我必有罪故天以此罰我也今故興事動衆以增國城是重吾罪也不可重猶益也移咎徵於他人是益吾罪故曰不可文王曰昌也請改行重善以移之其可以免乎於是謹其禮秩皮革以交諸侯飭其辭令飭讀如敕飭正其辭令也幣帛以禮豪士幣圭璧帛玄纁也林倍百人曰豪也頒其爵列等級田疇以賞一作賓群臣無幾何疾乃止止除也文王即位八年而地動已動之後四十三年凡文王立國五十一年而終此文王所以止殃翦妖也翦除

宋景公之時熒惑在心景公元公佐之子欒熒惑五星之一火之精也心東方宿宋之分野公懼召子韋而問焉曰熒惑在心何也子韋宋之太史能占宿度者故問之子韋曰熒惑者天罰也心者宋之分野也禍當於君雖然可移於宰相公曰宰相所與治國家也而移死焉不祥祥吉子韋曰可移於民公曰民死寡人將誰爲君乎寧獨死傳曰后非衆無以守邑故曰將誰爲君乎子韋曰可移於歲公曰歲害則民飢穀不熟爲飢也民飢必死爲人君而殺其民以自活也其誰以我爲君乎傳曰衆非元后何戴故曰其誰以我爲君是寡人之命固盡已子無復言矣子韋還走北面載拜曰臣敢賀君天之處高而聽卑君有至

德之言三天必三賞君今昔熒惑其徙三舍君延
二十一歲公曰子何以知之對曰有三善言必有三
賞熒惑有三徙舍舍行七星星宿也星一徙當一年三
七二十一臣故曰君延年二十一歲矣以德復星也徙二舍國其理也死生有命不可益矣而延二十一歲請無閒也臣請伏於陛下以伺候之
熒惑不徙臣請死公曰可是夕熒惑果徙三舍

制樂

五曰五帝三王之於樂盡之矣盡極亂國之主未嘗知
樂者是常主也非賢主也夫有天賞得為主而未嘗得主
之實未嘗得為賢主之實此之謂大悲此之為大悲哀之人是正坐於夕

室也夕室以喻悲人也言其室邪夕不正徙正其坐也其所謂正乃不正矣
悲人所爲如坐夕室自以爲正乃不正之謂也凡生非一氣之化也長非一
物之任也成非一形之功也故衆正之所積其福無
不及也及至衆邪之所積其禍無不逮也其風雨則不
適適時也其甘雨則不降其霜雪則不時不當霜雪而霜雪故曰不
也寒暑則不當不當寒而寒不當暑而暑陰陽失次
作易次四時易節謂不得其所節一作位人民淫
爍不固淫邪鑠爍不一也不固不埶正道禽獸胎消
不殖鑠爍不成不得長殖也草木庳小不滋滋亦滋長五穀
敗不成成熟也其以爲樂也若之何哉言不可以爲樂故曰若之

何哉故至亂之化君臣相賊君不君臣不臣故相賊長少相殺父子相忍弟兄相誣知交相倒倒逆夫妻相冒日以相危失人之紀冒嫉危疑相嫉則相猜疑故失人道之綱紀心若禽獸長邪苟利一作苟且不知義理亂政之化也心如禽獸焉知義理其雲狀有若犬若馬若白鵠若衆車雲氣形狀如物之形也有其狀若人蒼衣赤首不動其名曰天衡衡物之氣有其狀若懸釜而赤其名曰雲旍雲氣之象旍旗者有其狀若衆馬以鬬其名曰滑馬五行傳爲馬妖也有其狀若衆植華一作雚以長黃上白下其名蚩尤之旍旍旗其日有鬬蝕有倍僪有暈珥鬬食兩日共鬬而相食倍僪暈珥皆日旁之危氣也在兩傍反出爲倍在上反出爲僪在上內向爲冠兩旁內向爲

珥暈讀如君國子民之君氣圍繞日周匝有似軍營相圍守故曰暈也有不光有不及一作反景有衆日並出有晝盲盲冥有霄見霄夜見明其日有薄蝕薄迫也日月激會相掩名爲薄蝕有暉珥有偏盲有四月並出有二月並見並猶俱也有小月承大月有大月承小月有月蝕星有出而無光其星有熒惑熒惑火精有彗星有天棓有天欃有天竹有天英有天干干楯也有賊星有鬬星有賓星其氣有上不屬天下不屬地屬猶至有豐上殺下有若水之波有若山之揖揖林木也春則黃夏則黑秋則蒼冬則赤其妖孽有生如帶有鬼投其陴陴脚也音楊子愛骭一毛之骭有菟生雉雉亦生鴳鴳一名䳺爵於五行傳羽蟲之孽有

螟集其國其音匈匈（食心爲螟音聲飛匈匈驚動衆人集其國都也）國有游
虵西東（於五行傳爲虵妖也西東示民流遷國不安寧也）馬牛乃言（言語皆妖也）有
犬彘乃連（連合皆妖也）有狼入於國（國都也河圖曰野鳥入主人走也）有
人自天降（降下人妖也）市有舞鴟國有行飛（一作彘）馬有生
角（於五行傳爲馬禍）雄雞五足（羽虫之孽）有豕（一作豕）生而彌（彌蹄不甲
也於五行傳爲墨眚黑之祥也）雞卵多假有社遷處（遷移）有豕生狗（於五
行傳爲豕禍）國有此物其主不知驚惶亟革上帝降禍凶
災必亟（亂惑之主見妖孽之怪不知驚惶疾自革更共衛厥罰故上帝降之禍凶災必至）其
（一作有）殘亡死喪殄絶無類流散循飢無日矣（循大也穀不熟
曰飢無後有期日也）此皆亂國之所生也不能勝數盡荆越之

竹猶不能書楚越竹所出也尚不能勝書者妖多也故子華子曰夫亂世之民長短頡許百疾疾病也長短者無節度也許猶大許迎也百疾變詐也既無節度大迎爲變詐之疾也民多疾癘道多褓繈盲禿傴尪萬怪皆生褓小兒被也繈褸拾上繩也言民繈負其子走道跛而散去盲無見禿無髮傴僂俯者也尪短仰者也怪物妄生非一類故言萬怪者也故亂世之主烏焉一作聞至樂烏安也不聞至樂其樂不樂亂國之樂怨以悲不聞至德之樂故曰其樂不樂也

明理

呂氏春秋卷第六

呂氏春秋卷第七

孟秋紀第七

蕩兵一作用兵　振亂　禁塞　懷寵

呂氏春秋訓解　高氏

一曰孟秋之月長日至四旬六日孟秋夏之七月夏至後日尚長至四十六日立秋晝夜等故曰長日至四旬六日日在翼翼南方宿楚之分野是月日躔此宿昏斗中旦畢中則立秋斗北方宿兵之分野畢西方宿趙之分野是月昏旦時皆中於南方其日庚辛其帝少皞庚辛金日也少皞帝嚳之子摯兄也以金德王天下號爲金天氏死配金爲西方金德之帝其神蓐收少皞氏裔子曰該皆有金德死託祀爲金神其蟲毛其音商金氣寒倮者衣毛虫之屬而虎爲之長商金也其位在西方律中

夷則其數九夷則陽律也竹管音與夷則和太陽氣衰太陽氣發萬物肅然應法成性故曰律中夷則其數九五行數五金第四故曰九其味辛其臭腥五行金味辛金臭腥其祀門祭先肝孟秋始內由門入故祀門也肝木也祭祀之肉用其勝故先進肝又曰肝金也自用其藏也涼風至白露降涼風坤卦之風爲損降下寒蟬鳴鷹乃祭鳥始用行戮寒蟬得寒氣鼓翼而鳴時候應也是月鷹摯殺鳥於大澤之中四面陳之世謂之祭鳥於是時乃始行戮刑罰順秋氣天子居總章左个總章西向堂也西方總成萬物章明之也故曰總章左个南頭室也乘戎路駕白駱戎路白路也白馬黑鬣曰駱載白旂衣白衣服白玉白順金也食麻與犬其器廉以深犬金畜也廉利也象金斷割深象陰閉藏是月也以立秋先立秋三日太史謁之天子夏至後四十六日立秋故在是月謁告也曰某日立秋盛德

在金天子乃齋盛德在金金王西方也齋自禋潔立秋之日天子親率三公九卿諸侯大夫以迎秋於西郊九里之郊還乃賞軍率武人於朝金氣用事治兵討暴非率不整非武不齊故賞軍率將與武人於朝與衆共之天子乃命將帥選厲兵簡練桀儁才過萬人曰桀千人曰儁專任有功以征不義征正也詰誅暴慢以明好惡巡彼遠方巡行也遠方天下也是月也命有司脩法制禁令繕囹圄具桎梏禁止姦囹圄獄室桎梏謂械在足曰桎在手曰梏所以禁止人之姦邪慎罪邪務搏執命理瞻傷察創視折審斷慎戒有姦罪者搏執之也理獄官也使視傷創毀折者可斷之故曰審斷決獄訟必正平戮有罪嚴斷刑爭罪曰獄爭財曰訟決之者必得其正平不直者戮而刑之天地始肅不可以贏肅殺素氣

始行不可驕嬴紀令必誅故曰不可以嬴是月也農乃升穀天子嘗新

先薦寢廟升進也先致寢廟孝經曰四時祭祀不忘親也命百官始收斂收斂孟秋始內完隄防謹壅塞以備水潦是月月麗于畢俾雨滂沲故預完隄防備水潦修宮室坿牆垣補城郭坿讀如符坿猶培也是月也無以封侯立大官封侯裂土封之邑也大官謂上公九命之官無割土地行重幣出大使無割土地以地賜人重幣金帛之幣大使行使命也方金氣之收藏皆所以不宜行也行之是令而涼風至三旬孟秋行冬令則陰氣大勝介蟲敗穀戎兵乃來冬水王而行其令故陰氣夫勝也介蟲龜屬冬玄武故介甲之蟲敗其穀也金水相并則戎兵來侵爲害行春令則其國乃旱陽氣復還五穀不實春陽亢燥而行其令故枯旱也是月涼風用事而行春煖之令而穀更生故害而不成實

也

行夏令則多火災寒熱不節民多瘧疾夏火王所行其令故多火災金氣火氣寒熱相干不節使民病瘧疾寒熱所生

七月紀

二曰古聖王有義兵而無有偃兵偃止兵之所自來者上矣自從上久上一作久與始有民俱俱皆凡兵也者威也威也者力也民之有威力性也性者所受於天也非人之所能為也武者不能革革更而工者不能移移易兵所自來者久矣黃炎故用水火矣黃黃帝炎炎帝也炎帝為火災黃帝滅之也共工氏固次作難矣共工之治九州有異高辛氏爭為帝而亡故曰次作難也五帝固相與爭矣遞興一作與廢勝者用事又曰蚩尤作

兵蚩尤非作兵也利其械矣蚩尤少皞氏之末九黎之君名也始作亂伐無
罪殺無辜善用兵爲之無道非始造之也故曰非作兵也未有蚩尤之時民固剝
林木以戰矣勝者爲長長率長則循不足治之故立君
立置也君又不足以治之故立天子天子之立也出於
君君之立也出於長長之立也出於爭戰勝而爲長故曰出於爭
爭鬬之所自來者久矣不可禁不可止天生五材民並用之廢一
不可誰能去兵兵之來久矣聖人以治亂人以亡廢興存亡昏明之術也故曰不可禁不可止故古
之賢王有義兵而無有偃兵家無怒笞一作忿則豎子
嬰兒之有過也立見家無嚴親怒笞之威則小子好爭上下過亡著見也國無
刑罰則百姓之悟相侵也立見無刑罰可畏臣下故有相侵凌奪掠之罪

天下無誅伐則諸侯之相暴也立見無誅罰可畏故相暴大兼小也故怒笞不可偃於家刑罰不可偃於國誅伐不可偃於天下有巧有拙而已矣巧者以治拙者以亂故古之聖王有義兵而無有偃兵夫有以饐死者欲禁天下之食悖悖惑有以乘舟死者欲禁天下之船悖有以用兵喪其國者欲偃天下之兵悖夫兵不可偃也譬之若水火然水以療渴火以熟食兵以除亂夫何偃也故曰若水火然善用之則爲福不能用之則爲禍傳曰能者養之以求福不能者敗之以取禍此之謂若用藥者然得良藥則活人得惡藥則殺人義兵之爲天下良藥也亦大矣義兵除天下之兇殘解百姓之倒懸而生育之故方之於良藥且兵之所

自來者遠矣未嘗少選不用貴賤長少賢者不肖相與同有巨有微而已矣少選須臾也賢不肖者用兵皆欲得勝是其同也巨輔寡微要妙覩未萌之萌也察兵之微在心而未發兵也疾視兵也作色兵也傲言兵也援推一作挂剚兵也連一作速反兵也侈鬬兵也三軍攻戰兵也此八者皆兵也微巨之爭也今世之以偃兵疾說者終身用兵而不自知悖故說雖彊談雖辯文學雖博猶不見聽雖以辯文博學力說偃兵不自知悖者不聽從也故古之聖王有義兵而無有偃兵兵誠義以誅暴君而振苦民一拯召羽㬎民之說也若孝子之見慈親也若饑者之見美食也民之號呼而走之赴歸若彊

弩之射於深谿也若積大水而失其壅隄也中主猶若不能有其民而况於暴君乎中主非賢君

蕩兵一作用兵

三曰當今之世濁甚矣濁亂也君肆害不可禁備故亂甚黔首之苦不可以加矣民人之苦毒不可復增加天子既絕賢者廢伏絕君三代之末祚數盡也賢者不見用故廢伏世主恣行與民相離黔首無所告愬世主亂主也亂政亟行與民相違黔首懷怨無所控告世有賢主秀士宜察此論也則其兵為義矣賢主治主也秀士治士也宜察恣行之主與民相離怨而捨之也必舉兵誅之誅其君弔其民故曰其兵為之義也天下之民且死者也而生且行也治主之兵救其民故曰將生也且辱者也而榮榮光明也且苦者

也而逸（民見弔恤安逸）世主恣行則中人將逃其君去其親又況於不肖者乎（遭恣行之君中凡之人將逃而去之不能顧其親戚也又況下愚不肖之人能保守其君而不逃去其親者也）故義兵至則世主不能有其民矣人親不能禁其子矣（世主暴亂若桀紂者也民去之而歸湯武故不能得其有也其親不能禁止其子）凡爲天下之民長也慮莫知長有道而息無道賞有義而罰不義今之世學者多非乎攻伐非攻伐而取救守取救守則鄉之所謂長有道而息無道賞有義而罰不義之術不行矣天下之長民其利害在（一本下有此字）察此論也攻伐之與救守一實也（攻伐欲隳人救守欲完人其實一也）而取舍人異（攻伐欲破人救守欲全人故曰取舍人異）以

辯說去之終無所定論固不知悖也知而欺心誣也論說事請固不知之是為悖實知之而自欺其心是為誣誣悖之士雖辯無用矣辯無所能施故謂之無用是非其所取而取其所非也是利之而反害之也安之而反危之也民以為安而安之以禮義也危之乃危亡之道也故曰安之反危也為天下之長患致黔首之大害者若說為深說若是者為天下之患為黔首之害深而大也夫以利天下之民為心者不可以不熟察此論也論猶別也夫攻伐之事未有不攻無道而罰不義也攻無道而伐不義則福莫大焉黔首利莫厚焉厚重也禁之者禁止也是息有道而罰有義也是窮湯武之事而遂桀紂之過也遂猶長也凡人之所

以惡爲無道不義者爲其罰也（惡猶畏）所以蘄有道行有義者爲其賞也（蘄讀曰祈或作勸）今無道不義存存者賞之也（雖存幸耳賞之非也）而有道行義窮窮者罰之也（雖窮不幸耳罰之非也）賞不善而罰善欲民之治也不亦難乎（治整也）故亂天下害黔首者若論爲大（論若是者賞所當罰者罰所當賞者是以亂天下而害黔首最爲大也）

振亂

四曰夫救守之心未有不守無道而救不義也守無道而救不義則禍莫大焉（莫無也無有大之者）爲天下之民害莫深焉（深重也無有重之者）凡救守者太上以說（說說言也）其次以

兵以兵威之以說則承從從一作徒多群日夜思之事心任精起則誦之臥則夢之自今單脣乾肺費神傷魂單盡乾晞費損神人之神也魂人之陽精也陽精為魂陰精為魄上稱三皇五帝之業以愉其意愉說下稱五伯名士之謀以信其事信明也其說救守之事早朝晏罷以告制兵者制者主也謂斂之主兵者行說語衆以明其道道畢說單而不行畢單皆盡不行不見從則必反之兵矣說不見從故反之以兵威之反之於兵則必鬭爭之情必且殺人是殺無罪之民以興無道與不義者也無道與不義者存是長天下之害為天下之害者得茲長而止天下之利晉獻公曰物不兩施害長故利止者也雖欲幸而勝禍且始長晉獻公伐驪戎

史蘇曰勝而不告故曰禍乃始長也先王之法曰爲善者賞爲不善者罰古之道也不可易易猶違今不別其義與不義而疾取救守不義莫大焉害天下之民者莫甚焉故取攻伐者不可非於義可攻可伐故不可非也攻伐不可取於義不可攻不可伐故不可取惟義所作救守不可非於義當救當守故不可非救守不可取於義當守當救不可取而有之也惟義兵爲可兵苟義攻伐亦可以有道攻伐無道故司馬法曰以戰去戰雖戰可也此之謂也救守亦可謂諸侯思啓封疆以無道攻有道雖救之可也拯困設守亦可也兵不義攻伐不可昔以桀紂之兵攻伐湯武曷當可乎救守不可桀紂堅守而往救之亦不可也使夏桀殷紂無道至於此者幸也使吳夫差智伯瑤侵奪至於此者幸也夫差

吳王闔閭之子智伯智宣子之子襄子也使晉厲陳靈宋康不善至於此者幸也晉厲公景公之子州蒲也陳靈公共公之子平國者也宋康王在春秋後當戰國時僭稱王若令桀紂知必國亡身死殄無後類吾未知其厲為無道之至於此也吳王夫差智伯瑤知必國為丘墟身為刑戮吾未知其為不善無道侵奪之至於此也夫差智伯為無道侵奪無厭夫差為越王句踐所滅智伯為襄子所殺於晉陽之下也晉厲知必死於匠麗氏匠麗氏晉大夫家也厲公無道欒書中行偃殺之於匠麗氏也陳靈知必死於夏徵舒夏徵舒陳大夫御叔之子夏姬所生也靈公通於夏姬與孔寧義行父飲酒於夏氏徵舒過之公謂行父曰徵舒似汝對曰亦似君徵舒病也公自出其廄射而殺之故曰死於夏徵舒宋康知必死於溫吾未知其為不善之至

於此也温魏邑也宋康王名偃宋元公佐六世之孫辟兵之子也立十一年自爲王東敗齊取五城南敗楚取二百里西敗魏軍於温與齊楚爲敵國以韋囊盛血懸而射之號曰射天諸侯患之咸曰宋復爲紂不可不誅即位四十七年齊湣王與楚魏伐宋滅之而三分其地故曰死於温此七君者大爲無道不義所殘殺無罪之民者不可爲萬數萬人一數之言多不可勝數壯佼老幼胎殰之死者大實平原廣堙深谿大谷赴巨水積灰填溝洫險阻犯流矢蹈白刃加之以凍餓饑寒之患以至於今之世爲之愈甚故纍骸骨無量數言多爲京丘若山陵戰鬬殺人合土築之以爲京觀故謂之京丘若山陵高大也世有興主仁士深意念此亦可以痛心矣亦可以悲哀矣哀亦痛也察此其所自生生於有

道者之廢而無道者之恣行恣也故無無道者之恣行幸矣無道者恣其情欲而見信用不得誅滅是乃幸也故世之患不在救守而在於不肖之者幸也救守之說出則不肖者益幸也賢者益疑矣疑怪其同以益幸也故大亂天下者在於不論其義而疾取救守疾猶爭

禁塞

五曰凡君子之說也非苟辯也士之議也非苟語也必中理然後說理義必當義然後議議言故說義而王公大人益好理矣士民黔首益行義矣一命為士民士民之說為士者也義理之道彰則暴虐姦詐侵奪之術息也彰明息滅暴虐

姦詐之與義理反也其埶不俱勝不兩立故兵入於敵之境（境壤）則民知所庇矣（庇依廕也）黔首知不死矣（知義兵救民之命不殺害）至於國邑之郊不虐五穀不掘墳墓不伐樹木不燒積聚不焚室屋不取六畜得民虜奉而題歸之（奉送也）以彰好惡（好其類民惡其惡君也傳曰其君是惡其民何罪此之謂也）信與民期以奪敵資（以信與民期不違之也資用也敵以暴虐用其民故以信義奪其民也）若此而猶有憂恨冒疾遂過不聽者雖行武焉亦可矣先發聲出號（號令）曰兵之來也以救民之死（死命）子之在上無道据傲（子謂所伐國之君）荒怠貪戾虐衆恣睢自用也辟遠聖制謷醜先王排訾舊典上不順天（順承）下

不惠民（惠愛）徵斂無期求索無厭（其度厭之）罪殺不辜慶賞不當若此者天之所誅也人之所讎也不當為君今兵之來也將以誅不當為君者也以除民之讎而順天（一作民）之道也民有逆天之道衛人之讎者身死家戮不救（衛猶護助也救無道之邪則身死家戮不救貳也）有能以家聽者祿之以家（以一家祿之）以里聽者祿之以里（里閭也周禮五家為比五比為閭閭二十五家）以鄉聽者祿之以鄉（周禮二千五百家為州五州為鄉鄉萬二千五百家）以邑聽者祿之以邑（周禮八家為井四井為邑四十二家也此上鄉邑皆不從周禮）以國聽者祿之以國（國都也周禮二千五百家為縣四縣為都然則國都萬家也）故克其國不及其民（克勝及罪）獨誅所誅而已矣（所誅君也）

舉其秀士（一本作秀儁）而封侯之（秀士，儁士）選其賢良而尊顯之（顯以上位）求其孤寡而振恤之（無子曰孤，無夫曰寡。振，瞻；矜，恤）見其長老而敬禮之（尊高年）皆益其祿加其級（祿，食；級，等）論其罪人而救出之（論，猶理）分府庫之金散倉廩之粟（金，鐵也，可以爲田器）（皆布散以與人民）以鎮撫其衆不私其財問其叢社大祠民之所不欲廢者而復興之（興之，舉其祀）曲加其祀禮是以賢者榮其名而長老說其禮民懷其德（懷，安也）今有人於此能生死一人（生，活也）則天下必爭事之矣（事此一人）義兵之生一人亦多矣人孰不說故義兵至則鄰國之民歸之若流水（民歸之若流水，不可壅禦也）誅國之民望之若父母行地滋遠得民滋衆所誅國之民睎望義兵之至若望其父母滋益衆多也孟子曰肯百然簞食壺漿以迎王師奚爲後予此之謂兵不接刃而民服若化接交若被甘化也

懷寵

呂氏春秋卷第七

呂氏春秋卷第八

仲秋紀第八

論威　簡選　決勝　愛士一作慎窮

呂氏春秋訓解　高氏

一曰仲秋之月日在角仲秋夏之八月角東方宿韓鄭之分野是月日躔此宿昏牽牛中旦觜巂中牽牛北方宿越之分野觜巂西方宿魏之分野是月昏旦時皆中於南方其日庚辛其帝少皥其神蓐收其蟲毛其音商說在孟秋律中南呂南呂陰律是月陽氣內藏陰呂於陽任其成功竹管音中南呂其數九其味辛其臭腥其祀門祭先肝涼風生說在孟秋候鴈來玄鳥歸群鳥養羞是月候時之鴈從北漠中來南過周雒之彭蠡玄鳥燕也春分

而來秋分而去歸蟄所也傳曰玄鳥氏司分者也塞氣將至羣鳥養進其毛羽御寒也故曰羣鳥養羞

天子居總章太廟總章西向堂太廟中央室也乘戎路駕白駱載白旂衣白衣服白玉食麻與犬其器廉以深說在孟秋是月也養衰老授几杖行糜粥飲食陰氣發老年衰故共養之授其几杖賦行飲食糜粥之惺今之八月比戶賜高年鳩杖粉粢是也周禮大羅氏掌獻鳩杖以共食老又伊耆氏掌共老人之杖乃命司服具飭衣裳文繡有常制有小大度有短長衣服有量必循其故冠帶有常司服主衣服之官將飾正服故命之也上曰衣下曰裳青與赤五色備謂之繡禮司服掌主之吉服禮昊天上帝則大裘而冕祀五帝亦如之享先王則袞冕享先公饗射則鷩冕祀四望山川則毳冕祭社五岳則絺冕祭羣小祀則玄冕凡兵事弁服視朝則皮弁服皮者鹿皮冠服者素幘也故曰小大短長冠帶有常也命有司申

嚴百刑斬殺必當有司理官刑非一故言百軍刑[illegible]斬獄刑殺皆重其事故曰必當或枉撓枉撓不當反受其殃凌弱爲枉違彊爲撓反逐殃咎是月也乃命宰祝巡行犧牲視全具案芻豢宰於周禮爲充人掌養祭祀之犧牲繫于牢芻之三月也祝太祝以騂牷事神祈福祥也巡行犧牲視其全具者恐其毀傷案其芻豢之薄言牛羊曰芻犬豕曰豢瞻肥瘠察物色物毛也必比類量小大視長短皆中度五者備當上帝其享天子乃儺禦佐疾以通秋氣儺逐疫除不祥也語曰鄉人儺朝服立於作階禦止也佐疾謂療疾儺以止之也以通達秋氣使不壅閉以犬嘗麻先祭寢廟犬金畜也麻始熟故嘗之是月也可以築城郭建都邑國有先君宗廟曰都無曰邑穿竇窌脩囷倉穿水通竇、不欲地泥濕也穿窌所以盛穀也脩治囷倉仲秋大內穀當入也圓曰囷方曰倉乃命

有司趣民收斂務蓄菜多積聚有司於周禮爲場人堀劦入也蓄菜乾菹之屬也詩云曰亦有旨蓄以御冬也乃勸種麥無或失時行罪無疑罪罰也

是月也日夜分雷乃始收聲蟄蟲俯户是月秋分分等也晝漏五十刻夜漏五十刻故曰日夜分[illegible]雷乃始收藏其聲不震也將蟄之蟲俯近其所蟄之户殺氣浸盛陽氣日衰水始涸殺氣陰氣涸竭日夜分則一度量同也度尺丈量釜鍾也平權衡正鈞石齊升角權秤衡也三十斤爲鈞百二十斤爲石升角皆量器也

是月也易關市來商旅入貨賄以便民事易關市不征譏也故商旅來市賤鬻貴曰商旅者行商也貨賄財賂也以所有易所無民得其求故曰以便民事四方來雜遠鄉皆至雜會也關市不征故遠鄉皆至則財物不匱上無乏用百事乃遂上無乏用所求得也事非一故百事遂成也凡舉

事無逆天數天數天道必順其時其時天時乃因其類因順其類事類不干逆行之是令白露降三旬行之是令行是之令也故白露降三旬成萬物也仲秋行春令則秋雨不降草木生榮國乃有大恐天陽炕慘而行溫仁之令故雨不降尚生育故草木榮華李梅之屬冬實也金木相干有兵象故曰民有大恇恐也行夏令則其國旱蟄蟲不藏五穀復生夏氣盛陽故炎旱使蟄伏之虫不潛藏五穀復萌生也於洪範五行爲恒燠之徵行冬令則風災數起收雷先行草木早死冬寒嚴猛故風災數發收藏之雷先動行未當行故曰先也

八月紀

二曰義也者萬事之紀也君臣上下親疏之所由起也上長下幼治亂安危過勝之所在也得紀則治而安失紀則亂而危也過

猶服也勝有所勝也過勝之勿求於他必反於己人情欲生而惡死欲貪也欲榮而惡辱死生榮辱之道一則三軍之士可使一心矣一於紀凡軍欲其衆也衆多也以多擊寡雖拙者猶以克勝故欲其衆心欲其一也三軍一心則令可使無敵矣令能無敵者其兵之於天下也亦無敵矣古之至兵民之重令也至兵至德君之兵也令無不化故謂之至重也重乎天下貴乎天子其藏於民心捷於肌膚也深痛執固捷養也不可搖蕩蕩動也物莫之能動動移也若此則敵胡足勝矣如此者敵不足以為武故言胡足勝矣小之也故曰其令彊者其敵弱其令信者其敵詘令彊者不可犯也令信者賞不僭刑不濫也故能使其敵弱而屈服也先勝之於此則必勝之於彼矣此近謂廟堂彼遠謂原野凡兵天下之

凶器也勇天下之凶德也（兵者戰鬭有負敗勇者淩傲有死亡故皆謂之凶）舉凶器行凶德猶不得已也（已止也）舉凶器必殺殺所以生之也（殺無道所以生有道也司馬法曰有故殺人雖殺人可也）行凶德必威威所以懾之也（威畏也懾懼也以威畏敵人使之畏懼已也）敵懾民生此義兵之所以隆也（隆盛也）故古之至兵才民未合（合交）而威已諭矣（諭猶行）敵已服矣（服降）豈必用抱鼓干戈哉（鼓以進士干楯也戈戟也）故善諭威者於其未發也於其未通也窅窅乎冥冥莫知其情（窅音窈）此之謂至威之誠（誠實也）凡兵欲急疾捷先欲急疾捷先之道在於知緩徐遲後而急疾捷先之分也急疾捷先此所以決義兵之勝

也而不可久處知其不可久處則知所免起鳧舉死殙之地矣起走舉飛也免走鳧趨喻急疾也殙音悶謂絕氣之悶雖有江河之險則凌之凌越也雖有大山之塞則陷之陷壞也并氣專精心無有慮無有由豫之慮目無有視耳無有聞一諸武而已矣冉叔誓必死於田侯而齊國皆懼冉叔儀工田侯齊君也豫讓必死於襄子而趙氏皆恐豫讓晉畢陽之孫因族以為氏讓欲報讎殺趙襄子故趙氏恐也成荊致死於韓主而周人皆畏畏其義又況乎萬乘之國而有所誠必乎則何敵之有矣言無有敵敵者刃未接而欲已得矣已得欲殺也敵人之悼懼憚恐單蕩精神盡矣咸若狂魄咸皆魄飛揚若狂人形性相離離違也行

不知所之走不知所往雖有險阻要塞銛兵利械心無敢據意無敢處此夏桀之所以死於南巢也今以木擊木則拌（拌折也）以水投水則散以冰投冰則沉以塗投塗則陷此疾徐先後之勢也夫兵有大要知謀物之不謀之不禁也則得之矣專諸是也（專諸吳之勇人爲闔廬刺吳王僚也）獨手舉劍至而已矣吳王壹成（專諸一舉而成闔廬爲王故曰吳王一成成說一專諸能成吳王也）又況乎義兵多者數萬少者數千密其躅路開敵之塗則士豈特與專諸議哉

論威

三曰世有言曰驅市人而戰之可以勝人之厚祿教

卒厚祿大將也教卒習戰也老弱罷民可以勝人之精士練材練材材拳勇有力之材離散係系可以勝人之行陣整齊行陣五列也整齊周旋進退也鋤櫌白梃可以勝人之長銚利兵櫌稚挺杖也長銚長矛也銚讀曰葦苕之苕此不通乎兵者之論也通達今有利劒於此以刺則不中以擊則不及與惡劒無擇擇別為是鬪因用惡劒則不可言不可用也簡選精良兵械銛利發之則不時縱之則不當與惡卒無擇惡卒怯卒為是戰因用惡卒則不可王子慶忌陳年猶欲劒之利也慶忌吳王僚之子也陳年齊人皆勇捷有力也簡選精良兵械銛利令能將將之能將上將古者有以王者有以霸者矣湯武齊桓晉文吳王闔廬

是矣湯殷壬癸之子天乙也武周文王之子發也齊桓僖公之子小白也晉文獻公之子重耳也吳闔廬夷眛之子光也殷湯良車七十乘必死六千人以戊子戰於郕遂禽移大犧桀多力能推大犧因以爲號而禽克之登自鳴條入巢門遂有夏殷湯遂有夏之天下桀既奔走於是行大仁慈以恤黔首反桀之事桀爲殘賊湯爲仁惠故曰反桀之事遂其賢良順民所喜遠近歸之故王天下殷之王古之帝也武王虎賁三千人簡車三百乘以要甲子之事於牧野而紂爲禽要成也甲子之日獲紂於牧野顯賢者之位進殷之遺老而問民之所欲行賞及禽獸行罰不辟天子謂殷紂也親殷如周視人如己天下美其德萬民說其義故立爲天子武王爲天

所子

十二、五十三

齊桓公良車三百乘教卒萬人以爲兵首（首始也）橫行海內天下莫之能禁（禁止也）南至石梁（石梁在彭城也）西至酆郭（酆郭在長安西南）北至令支（支在遼西）中山亡邢狄人滅衛（中山狄國也一名鮮虞在今盧奴西中山伐邢而亡之邢國今在趙襄國也狄殺衛懿公於滎澤故曰滅也）桓公更立邢于夷儀更立衛于楚丘晉文公造五兩之士五乘（兩枝也五枝之人兵車五乘七十五人也）銳卒千人先以接敵（在車曰士步曰卒）諸侯莫之能難反鄭之埤東衛之畝（反覆覆鄭城埤而取之使衛耕者皆東畝以逐晉亡也）尊天子於衡雍（文公率諸侯朝天子於衡雍衡雍踐土今之河陽）吳闔廬選多力者五百人利趾者三千人以爲前陣（趾足也陣列也）與荊戰五戰五勝遂有郢（郢楚

都東征至于庳廬（國名也）西伐至於巴蜀北追齊晉令行中國（中國諸華）故凡兵勢險阻欲其便也兵甲器械欲其利也選練角材欲其精也（角猶量也揗猶銳利）統率士民欲其教也（教習也）此四者義兵之助也時變之應也不可爲而不足專恃（專獨也）此勝之一策也（策謀術）

簡選

四曰夫兵有本幹必義必智必勇義則敵孤獨（孤獨無助）敵孤獨則上下虛（一作乘）民解落（解散）孤獨則父兄怨賢者誹亂內作（誹謗也）智則知時化知時化則知虛實盛衰之變知先後遠近縱舍之數（數術也）勇則能決斷能

決斷則能若雷電飄風暴雨能若崩山破潰別辨霣
墜若鷙鳥之擊也謂如鷹隼感秋霜之節奮擊也搏攫則殪殪一死中
木則碎此以智得也夫民無常勇亦無常怯有氣則
實實則勇無氣則虛虛則怯怯勇虛實其由甚微不
可不知當知之也勇則戰怯則北北走也戰而勝者戰其勇
者也戰而北者戰其怯者也怯勇無常儵忽往來而
莫知其方方道也惟聖人獨見其所由然故商周以興
商湯也周武也桀紂以亡巧拙之所以相過過絕也以益民氣
與奪民氣以能鬪衆與不能鬪衆軍雖大卒雖多無
益於勝多而不能以克故曰無益於勝軍大卒多而不能鬪衆不若

其寡也夫衆之爲福也大其爲禍也亦大譬之若漁深淵其得魚也大其爲害也亦大（爲霣溺則死故害大）善用兵者諸邊之内莫不與鬬雖厮輿白徒方數百里皆來會戰勢使之然也（厮役輿衆白衣之徒）幸也者審於戰期而有以羈誘之也（羈牽誘導）凡兵貴其因也因也者因敵之險以爲已固因敵之謀以爲已事能審因而加勝則不可窮矣（窮極）勝不可窮之謂神神則能不可勝也（能勝不能所以勝故曰不可勝）夫兵貴不可勝不可勝在已可勝在彼聖人必在已者不必在彼者故執不可勝之術以遇不勝之敵若此則兵無失矣凡兵之勝敵之失也勝失

之兵必隱必微必積必摶隱則勝闡矣闡布也微則勝顯矣積則勝散矣摶則勝離矣諸摶攫柢噬之獸其用齒角爪牙也必託於卑微隱蔽此所以成勝若狐之搏雉俳伏弭毛以喜說之雉見而信之不驚憚遠飛故得禽之軍賊亦皆如此故曰所以成勝

決勝

五曰衣人以其寒也食人以其饑也饑寒人之大害也救之義也大仁義也人之困窮甚如饑寒故賢主必憐人之困也必哀人之窮也如此則名號顯矣國士得矣得國士也昔者秦繆公乘馬而車為敗右服失而埜人取之四馬車兩馬在中為服詩曰兩服上襄是兩馬在邊為驂詩云兩驂如舞是也見埜人

方將食之於岐山之陽繆公歎曰食駿馬之肉而不還飲酒余恐其傷女也於是徧飲而去處一年爲韓原之戰處一年飲食肉人酒之明年也伐晉惠公戰於晉地之韓原晉人已環繆公之車矣晉梁由靡已扣繆公之左驂矣環圍扣持晉惠公之右路石奮投而擊繆公之甲中之者已六扎矣甲鎧也陷之六扎埜人之嘗食馬肉於岐山之陽者三百有餘人畢力爲繆公疾鬭於車下畢盡疾急遂大克晉反獲惠公以歸克勝也勝晉執惠公歸於秦此詩之所謂曰君君子則正以行其德爲君子作君正法以行德無德不報君賤人則寬以盡其力者也此逸詩也爲賤人作君寬饒之以盡其力故繆公戰以勝晉人主其胡胡何

也可以無務行德愛人乎愛人則民親其上民親其上則皆樂爲其君死矣（食馬肉人爲繆公死戰不愛其死以獲惠公是也）

趙簡子有兩白騾而甚愛之陽城胥渠處（陽城姓胥渠名處猶病也）廣門之官夜款門而謁曰主君之臣胥渠有疾（廣門邑名也官小臣也款扣也趙簡子晉大夫也大夫稱主者也）醫教之曰得白騾之肝病則止（止愈也）不得則死謁者入通董安于御於側慍曰譆胥渠也期吾君騾請即刑焉（安于簡子家臣慍怒即就也謂就胥渠而刑之也）簡子曰夫殺人以活畜不亦不仁乎殺畜以活人不亦仁乎於是召庖人殺白騾取肝以與陽城胥渠處無幾何趙興兵而攻翟廣門之官左七百

人右七百人皆先登而獲甲首獲衣甲者之首人主其胡可以不好士凡敵人之來也以求利也今來而得死是不得利而進且以走爲利敵皆以走爲利且將也傳曰見可而進知難而退武之善經也故以走爲利則刃無與接接交戰也故敵得生於我則我得死於敵敵克故得生也己負故為死也敵得死於我則我得生於敵敵負故我得殺敵也能殺敵故己得生也夫得生於敵與敵得生於我豈可不察哉得勝則生負則敗故不可不察而知此兵之精者也存亡死生決於知此而已矣言能用兵勝負死生之本所由克敗故曰此兵之精妙矣

愛士

呂氏春秋卷第八

呂氏春秋卷第九

季秋紀第九

順民　知士　審已　精通

呂氏春秋訓解　高氏

一曰季秋之月日在房季秋夏之九月房東方宿宋之分野是月日躔此宿昏虛中旦柳中虛北方宿齊之分野柳南方宿周之分野是月昏旦時皆中於南方其日庚辛其帝少皞其神蓐收其蟲毛其音商律中無射無射陽律也竹管音與無射和也陰氣上升陽氣下降萬物隨而藏無射出見也其數九其味辛其臭腥其祀門祭先肝說在孟秋候鴈來賓爵入大水爲蛤是月候時之鴈從北方來南之彭蠡蓋以爲八月來者其父母也其子羽翼稺弱未能及

之故於是月來過周雒也賓爵者老爵也棲宿於人堂宇之間有似賓客故謂之賓爵大水海也傳曰爵入于海爲蛤此之謂也菊有黃華豺則祭獸戮禽豺獸也似狗而長毛其色黃於是月殺獸四圍陳之世所謂祭獸戮者殺也天子居總章右个右个北頭室也乘戎路駕白駱載白旂衣白衣服白玉食麻與犬其器廉以深說在孟秋是月也申嚴號令命百官貴賤無不務入季秋畢內故務入也以會天地之藏會合也無有宣出命冢宰農事備收舉五種之要冢宰於周禮爲天官冢大宰治也主治萬事故命之也舉書五種之要具文簿也藏帝籍之收於神倉祇敬必飭天子籍田千畝其所收穀也故謂之帝籍之收於倉受藏以供上帝神祇之祀故謂之神倉飭正也祇敬必正不頗邪也是月也霜始降秋分後十五日寒露寒露後十五日霜降故曰始也則百工

休霜降天寒朱漆不堅故百工休不復作器乃命有司曰寒氣總至民力不堪其皆入室有司於周禮爲司徒司徒主衆故命之使民入室也詩云穹窒熏鼠塞向墐户嗟我父子曰爲改歲入此室處此之謂也上丁入學習吹是月上旬丁日入學吹笙習禮樂周禮籥師掌教國子舞羽吹笙竽籥詩云吹笙鼓簧承筐是將此之謂是月也大饗帝嘗犧牲告備于天子大饗上帝嘗犧牲一日先殺毛以告令故告備于天子也合諸侯制百縣合會諸侯之制度車服之級各如其命數百縣畿內之縣也五家爲鄰五鄰爲里四里爲攢五攢爲鄙五鄙爲縣然則謂縣者二千五百家也爲來歲受朔日與諸侯所稅於民輕重之法貢職之數以遠近土地所宜爲度來歲明年年也秦以十月爲正故於是月受明年曆日也由此言之月令爲秦制也諸侯所稅輕重職貢多少之數遠者貢輕近者貢重各有所宜以給郊廟之事無有所

私郊祀天廟祀祖取共事而已無有所私多少不如法制也是月也天子乃教於田獵以習五戎獀一作叜馬五戎五兵謂刀劒矛戟矢也獀擇也爲將田故習隷五兵選擇田馬取堪乘也命僕及七騶咸駕載旍旐僕於周禮爲田田僕掌御田輅七騶於周禮當爲趣馬掌良馬驚稅之任無七騶之官也田僕掌佐車之政令獵者揚旍故載旍也輿受車以級整設于屏外輿衆也衆當受田車者各以等級陳于屏外也天子外屏屏樹垣也爾雅云屏謂之樹論語曰樹塞門者也司徒搢扑北嚮以誓之搢插也扑所以熬也插罝帶間誓告北衆天子乃厲服厲飭執弓操矢以射是月天子尚武乃服猛厲其所佩之飭以射禽也周禮司服章凡田冠弁服戎服垂衣也命主祠祭禽於四方主祠掌祀之官也祭始設禽獸者於四方報其功也不知其神所在故傳求於四方是月也草木黃落乃伐薪爲炭草木節解斧入山林故伐森作

炭蟄蟲咸俯在穴皆墐其戶咸皆俯伏藏於穴墐塞其戶也墐讀如斤斧之斤也乃趣獄刑無留有罪除氣殺戮故刑獄當者決之故曰無留有罪也收祿秩之不當者共養之不宜者不當者謂無功德而受祿秩也不宜者謂若屈到耆芰曾晳嗜羊棗非禮之養故收去之也一說言所養無勳於國其先人無賢所宜養故收斂者也

是月也天子乃以犬嘗稻先薦寢廟稻始升故嘗之先進於廟孝敬親也

季秋行夏令則其國大水冬藏殃敗民多鼽窒秋金氣水之母也夏陽布施多淋雨二氣相并故大水也火氣熱故冬藏殃敗也火金相干故民鼽窒鼻不通也鼽讀曰仇怨之仇行冬令則國多盜賊邊境不寧土地分裂冬令純陰姦謀所生之象故多盜賊徙邊境之人不寧也則土地見侵削爲鄰國所分裂行春令則暖風來至民氣解墮師旅必興春陽仁故暖風至民解墮也木干金

故師旅並興二千五百人爲師五百人爲旅

九月紀

二曰先王先順民心故功名成治天下之功聖人之功也夫以德得民心以立大功名者上世多有之矣神農黃帝堯舜禹湯文武皆是也故上世多有之失民心而立功名者未之曾有也蚩尤夷羿桀紂下至周厲幽王晉厲宋康衛懿楚靈之屬皆以滅亡故曰未之曾有也得民必有道萬乘之國百户之邑民無有不說說其仁與義也取民之所說而民取矣民之所說豈衆哉此取民之要也要約置也昔者湯克夏而正天下正治也天大旱五年不收穀不熟無所收湯乃以身禱於桑林禱求也桑林桑山之林能興雲作雨也曰余一

人有罪無及萬夫萬夫有罪在余一人無以一人之不敏（不敏不材）使上帝鬼神傷民之命（上帝天也天神曰神人神曰鬼穀者民命也旱不收故曰傷民之命）於是翦其髮𨟃其手以身爲犧牲用祈福於上帝民乃甚說雨乃大至則湯達乎鬼神之化人事之傳也（達通化變傳至）文王處岐事紂冤侮雅遜朝夕必時（雅至遜順也紂雖冤枉文王而侮慢之文王正順諸侯之禮不失其時）上貢必適祭祀必敬（貢職貢也）紂喜命文王稱西伯賜之千里之地文王載拜稽首而辭曰願爲民請炮烙之刑（紂常熨爛人手因作銅烙布火其下令人走其上人墮火而死觀之以爲娛樂故名爲炮烙之刑）文王非惡千里之地以爲民請炮烙之刑必欲得民心也得民

大三マ十　呂氏春秋卷九

心則賢於千里之地（賢猶多也）故曰文王智矣越王苦會稽之恥（恥辱也）欲深得民心以致必死於吳（必死戰以報吳欲以滅會稽恥也）身不安枕席口不厚甘味目不視靡曼（靡曼好色）耳不聽鐘鼓（不欲聞音樂）三年苦身勞力焦脣乾肺內親群臣下養百姓以求其心（欲得其歡心）有甘脆不足分弗敢食（不敢獨食）有酒流之江與民同之（投醪同味）身親耕而食妻親織而衣味禁珍（珍異）衣禁襲（襲重）色禁二（二青黃也）時出行路從車載食以視孤寡老弱之漬病（漬亦病也公羊傳曰大漬者大病也）困窮顔色愁悴不贍者必身自食之（贍猶足也）於是屬諸大夫而告之（屬會）曰願一與吳徼天下之衷（徼求衷善）

今吳越之國相與俱殘士大夫履肝肺同日而死孤與吳王接頸交臂而償(償僵也)此孤之大願也若此而不可得也內量吳國不足以傷吳(傷敗)外事之諸侯不能害之(不能以之害吳)則孤將棄國家釋群臣服劍臂刃變容貌易名姓執箕箒而臣事之(服帶臂手)以與吳王爭一旦之死(爭決旦朝)孤雖知要領不屬(屬連)首足異處四枝布裂為天下戮孤之志必將出焉(將出兵以出伐吳也)於是異日果與吳戰於五湖吳師大敗遂大圍王宮城門不守禽夫差戮吳相(夫差吳王闔廬之子相吳臣也)殘吳二年而霸此先順民心也(越王先順說民心二年故能滅吳立霸功也)齊莊子請攻越問

於和子和子曰先君有遺令曰無攻越越猛虎也齊莊子齊臣也和子齊田常之孫田和也後爲齊侯因曰和子也猛虎言越王武勇多力不可伐也莊子曰雖猛虎也而今已死矣言越王衰老不能復致力戰也故曰而今已死矣和子曰以告鴞子鴞子齊相鴞子曰已死矣以爲生以爲生爲民所說故凡舉事必先審民心然後可舉審定也定民心所繫而舉大事以攻伐也

順民

三曰令有千里之馬於此非得良工猶若弗取良工相馬工也良工之與馬也相得則然後成成良馬譬之若抱之與鼓抱待鼓鼓待抱乃發聲也良馬亦然夫士亦有千里高節死義此士之

千里也能使士待千里者其惟賢者也（猶賢者能之也）靜郭君善劑貌辨（靜郭君田嬰也孟嘗君田文之父也爲薛君號曰靜郭君）劑貌辨之爲人也多訾門人弗說（靜郭君門人不說也）士尉以證靜郭君（證諫）靜郭君弗聽士尉辭而去孟嘗君竊以諫靜郭君（竊私之諫靜郭君使聽士尉之言而止其去）靜郭君大怒曰剗而類（剗滅而汝也）揆吾家苟可以慊劑貌辨者吾無辭爲也（慊足也揆度吾家誠可以足劑貌辨者吾不辭也）於是舍之上舍令長子御朝暮進食（上舍甲第也御侍也以館貌辨也旦暮然）數年威王薨宣王立（威王之子）靜郭君之交大不善於宣王（交接也大不爲王所善也）辭而之薛與劑貌辨俱（俱偕）留無幾何（留於薛）劑貌辨辭而行請見宣

王靜郭君曰王之不說嬰也甚甚猶深公往必得死焉
剗貌辨曰固非求生也請必行靜郭君不能止止禁止也
剗貌辨行至於齊宣王聞之藏怒以待之藏懷剗貌辨
見宣王曰子靜郭君之所聽愛也剗貌辨荅曰愛則
有之聽則無有徒見愛耳言則不見從也王方爲太子之時辨謂
靜郭君曰太子之不仁過頤涿視若是者倍反頤涿不仁
之人也過猶甚也太子不仁甚於頤涿視如此者倍反不循道理也不若華太子更立
衛姬嬰兒校師嬰兒幼少之稱衛姬所生校師其名也威王之庶子也勸靜郭君令廢太
子更立校師爲太子也靜郭君泫一作沆而曰不可吾弗忍爲也
且靜郭君聽辨而爲之也必無今日之患也此爲一

也言靜郭君聽辨之言則無今日見逐之患也此一不見聽也至於薛昭陽請以數倍之地易薛辨又曰必聽之昭陽楚相也求以倍地易薛之少辨勸之可也靜郭君曰受薛於先王雖惡於後王吾獨謂先王何乎先王威王也見惡於後王先王其謂我何且先王之廟在薛吾豈可以先王之廟予楚乎又不肯聽辨此為二也二不見聽宣王太息動於顏色曰靜郭君之於寡人一至此乎寡人少殊不知此動言也一猶乃也少小故不知此也客肯為寡人少來靜郭君乎言猶可也劑貌辨荅曰敬諾諾順靜郭君來衣威王之服冠其冠帶其劍宣王自迎靜郭君於郊望之而泣靜郭君至因請相之請以為相也靜郭君辭不得已而

受相受爲十日謝病彊辭三日而聽聽許當是時也靜郭君可謂能自知人矣知人知劑貌辨也能自知人故非之弗爲阻阻止此劑貌辨之所以外生樂趨患難故也外棄其生命樂解人之患往見宣王不辭難之故也

知士

四曰凡物之然也必有故故事而不知其故雖當與不知同其卒必困當合同等也用於不知其故也先王名士達師之所以過俗者以其知也水出於山而走於海走歸水非惡山而欲海也高下使之然也稼生於野而藏於倉稼非有欲也人皆以之也以用也故子路揜雉而復釋之

（所得者小不欲天物故釋之也）子列子常射中矣請之於關尹子（子列子賢人体道者請問其射所以中於關尹喜關尹喜師老子也）關尹子曰知子之所以中乎答曰弗知也關尹子曰未可（弗知射所以中者未可語）退而習之三年又請（習學也又復請問於關尹子）關尹子曰子知子之所以中乎子列子曰知之矣（知射心平體正然後能中自求諸己不求諸人故曰知之）關尹子曰可矣守而勿失（守求諸己不求諸人勿失也）非獨射也國之存也國之亡也身之賢也身之不肖也亦皆有以（求諸己則存求諸人則亡）聖人不察存亡賢不肖而察其所以也齊攻魯求岑鼎魯君載他鼎以往齊侯弗信而反之爲非（反還也以爲非岑鼎故還也）使人告魯侯曰柳下

季以爲是請因受之齊侯使人告魯君言柳下季以爲是岑鼎請因受之也疑魯君欺之而信柳下季魯君請於柳下季欲令柳下季證之爲岑鼎柳下季答

曰君之賂一作欲以欲岑鼎也以免國也臣亦有國於此亦有國於此言已有此以信爲國也破臣之國以免君之國此臣之所難也於是魯君乃以真岑鼎往也且柳下季可謂此能說矣非獨存已之國也又能存魯君之國論語云非信不立柳下季有信故能存魯君之國

齊湣王亡居於衛亡出奔晝日步足謂公玉丹曰我已亡矣而不知其故吾所以亡者果何故哉我當已不自知爲何故而亡果竟也竟爲何等故亡哉公玉丹答曰臣以王爲已知之矣王故尚未之知耶王之所

以亡也者以賢也天下之王皆不肖而惡王之賢也因相與合兵而攻王此王之所以亡也湣王慨焉太息曰賢固若是其苦耶此亦不知其所以也（湣王不自知其所爲亡之故愚惑之甚也故曰亦不知其所以也）此公玉丹之所以過也（過謂不忠也湣王愚惑阿順而說之也）

越授有子四人越王之弟曰豫欲盡殺之而爲之後（越王授句踐五世之孫欲殺王之四子而以己代爲之後也）惡其三人而殺之矣國人不說大非上（非猶怒也）又惡其一人而欲殺之越王未之聽其子恐必死因國人之欲逐豫圍王宮越王太息曰余不聽豫之言以罹此難也亦不知所以亡也（愚既愚也其惑固亦甚也故曰亦不知所以亡）

審已

五曰人或謂兔絲無根兔絲非無根也其根不屬也伏苓是屬連也淮南子曰下有伏苓上有兔絲一名女羅詩曰蔦與女羅施于松上慈石召鐵或引之也石鐵之母也以有慈石故能引其子石之不慈者亦不能引也樹相近而靡或軵之也聖人南面而立以愛利民爲心心在利民號令未出而天下皆延頸舉踵矣則精通乎民也天下皆延頸企踵立而望之不遑坐也其精誠能通洞於民使之然也夫賊害於人人亦然爲賊害人故人亦延頸舉踵離負而去之不遑安坐也故曰人亦然今夫攻者砥厲五兵侈衣美食發且有日矣所被攻者不樂非或聞之也神者先告也非聞將見攻也神先告之令其志意愁慼不樂身在乎

生當作全

秦所親愛在於齊死而志氣不安精或往來也（淮南記曰慈母在於燕適子念於荆言精相往來者也）德也者萬民之宰也（宰主也）月也者羣陰之本也月望則蚌蛤實羣陰盈（月十五日盈蒲在西方與日相望也蚌蛤陰物隨月而盛其中皆實蒲也）月晦則蚌蛤虛羣陰虧（虛蚌蛤肉隨月虧而不盈蒲也）夫月形乎天而羣陰化乎淵（形見也羣陰蚌蛤也隨月盛衰虛實也）聖人形德乎己而四荒咸飭乎仁（四表荒裔之民法聖人之德皆飭正其仁義化使之然）養由基射先中石矢乃飲羽誠乎先也（飲羽飲矢至羽誠以爲眞先也）伯樂學相馬所見無非馬者誠乎馬也（伯樂善相馬秦穆公之臣也所見無非馬者覩之也）宋之包丁好解牛所見無非死牛者三年而不見生牛用刀十九年

刃若新鄭研鄭砥也順其理誠乎中也鍾子期夜聞擊磬者而悲鍾姓也子通稱期名也楚人鍾儀之族也使人召而問之曰子何擊磬之悲也答曰臣之父不幸而殺人不得生臣之母得生而爲公家爲酒臣之身得生而爲公家擊磬臣不覩臣之母三年矣昔爲舍氏覩臣之母量所以贖之則無有量度而身固公家之財也是故悲也鍾子期歎嗟曰悲夫悲夫心非臂也臂非椎非石也悲存乎心而木石應之故君子誠乎此而諭乎彼感乎已而發乎人豈必彊說乎哉周有申喜者亡其母聞乞人歌於門下而悲之動於顏色謂門者內乞人之

歌者自覺而問焉曰何故而乞與之語蓋其母也故父母之於子也子之於父母也一體而兩分同氣而異息若草莽之有華實也若樹木之有根心也雖異處而相通隱志相及痛疾相救憂思相感（感動）生則相歡死則相哀此之謂骨肉之親神出於忠（神性）而應乎心兩精相得豈待言哉

精通

呂氏春秋卷第九

呂氏春秋卷第十

孟冬紀第十

節喪　安死　異寶　異用

呂氏春秋訓解　高氏

一曰孟冬之月日在尾孟冬夏之十月尾東方宿燕之分野是月日躔此宿昏危中旦七星中危北方宿齊之分野七星南方宿周之分野是月昏旦時皆中於南方其日壬癸壬癸水日其帝顓頊其神玄冥顓頊黃帝之孫昌意之子以水德王天下號湯氏死祀爲北方水德之帝玄冥官也少皞氏之子曰脩爲玄冥師死祀爲水神其蟲介其音羽介甲也象冬閉固皮漫胡也羽水也位在北方律中應鍾其數六應鍾陰律也竹管音與應鍾和也陰應於陽轉成其功萬物聚藏故曰律中應鍾其數六五行數五水第

一故曰六也其味鹹其臭朽水之臭味也凡鹹朽者皆屬焉氣之若有若無者爲朽也
其祀行祭先腎行門内地也各守在内故祀之行或作井水給人冬水王故祀之也祭祀
之肉先進腎屬水自用其藏也水始冰地始凍秋分後三十日霜降後十五日立冬
水冰地凍也故曰始也雉入大水爲蜃虹藏不見蜃蛤也大水淮也傳曰雉
入于淮爲蜃虹陰陽交氣也是月陰壯故藏不見天子居玄堂左箇玄堂西北堂也
左箇西頭室也乘玄輅駕鐵驪玄輅黑輅鐵驪馬亦黑象北方也載玄旂衣黑
衣服玄玉玄黑順水色食黍與彘彘水屬也其器宏以弇宏大弇深
象冬閉藏也是月也以立冬先立冬三日太史謁之天子
秋分四十六日而立冬故冬在是月也謁告也曰某日立冬盛德在水天子
乃齋盛德在水王北方也立冬之日天子親率三公九卿大夫

以迎冬於北郊（六里之郊）還乃賞死事恤孤寡（先人有死王事以安社稷者賞其子孫有孤寡者矜恤之）是月也命太卜禱祠龜策占兆審卦吉凶（周禮太卜掌三兆之法一曰王兆二曰瓦兆三曰原兆又掌三易之法一曰連山二曰歸藏三曰周易龜曰兆筮曰卦故命太卜禱祠龜策占兆審卦以知吉凶）於是察阿上亂法者則罪之無有掩蔽（阿意曲從取容於上以亂法度必察知之則行其罪罰無敢彊匿者）是月也天子始裘（始猶先也裘溫服優尊者故先服之）命有司曰天氣上騰地氣下降天地不通閉而成冬（天地閉冰霜栗烈成冬也）令百官謹蓋藏命司徒循行積聚無有不斂坏城郭（坿益也令高固也）戒門閭修楗閉慎關籥固封璽（璽讀曰移徙之徙門閭里門關籥固堅璽印封也）備邊境完要塞謹關梁塞蹊徑（要塞

大三六八　青

所以固國也關梁所以通塗也塞絕蹊徑爲其敗田飭喪紀辨衣裳審棺槨之
厚薄紀數也正二十五月服之數遣送衣裳棺槨尊者厚卑者薄各有等差故別之審慎也營
丘壟之小大高卑薄厚之度貴賤之等級營度也丘墳壟冢也
度其制度貴者高大賤者卑小故曰等級也是月也工師效功陳祭器按
度程程法也無或作爲淫巧以蕩上心蕩動也必功致爲
上物勒工名以考其誠物器也勒銘工姓名著於器使不得詐巧故曰以考其誠
工有不當必行其罪以窮其情不當不功致也故行其罪以窮斷其詐巧
之情是月也大飲蒸天子乃祈來年于天宗是月農功畢矣天子
諸侯與其羣臣大飲作班列齒也蒸俎實解節折謂肴蒸也祈求也求明年之神於天宗宗尊也凡天地
四時皆爲天宗萬物非天不生非地不載非春不動非夏不長非秋不成非冬不藏書曰禋于六宗此之

謂也

大割牲祠于公社及門閭饗禱祖五祀勞農夫以休息之大割殺牲也祠于公社國社后土也生爲上公死祀爲貴神也先祠公社乃及門閭先社先公後私之義也五祀木正句芒其祀户火正祝融其祀竈土正后土其祀中霤右土爲社金正蓐收其祀門水正玄冥其祀井故曰五祀社爲土官稷爲木官俱在五祀中以其功大故別言社稷耳是月農夫空閑故勞犒休息之不役使也

天子乃命將率講武肄射御角力肄習也角猶試

是月也乃命水虞漁師收水泉池澤之賦虞官也師長也賦稅也

無或敢侵削衆庶兆民削刻也天子曰兆民兆大數也以爲天子取怨于下稅斂重則民怨故取怨于下

其有若此者行罪無赦此爲天子取怨于下者故行其罪罰無赦貸也

孟冬行春令則凍閉不密地氣發泄民多流亡春陽散越故凍不密地氣發泄使民流亡象陽布散行夏

令則國多暴風方冬不寒蟄蟲復出冬法當閉藏反行夏盛陽之令故多暴疾之風陽氣炎溫故盛冬不寒蟄伏之蟲復出也於洪範五行豫恒燠若之徵也行秋令則雪霜不時小兵時起土地侵削秋金氣于水不當霜而霜不當雪而雪故曰不時小兵數起鄰國來伐侵削上地於洪範五行急恒寒若之徵也

十月紀

二曰審知生聖人之要也審知死聖人之極也知生也者不以害生養生之謂也知死也者不以害死安死之謂也此二者聖人之所獨決也決知凡生於天地之間其必有死所不免也莊子曰生寄也死歸也故曰所不免孝子之重其親也重尊慈親之愛其子也愛心不能亡也痛於肌骨性

也所重所愛死而棄之溝壑人之情不忍爲也故有葬死之義（言情不忍棄之溝壑故有葬送之義）葬也者藏也慈親孝子之所慎也（慎重也）慎之者以生人之心慮（慮計也）以生人之心爲死者慮也莫如無動莫如無發無發無動莫如無有可利則此之謂重閉（無有可利若楊王孫倮葬人不發掘不見動搖謂之重閉也）古之人有藏於廣野深山而安者矣非珠玉國寶之謂也葬不可不藏也葬淺則狐貍抇之（抇讀曰掘）深則及於水泉故凡葬必於高陵之上以避狐貍之患水泉之濕此則善矣而忘姦邪盜賊寇亂之難豈不惑哉（厚葬人利之必有此難故謂之惑也）譬之若瞽師之避柱也避

扗而疾觸杕也狐貍水泉姦邪盜賊寇亂之患此杕之大者也慈親孝子避一作備之者得葬之情矣得薄葬之情也善棺槨所以避一作備螻蟻蛇蟲也今世俗大亂之主愈侈其葬則心非為乎死者慮也生者以相矜尚也慮計也以厚葬奢侈相高大不為葬者必發掘之計也故曰生者以相矜尚也侈靡者以為榮榮譽也儉節者以為陋不以便死為故古事而徒以生者之誹譽為務此非慈親孝子之心也父雖死孝子之重之不怠重尊怠懈子雖死慈親之愛之不懈夫葬所愛所重而以生者之所甚欲其以安之也若之何哉甚欲欲厚葬也厚葬必見發掘故曰其以安之也若之何哉言不安也民之於利也

犯流矢蹈白刃涉血盩肝以求之盩古抽字野人之無聞者忍親戚兄弟知交以求利無聞禮義今無此之危無此之醜醜恥其為利甚厚乘車食肉澤及子孫雖聖人猶不能禁而況於亂國彌大弥猶益也家彌富葬彌厚含珠鱗施含珠口實也鱗施施王夫於死者之躰如魚鱗也玩好貨寶鐘鼎壺濫以冰置水漿於其中為濫取其冷也轝馬衣被戈劍不可勝其數諸養生之具無不從者諸養生之具無不從從送也以送死人題湊之室室槨藏也題湊複累絫繞也棺槨數襲襲重積石積炭以環其外石以其堅炭以禦濕姦人聞之傳以相告告語也上雖以嚴威重罪禁之猶不可止不能止其發掘且死者彌久生者彌疏生者彌

呂氏春秋卷十　五

疏則守者彌怠守者彌怠而葬器如故言寶賂不渝變其勢
固不安矣世俗之行喪載之以大輴大輴車也羽旄旌旗
如雲僂翣以督之珠玉以佩之黼黻文章以飭之喪車
有羽旄旌旗之飾有雲氣之畫僂翣也翣棺飾也畫黼黻之狀如扇翣於僂邊天子八諸侯六大夫四也
引紼者左右萬人以行之紼引棺索也禮送葬皆執紼以軍制立
之然後可制法以此觀世觀世猶示人也則美矣侈矣以此爲
死則不可也於死人不可也苟便於死則雖貧國勞民一作身
若慈親孝子者之所不辭爲也

節喪

三曰世之爲丘壟也其高大若山其樹之若林木聚生曰

林也

其設闕庭為宮室造賓阼也若都邑賓階阼階也君為都邑之制

以此觀世示富則可矣以此為死則不可也夫死

其視萬歲猶一瞚也瞚者潁川人相視曰瞚也一曰瞚者謂人卧始覺也人之

壽久之不過百中壽不過六十以百與六十為無窮

者之慮也慮謀也其情必不相當矣以無窮為死者之慮

則得之矣今有人於此為石銘置之壟上曰此其中

之物具珠玉玩好財物寶器甚多不可不扣也扣發也扣

之必大富世世乘車食肉謂扣墓冨而得爵禄故人乘車食肉世世相傳也

必相與笑之以為大惑惑悖也世之厚葬也有似於此

自古及今未有不亡之國也無不亡之國者是無不

相之墓也以耳目所聞見齊荆燕嘗亡矣宋中山已亡矣趙魏韓皆亡矣其皆故國矣自此以上者亡國不可勝數（上猶前也不可勝數亡國多也）是故大墓無不抇也而世皆爭為之豈不悲哉君之不令民（令善）父之不孝子兄之不悌弟皆鄉里之所釜鬵者而逐之（以釜鬵食之人皆欲討逐之）憚耕稼採薪之勞不肯官人事（既憚耕稼又不肯居官脩治人事也）而祈美衣侈食之樂（祈求）智巧窮屈無以為之（窮極屈盡）於是乎聚群多之徒以深山廣澤林藪扑擊遏奪又視名丘大墓葬之厚者求舍便居以微抇之日夜不休必得所利相與分之夫有所愛所重而令姦邪盜賊

舜字祀當作葬

寇亂之人卒必辱之此孝子忠臣親父交友之大事傳曰宋文公卒始厚葬用蜃炭益車馬始用殉重器備槨有四阿棺有翰檜君子謂華元樂呂於是不臣臣治煩去惑者也是以伏死而爭今二子者君生則縱其惑死又益其侈是棄君於惡也何臣之爲此之謂也堯葬於穀林通樹之通林以爲樹也傳曰堯葬成湯此云穀林成陽山下有穀林舜葬於紀市不變其肆市肆如故言不煩民也傳曰舜葬蒼梧九疑之山此云於紀市九疑山下亦有紀邑禹葬於會稽不變人徒變動也言無所興造不擾民也會稽山在會稽山陰縣南是故先王以儉節葬死也非愛其費也費財也非惡其勞也惡猶患也以爲死者慮也先王之所惡惟死者之辱也發則必辱儉則不發故先王之葬必儉必合必同何謂合何謂同葬於山林則合乎

山林葬於阪隰一作版阬則同乎阪隰此之謂愛人夫愛人者衆知愛人者寡謂凡愛死人之者衆多厚葬之知所以愛之者寡言能儉葬者少也故宋未亡而東冢相東冢文公冢也文公厚葬故冢被發也冢在城東因謂之東冢齊未亡而莊公冢相莊公名購僖公之公以葬厚冢見發國安寧而猶若此又況百世之後而國已亡乎故孝子忠臣親父交友不可不察於此也夫愛之而反危之其此之謂乎使見發掘之謂詩曰不敢暴虎不敢馮河知其一莫知其他此言不知鄰類也詩小雅小旻之卒章也無兵搏虎曰暴無舟渡河曰馮兪小人而爲政不可以不敬不敬之則危猶暴虎馮河之必死也人知其一莫知其他一非也人皆知小人之爲非不知不敬小人之危殆故曰不知鄰類也故反以相非反以相是其

所非方其所是也其所是方其所非也方比是非未定而喜怒鬬爭反爲用矣吾不非鬬不非爭非猶罪也而非所以鬬非所以爭故凡鬬爭者是非已定之用也今多不先定其是非而先疾鬬爭此惑之大者也魯季孫有喪孔子往弔之入門而左從客也主人以璵璠收喪季平子意如之喪也桓子斯在喪位孔子弔之入門而左行故曰從客位也主人以璵璠收斂者也孔子徑庭而趨歷級而上上堂曰以寶玉收譬之猶暴骸中原也璵璠君佩玉也昭公在外平子行君事入宗廟佩璵璠故用之孔子以平仔逐昭公出之其行惡不當以斂而反用之肆行非度人又利之必見發掘故猶暴骸中原也徑庭歷級非禮也雖然以救過也孔子拜下禮也今拜乎上也雖違衆吾從一示言下欲

違禮亦不欲人之失禮故歷級也

安死

四曰古之人非無寶也其所寶者異也孫叔敖疾將死戒其子曰王數封我矣吾不受也孫叔敖楚大夫蔿賈之子莊王之令尹也爲我死王則封汝必無受利地人所貪利之地楚越之間有寢之丘者此其地不利人不利之而名甚惡惡謂丘也荆人畏鬼而越人信機言荆人畏鬼神越人信吉凶之機祥此地名丘畏惡之名終不利也可長有者其唯此也唯獨也孫叔敖死王果以美地封其子而子辭請寢之丘故至今不失孫叔敖之知不以利爲利矣知以人之所惡爲己之所喜此有

道者之所以異乎俗也（衆人利利孫叔敖病利故曰所以異異於俗也）五員亡荊急求之登太行而望鄭曰蓋是國也地險而民多知（登升也太行山名䖏則未知聞多知將問所以自藏也）其主俗主也不足與舉（舉猶謀也俗主不肖凡君）去鄭而之許見許公而問所之許公不應東南嚮而唾（欲令之吳也）五員載拜受賜曰知所之矣因如吳過於荊至江上欲涉（涉渡）見一丈人（丈人長老稱也）刺小船方將漁從而請焉丈人度之絕江（絕過）問其名族（族姓）則不肯告（丈人不肯告）解其劍以予（予一作獻）丈人曰此千金之劍也願獻之（獻上也）丈人丈人不肯受曰荊國之法得五員者爵執圭祿萬檐金千鎰昔者子胥過

吾猶一作尚不取執圭周禮侯執信圭言爵之爲侯也萬檐萬石也金千鎰二十兩爲一鎰不取子胥以受賞也故曰我何以欲子之千金劍今我何一作曷以子之千金劍爲乎五員過於吳過猶至也使人求之江上則不能得也每食必祭之祝曰江上之丈人天地至大矣至衆矣將奚不有爲也而無以爲爲矣何不有爲言無不爲也江上丈人無以爲矣無以爲乃大有於五員也故曰而無以爲也而無以爲之名不可得而聞聞知也一身不可得而見求之江上不能得也其惟江上之丈人乎宋之野人耕而得玉獻之司城子罕子罕不受司城官名野人請曰此野人之寶也願相國爲之賜而受之也子罕曰子以玉爲寶我以不受爲寶故宋國之長

者曰子罕非無寶也所寶者異也今以百金與摶黍以示兒子兒子小兒兒子必取摶黍矣以和氏之璧與百金以示鄙人鄙人必取百金矣以和氏之璧道德之至言以示賢者賢者必取至言矣其知彌精其所取彌精其知彌觕其所取彌觕精微妙也觕麤䟽也

異寶

五曰萬物不同而用之於人異也此治亂存亡死生之原原本故國廣巨兵彊一作富充富未必安也尊貴高大未必顯也在於用之桀紂用其材而以成其亡湯武用其材而以成其王湯見祝網者置四面置設其祝曰

從天墜者（墜隕也）從地出者從四方來者皆離吾網湯
曰嘻盡之矣非桀其孰為此也（孰誰也）湯收其三面（收一
作放）置其一面更教祝曰昔蛛蝥作網罟今之人學紓（紓
緩）欲左者左欲右者右欲高者高欲下者下吾取其
犯命者漢南之國聞之曰湯之德及禽獸矣（漢南漢水之南）
四十國歸之人置四面未必得鳥湯去其三面置其
一面以網其四十國非徒網鳥也（徒猶但也）周文王使人
相池得死人之骸吏以聞於文王文王曰更葬之吏
曰此無主矣文王曰有天下者天下之主也有一國
者一國之主也今我非其主也遂令吏以衣棺更葬

之天下聞之曰文王賢矣澤及髊骨骨有肉曰髊無曰枯又況於人乎或得寶以危其國文王得朽骨以喻其意喻說說民意也故聖人於物也無不材材用也孔子之弟子從遠方來者孔子荷杖而問之曰子之公不有恙乎搏杖而揖之問曰子之父母不有恙乎置杖而問曰子之兄弟不有恙乎杖步而倍之問曰子之妻子不有恙乎故孔子以六尺之杖諭貴賤之等辨疏親之義又況於以尊位厚祿乎古之人貴能射也以長幼養老也禮射中飲不中故所以長幼養老也今之人貴能射也以攻戰侵奪也其細者以劫弱暴寡也以遏奪爲務也仁人之得

飴飴餳以養疾侍老也侍亦養也跖與企足得飴以開閉取

楗也跖盜跖企足莊蹻也皆大盜人名也以飴取人楗牡開人府藏竊人財物者也

異用

呂氏春秋紀卷第十

(漢)高誘　注

元本呂氏春秋

第二册

國家圖書館出版社

第二册目録

卷十一 仲冬紀
十一月紀……一
至忠……五
忠廉……九
當務……一四
長見……一七
卷十二 季冬紀
十二月紀……二三
士節……二七
介立……三一
誠廉……三四
不侵……三七
序意……四一

卷十三　有始覽

有始……四五
名類……五一
去尤……五五
聽言……五八
謹聽……六一
務本……六五
論大……六九

卷十四　孝行覽

孝行……七三
本味……七八
首時……八七
義賞……九二
長攻……九七
愼人……一〇三
遇合……一〇八
必己……一一三

卷十五　慎大覽

慎大……一二三
權勳……一三一
下賢……一三六
報更……一四二
順説……一四七
不廣……一五二
貴因……一五六
察今……一六一

卷十六　先識覽

先識……一六七
觀世……一七二
知接……一七八
悔過……一八三
樂成……一八七
察微……一九三
去宥……一九九

正名……二〇二
卷十七　審分覽
審分……二〇七
君守……二一四
任數……二一九
勿躬……二二五
知度……二二九
慎勢……二三五
不二……二四一
執一……二四三

呂氏春秋卷第十一

仲冬紀第十一

至忠　忠廉　當務　長見

呂氏春秋訓解　高氏

一曰仲冬之月日在斗仲冬夏之十一月斗北方宿吳之分野是月日躔此宿昏東壁中旦軫中東壁北方宿衞之分野軫南方宿楚之分野是月昏旦時皆中於南方其日壬癸其帝顓頊其神玄冥其蟲介其音羽說在孟冬律中黄鐘黄鐘陽律也竹管音與黄鐘和也陽氣聚於下陰氣盛於上萬物黃萌聚於黃泉之下故曰黄鐘也其數六其味鹹其臭朽其祀行祭先腎冰益壯地始坼立冬後三十日大雪節故冰益壯地始坼凍裂也鶡鴠不鳴虎

始交鶡鳴山鳥陽物也是月陰盛故不鳴也虎乃陽中之陰也陰氣盛以類發也天子居

玄堂太廟太廟中央室也乘玄輅駕鐵驪載玄旂衣黑衣服

玄玉食黍與彘其器宏以弇說在孟冬命有司曰土事無

作無發蓋藏無起大衆以固而閉有司於周禮爲司徒掌建邦以土也

主地圖與民人之教故命之也發蓋藏起大衆地氣且泄是謂發天

地之房房所以閉藏也諸蟄則死民多疾疫又隨以喪發泄陰氣

故蟄伏者死民疾以喪亡也命之曰暢月陰氣在上民人空閑無所事作故命之曰暢月

也是月也命閹尹申宮令審門閭謹房室必重閉閹官

宮尹正也於周禮爲宮人掌王之六寢故命之申宮令審門閭謹房室必重閉皆所以助陰氣也省

婦事毋得淫雖有貴戚近習無有不禁淫則禁之尊卑一者也

乃命大酋秫稻必齊麴櫱必時（大酋主酒官也酒醞米麴使之化熟故謂之酒於周禮爲酒正掌酒之政令以式法度授酒財辨五齊之名秫與稻必得其齊麴櫱必得其時得其時則酒善也）湛饎必潔水泉必香（湛漬也饎炊也香美也炊必清潔水泉善則酒美也湛讀瀋釜之瀋饎讀熾火之熾也）陶氣必良火齊必得兼用六物大酋監之無有差忒（陶器瓦器也六物秫稻麴櫱水火也大酋監之皆得其齊故無有差忒也）天子乃命有司祈祀四海大川名原淵澤井泉（皆有功於人故祈祀之也）是月也農有不收藏積聚者牛馬畜獸有放佚者取之不詰（詰誅也）山林藪澤（無水曰藪有水曰澤）有能取疏食田獵禽獸者野虞教導之（草實曰疏食野虞掌山澤之官也故教導之也）其有侵奪者罪之不赦（必罰之也）是月也日短至（冬至）

之日晝漏水上刻四十五夜水上刻五十五故曰日短至牽牛一度也陰陽爭諸生蕩陰氣

在上微陽動升故曰爭也諸蟄伏當生者皆動搖也君子齋戒處必弇身欲寧

去聲色禁嗜慾安形性弇深邃也寧靜也聲五聲也色五色也屛去之崇寂靜也

陰陽方爭嗜慾咸禁絕之所以安形性也事欲靜以待陰陽之所定定猶成也

芸始生荔挺出蚯蚓結麋角解水泉動芸蒿菜名也荔馬荔挺生

出也蚯蚓虫也紆結也麋角解墮水泉湧動皆應微陽氣也日短至則伐林木取

竹箭是月也竹木調物又斧斤入山林之時也故伐取之也是月也可以罷官

之無事者去器之無用者塗闕庭門閭闕門闕也於周禮爲象魏

門閭皆塗塞使堅牢也築囹圄此所以助天地之閉藏也仲冬

行夏令則其國乃旱氣霧冥冥雷乃發聲夏火炎上故其國旱

也清濁相干氣霧冥冥也夏氣發泄故雷動聲也行秋令則天時雨汁瓜瓠不成國有大兵秋金水之母也冬節白露故雨汁也金用事以干水故瓜瓠不成有大兵來伐之也行春令則蟲螟爲敗水泉減竭民多疾癘春木氣木生蟲故蟲螟食敗穀心曰螟陽氣炕燥故水泉減竭也水木相干氣不和故民多疾癘也

十一月紀

二曰至忠逆於耳倒於心倒亦逆也非賢主其孰能聽之聽受也故賢主之所說不肖主之所誅也賢主說忠言也不肖主反之春秋傳曰忠爲令德非其人則不可況不令之尤者乎故被不肖主之所誅也人主無不惡暴劫者而日致之惡之何益日致爲暴劫之政也孟子曰惡濕而居下故曰惡之何益也今有樹於此而欲其美也美茂也人時灌之

則惡之惡其灌之而日伐其根則必無活樹矣夫惡聞忠言乃自伐之精者也精猶甚甚於自伐其根者也荊莊哀王獵於雲夢荊莊哀王考烈王之子在春秋後雲夢楚澤也在南郡華容也射隨兕中之申公子培劫王而奪之隨兕惡獸名也子培申邑宰也楚僭稱王邑宰稱公也以殺隨兕者之凶故劫奪王伐王受殃也王曰何其暴而不敬也命吏誅之下陵其上謂之暴誅之誅子培也左右大夫皆進諫曰子培賢者也又爲王百倍之臣此必有故願察之也子培之賢百倍於人必有所爲故也故曰願王察之也不出三月子培疾而死爲伐王殺隨兕故死也者荊興師戰於兩棠大勝晉兩棠地名也荊剋晉負故曰大勝歸而賞有功者申公子培之弟進請賞於軍旅曰臣兄之有

功也於車下於王車下奪五隨兕所以代王死之兕有是功王曰何謂也對曰臣之兄犯暴不敬之名觸死亡之罪於王之側其愚心將以忠於君王之身而持千歲之壽也忠猶愛也持猶得也忠愛君上犯奪隨兕是代君王受死亡之殃使君王得千歲之壽也臣之兄嘗讀故記曰殺隨兕者不出三月故記古書也比三月必死故曰不出也是以臣之兄驚懼而爭之驚懼王壽之不長故與王爭隨兕而奪王也故伏其罪而死也罪殃王令人發平府而視之於故記果有乃厚賞之平府府名也賞賞之賞子培之弟也申公子培其忠也可謂穆行矣穆美也穆行之意人知之不爲勸人不知不爲沮勸進沮止也行無高乎此矣齊王疾痟齊王湣王也宣王之子痟病痟也

使人之宋迎文摯文摯至視王之疾謂太子曰王之疾必可已也（已猶愈也）雖然王之疾已則必殺摯也太子曰何故文摯對曰非怒王（怒讀如強弩之弩）則疾不可治怒王則摯必死太子頓首彊請曰苟已王之疾臣與臣之母以死爭之於王王必幸臣與臣之母（幸哀也）願先生之勿患也文摯曰諾請以死爲王（爲治王也）與太子期而將往不當者三（三不如期也）齊王固已怒矣文摯至不解屨登牀履王衣問王之疾王怒而不與言（故不解屨以履王衣欲令王怒也王果甚怒不與文摯言也）文摯因出辭以重怒王王叱而起疾乃遂已（已除愈也）王大怒不說將生烹文摯太子

與王后急爭之而不能得果以鼎生烹文摯爨之三日三夜顏色不變變毀也文摯曰誠欲殺我則胡不覆之以絕陰陽之氣王使覆之文摯乃死夫忠於治世易忠於濁世難賢君賞忠臣故曰易也亂主殺之故曰難也文摯非不知活王之疾而身獲死也獲得也爲太子行難以成其義也爲太子故行其所難也死之以成太子孝敬之義也

至忠

三曰士議之不可辱者大之也議平也平之不可得汙辱者士之大者也大之則尊於富貴也利不足以虞其意矣虞猶回也雖名爲諸侯實有萬乘不足以挺其心矣挺猶動也誠辱則無

爲樂生（言誠可欲得辱則無用生爲故曰無爲樂生也）若此人也有勢則必不自私矣處官則必不爲汙矣將衆則必不撓北矣（北走也）忠臣亦然苟便於主利於國無敢辭違殺身出生以徇之（出猶去也去生必死也徇猶衛也）國有士若此則可謂有人矣若此人者固難得（言得之難）其患雖得之有不智（其患者當其難也雖得踐其難踐其難必死故曰有不智也）吳王欲殺王子慶忌而莫之能殺（吳王闔廬光篡庶父僚而即其位慶忌者僚之子也闔欲殺之慶忌有力方捷疾而人皆畏之無能殺之者）吳王患之要離曰臣能之吳王曰汝惡能乎（惡安也）吾嘗以六馬逐之江上矣而不能及射之矢左右滿把而不能中今汝拔劍則不能舉臂上車則不

能登軾汝惡能要離曰士患不勇耳奚患於不能王誠能助臣請必能吳王曰諾明旦加要離罪焉摯執妻子焚之而揚其灰吳王僞加要離罪執其妻子焚其灰而揚要離走往見王子慶忌於衛王子慶忌喜曰吳王之無道也子之所見也諸侯之所知也今子得免而去之亦善矣要離與王子慶忌居有間謂王子慶忌曰吳之無道也愈甚請與王子往奪之國王子慶忌曰善乃與要離俱涉於江涉渡也中江拔劒以刺王子慶忌王子慶忌捽之投之於江浮則又取而投之如此者三其卒曰汝天下之國士也幸汝以成而名幸活而汝要離得不死

歸於吳吳王大說請與分國要離曰不可臣請必死吳王止之要離曰夫殺妻子焚之而揚其灰以便事也臣以爲不仁便猶成也夫爲故主殺新主臣以爲不義夫捽而浮乎江三入三出特王子慶忌爲之賜而不殺耳特猶直也臣已爲辱矣夫不仁不義又且已辱不可以生吳王不能止果伏劍而死果然也要離可謂不爲賞動矣故臨大利而不易其義可謂廉矣廉故不以貴富而忘其辱不忘其妻子燒死之辱以取吳國之貴富也衛懿公有臣曰弘演有所於使懿公衛惠公之子赤也演讀如胤子之胤翟人攻衛其民曰君之所予位祿者鶴也所貴富者宮人也君使

宮人與鶴戰余焉能戰魯閔二年傳云翟人伐衛衛懿公好鶴鶴有乘軒者將戰國人受甲者皆曰使鶴鶴有祿位余焉能戰此之謂也遂潰而去翟人至及懿公於榮澤殺之盡食其肉獨捨其肝弘演至報使於肝畢呼天而啼盡哀而止曰臣請爲褾因自殺先出其腹實內懿公之肝褾表也納公之肝於其腹中故曰臣請爲褾者也桓公聞之曰衛之亡也以爲無道也今有臣若此不可不存於是復立衛於楚丘弘演可謂忠矣殺身出生以徇其君出去也去生就死以徇從其君非徒徇其君也又令衛之宗廟復立祭祀不絕可謂有功矣

忠廉

四曰辯而不當論信而不當理勇而不當義法而不當務惑而乘驥也狂而操兵干將也大亂天下者必此四者也四者辯信勇法也惑而乘驥必失其道兵干將利劒也狂而操之必殺害人故曰亂天下者必此四者也所貴辯者爲其由所論也所貴信者爲其遵所理也所貴勇者爲其行義也所貴法者爲其當務也跖之徒問於跖曰盜有道乎跖大盜之人徒其弟子跖曰奚啻其有道也夫妄意關內關閉也中藏聖也以外知內此幾於聖也入先勇也出後義也知時智也分均仁也不通此五者而能成大盜者天下無有無有成大盜者備說非六王五伯備具也說道也非者譏呵其闕也六王謂堯舜禹湯文武也五伯齊桓晉文宋襄楚莊秦

繆也以爲堯有不慈之名不以天下與亂子丹朱而反禪舜故曰有不慈之名也舜有不孝之行詩云娶妻如之何必告父母堯妻舜舜遂不告而娶故曰有不孝之行也禹有淫湎之意禹甘旨酒而飲之故有淫湎之意湯武有放殺之事成湯放桀于南巢周武殺彀紂於宣室故曰有放殺之事五伯有暴亂之謀五伯爭國骨肉相殺以大兼小故曰有暴亂之謀世皆譽之人皆諱之惑也世稱六王之聖五伯之賢而人諱其放殺暴亂之謀論語曰愛之欲其生惡之欲其死既欲其生又欲其死惑也此之謂也故死而操金椎以葬曰下見六王五伯將彀其頭矣辯若此不如無辯彀音殼擊也辯說六主五伯之關而欲見彀其頭辯如此不若無辯也楚有直躬者其父竊羊而謁之上謁告也上君也語曰葉公告孔子曰吾黨有直躬者其父攘羊而子證之此之謂也上執而將誅之直躬

者請代之將誅矣告吏曰父竊羊而謁之不亦信乎父誅而代之不亦孝乎信且孝而誅之國將有不誅者乎言淫刑以逞誰能免之故曰國將有不誅者乎荊王聞之乃不誅也孔子聞之曰異哉直躬之爲信也一父而載取名焉故直躬之信不若無信父爲子隱子爲父隱直在其中矣信而證父故曰不若無信也

齊之好勇者其一人居東郭其一人居西郭卒然相遇於塗曰姑相飲乎觴數行觴爵也曰姑求肉乎一人曰子肉也我肉也尚胡革求肉而爲革更也於是具染而已染豉醬也因抽刀而相啖至死而止勇若此不若無勇傳曰酒以成禮弗繼以淫勇而相噬無禮之甚故曰不若無勇紂之同母三人其

長曰微子啓，其次曰中衍，其次曰受德。受德乃紂也，甚少矣。（少，小也）紂母之生微子啓與中衍也，尚爲妾，巳而爲妻而後生紂。紂之父、紂之母欲置微子啓以爲太子，太史據法而爭之曰：「有妻之子，而不可置妾之子。」紂故爲後。（置，立也）用法若此，不若無法。（太子所以繼世樹德化下也。法當以法，紂爲淫虐以亂天子，故曰不若無法也）

當務

五曰：智所以相過，以其長見與短見也。（長，達也。短，近也）今之於古也，猶古之於後世也；今之於後世，亦猶今之於古也。故審知今則可知古，知古則可知後，（古，昔也。後，來也）古今前後一也故聖人上知千歲下知千歲也荆文王曰莧譆數犯我以義違我以禮文王武王之父也犯我使從義也違我使入禮也與處則不安曠之而不穀得焉與之居不安之也曠察之使我從義入禮則不穀得不危亡焉不以吾身爵之後世有聖人將以非不穀非猶罪也於是爵之五大夫爵莧譆爲五大夫也申侯伯善持養吾意吾所欲則先我爲之意志也先意承志傳所謂從而不違也與處則安曠之而不穀喪焉與處則安者臧武仲曰季孫之愛我疾疹也孟孫之惡我藥石也美疹不如惡石也故曰而不穀喪焉也不以吾身遠之後世有聖人將以非不穀於是送而行之魯僖七年傳曰初申侯之出也有寵於楚文王文王將死與之璧使行曰惟我知汝汝專利而不厭予取予求不汝玼瑕也後之人將求多於汝汝

必不免哉死汝速行毋適小國將不汝容焉此之謂也申侯伯如鄭阿鄭君之
心先爲其所欲阿從也三年而知鄭國之政也知猶爲也五
月而鄭人殺之是後世之聖人使文王爲善於上世
也上猶前也晉平公鑄爲大鐘使工聽之皆以爲調矣平公
悼公之子調和也師曠曰不調請更鑄之平公曰工皆爲調
矣師曠曰後世有知音者將知鐘之不調也臣竊爲
君恥之至於師涓而果知鐘之不調也是師曠欲善
調鐘以爲後世之知音者也呂太公望封於齊太公望炎
帝之後四岳佐禹治水有功錫姓爲姜氏曰有呂故曰呂望遭紂之亂闔西伯善養老者遂奔于周釣於
渭濵文王出田而見之曰吾望公之久矣乃載與俱歸號爲太公望使爲太師文王薨佐武王伐紂成王

封之於齊故傳曰齊大岳之胤周公旦封於魯周公旦文王之子武王之弟也武王崩成王幼少代攝政七年致太平成王封之於魯也二君者甚相善也相謂曰何以治國太公望曰尊賢上功周公旦曰親親上恩太公望曰魯自此削矣親親上恩恩多則威武不行威武不行故削弱也周公旦曰魯雖削有齊者亦必非呂氏也其後齊日以大至於霸二十四世而田成子有齊國尊賢敬德故能霸也上功則臣權重故能奪君國也田成子恒殺簡公適二十四世也魯公以削至於覲存覲裁也三十四世而亡自魯公伯禽至頃公讎爲楚孝烈王所滅適三十四世也吳起治西河之外王錯譖之於魏武侯吳起衛人爲魏將善用兵故能治西河之外謂北邊也武侯文侯之子武侯使人召之吳起至於岸門岸門

邑名止車而望西河泣數行而下其僕謂吳起曰竊觀公之意視釋天下若釋躧釋棄今去西河而泣何也吳起抿泣而應之曰子不識識知君知我而使我畢能西河可以王能力也盡力爲之可以致君於王也今君聽讒人之議讒人王錯也而不知我西河之爲秦取不久矣魏從此削矣秦將取之不復久也魏失西河故從此削弱也吳起果去魏入楚有閒西河畢入秦秦日益大畢由盡也此吳起之所先見而泣也魏公叔痤疾惠王往問之惠王武侯之子曰公叔之疾嗟疾甚矣將奈社稷何公叔對曰臣之御庶子鞅願王以國聽之也御庶子爵也鞅衛公之孫也故曰公孫鞅或曰衛鞅言其智計足以相社稷能使用而從

也爲不能聽勿使出境言不能用鞅者必殺之無令他國得用之也故曰勿使出竟王不應出而謂左右曰豈不悲哉出王視公叔疾而出也以公叔之賢而令謂寡人必以國聽鞅悖也夫公叔死公孫鞅西遊秦秦孝公聽之秦果用彊魏果用弱非公叔痤之悖也魏王則悖也夫悖者之患固以不悖爲悖悖者不自知爲悖故謂不悖者爲悖也

長見

呂氏春秋卷第十一

呂氏春秋卷第十二

季冬紀第十二

士節 介立一作誠廉 不侵 序意一作廉孝

呂氏春秋訓解 高氏

一曰季冬之月日在婺女季冬夏之十二月婺女北方宿越之分野是月日躔此宿也昏婁中旦氐中婁西方宿魯之分野氐東方宿韓之分野是月昏旦時皆中於南方其日壬癸其帝顓頊其神玄冥其蟲介其音羽律中大呂大呂陰律竹管音與大呂和也萬物萌生動於黃泉未能達見呂旅也所以旅去陰即陽助其成功故曰大呂也其數六其味鹹其臭朽其祀行祭先腎鴈北鄉鵲始巢鴈在彭蠡之澤是月皆北鄉將來至北漠也鵲陽鳥順陽而動是月始爲

巢也乳雉雊詩云雉之朝雊尚求其雌乳卵也天子居玄堂右个玄堂北向堂右个東頭室也乘玄輅駕鐵驪載玄旂衣黑衣服玄玉食黍與彘其器宏以弇命有司大儺旁磔出土牛以送寒氣大儺逐盡陰氣為陽導也今人臘歲前一日擊鼓驅疫謂之逐除是也周禮方相氏掌蒙熊皮黃金四目玄衣朱裳執戈揚楯率百隸而時儺以索室驅疫鬼此之謂也旁磔犬羊於四方以攘其畢冬之氣也出土牛令之鄉縣得立春節出勸耕土牛於東門外是也征鳥厲疾乃畢行山川之祀及帝之大臣天地之神祇征猶飛也厲高也言是月群鳥飛行高且疾也帝之大臣功施於民若禹稷之屬也天曰神地曰祇是月歲終報功載祀典諸神畢祀之也是月也命漁師始漁天子親往漁讀如論語之語是月也將捕魚故命其長也天子自行觀之乃嘗魚先薦寢廟冰方盛水澤復復亦盛也

復或作複凍重累也堅命取冰冰已入入凌室也詩云二之日鑿冰沖沖三之日納于凌陰此之謂也令告民出五種出之於窌藺擺之也命司農計耦耕事計會也耦合也修耒耜具田器命樂師大合吹而罷周禮籥章仲春晝擊土鼓吹豳詩以逆暑仲秋夜逆寒亦如之擧春秋省文也則冬夏可知乃命四監收秩薪柴以供寢廟及百祀之薪燎四監者周制天子畿方千里之內分爲百縣縣有四郡郡有一大夫監之故命四監使收掌薪柴也燎者積聚柴薪置璧與牲於上而燎之升其煙氣故曰以供寢廟及百祀之薪燎也是月也日窮于次月窮于紀星迴于天月次宿也是月日周於牽牛故曰日窮于次也月遇日相合爲紀月終紀光盡而復生曰朔故曰月窮于紀日有常行行於中道五星隨之故曰星迴于天也一說十二次窮于牽牛故曰窮于次也紀道也月窮於故宿故曰窮于紀星廻于天謂二十八宿更見于南方是月廻于牽牛故曰星廻于天也

數將幾終歲將更始夏以十二月為正夏數得天言天時皆從夏正也故於是月十二月之數近終歲將更始於正月也專於農民無有所使農事將起獨於農民無所役使也天子乃與卿大夫飭國典論時令以待來歲之宜飭讀曰勑勑正國法論時令所宜者而行之乃命太史次諸侯之列賦之犧牲次列也諸侯異姓者太史乃次其列位國之大小賦斂其犧牲也以供皇天上帝社稷之享皇天上帝五帝也社后土之神謂句龍也稷田官之神謂列山氏子柱與周棄也享禮也乃命同姓之國供寢廟之芻豢寢廟祖廟也親同姓故使供之也牛羊曰芻犬豕曰豢令宰歷卿大夫至于庶民土田之數而賦之犧牲以供山林名川之祀宰歷於周禮爲太宰建邦之六典八法以御其衆故命之也九在天下九州之民者無不咸獻其力咸皆

也獻致也以供皇天上帝社稷寢廟山林名川之祀行之令是此謂一終三旬二日行之令是行是之令也終歲十二月終也三旬二日者十日一旬也二十日爲二旬後一旬在新月故曰三旬二日季冬行秋令則白露蚤降介蟲爲妖四鄰入保金氣白故白露冬降介甲之虫爲妖災也金爲兵革故四境之民入城郭以自保守也行春令則胎夭多傷國多固疾命之曰逆季冬大寒而行春溫仁之全氣不和調故胎養夭傷國多適氣之由故命曰逆行夏令則水潦敗國時雪不降冰凍消釋火氣炎陽又多淋雨故水潦敗國也時雪當降而不降冰凍不當消釋而消釋火氣溫干時之徵也

十二月紀

二曰士之爲人當理不避其難理義也殺身成義何難之避也臨患

忘利道而用之遺生行義惟義所在不必生也故曰遺生也視死如歸易也
有如此者國君不得而友天子不得而臣以其義高任大一國
之君不能得友天子不能得臣也堯不能屈許由周不能移伯夷漢高不能致四皓此之類也大者
定天下其次定一國必由如此人者也定天下舜禹周棄是也定
一國蘧伯玉段干木是也故人主之欲大立功名者不可不務求
此人也務勉也賢主勞於求人而佚於治事得賢而任之故佚於
治事也齊有北郭騷者結罘罔捆蒲葦織萉屨一作萉屨以
養其母猶不足猶尚也踵門見晏子曰願乞所以養母
晏子之僕謂晏子曰此齊國之賢者也其義不臣乎
天子不友乎諸侯於利不苟取於害不苟免於不義之利不

（苟且而取也當義能死故不苟免）今乞所以養母是說夫子之義也必與之晏子使人分倉粟分府金而遺之辭金而受粟有閒晏子見疑於齊君（有閒無幾閒也）出奔過北郭騷之門而辭（辭者別也）北郭騷沐浴而出見晏子曰夫子將焉適（適之也）晏子曰見疑於齊君將出奔（奔走也）北郭子曰夫子勉之矣晏子上車太息而歎曰嬰之亡豈不宜哉亦不知士甚矣晏子行（行去也）北郭子召其友而告之曰說晏子之義而嘗乞所以養母焉吾聞之曰養及親者身伉其難（伉當也）今晏子見疑吾將以身死白之（白明也）著衣冠令其友操劍奉笥而從造於君庭求復

者曰晏子天下之賢者也去則齊國必侵矣必見國之侵也不若先死請以頭託白晏子也因謂其友曰盛吾頭於笥中奉以託退而自刎也其友因奉以託其友謂觀者曰北郭子爲國故死吾將爲北郭子死也又退而自刎齊君聞之大駭乘馹而自追晏子及之國郊馹傳車也郊郊境也請而反之晏子不得已而反聞北郭騷之以死白已也曰晏嬰之亡豈不宜哉亦愈不知士甚矣晏子自謂施北郭騷不得其人爲不知士也又不知北郭騷能爲其殺身以明已此曰嬰之士豈不宜哉亦愈不知士甚矣自責深也

三曰以貴富有人易以貧賤有人難今晉文公出亡文公名重耳晉獻公之太子申生異母弟也遭驪姬之亂太子申生見殺重耳避難奔翟十二年自翟經於諸國也周流天下窮一作貧矣賤矣而介子推不去有以有之也反國有萬乘而介子推去之無以有之也能其難能以貧賤有人也不能其易不能以富貴有人也此文公之所以不王也力能霸德不能王也晉文公反國一作反入介子推不肯受賞自爲賦詩曰有龍于飛周徧天下五蛇從之爲之丞輔丞佐也輔相也龍君也以喻文公五蛇以喻趙衰狐偃賈佗魏犨介子推也龍反其鄉得其處所四蛇從之得其露雨露雨膏澤一蛇羞之橋死於中野懸書公門而伏於山下文公聞之曰譆此

必介子推也避舍變服令士庶人曰有能得介子推者爵上卿田百萬百萬畝也或遇之山中負釜一作貧文蓋簦登音問焉曰請問介子推安在應之曰夫介子推苟不欲見而欲隱吾獨焉知之遂背而行終身不見人心之不同豈不甚哉今世之逐利者早朝晏退焦脣乾嗌日夜思之猶未之能得今得之而務疾逃之介子推之離俗遠矣東方有士焉曰爰旌目將有適也而餓於道狐父之盜曰丘見而下壺餐以餔之爰旌目三餔之而後能視曰子何爲者也曰我狐父之人丘也爰旌目曰譆汝非盜耶胡爲而食我吾義不食子

之食也兩手據地而吐之不出喀喀然遂伏地而死昔者齊飢黔敖爲食於路有人戢其屨曹曹而求黔敖呼之曰嗟來食揚其目而應之曰吾唯不食嗟來之食以至於此黔敖隨而謝之遂去不食而死君子以爲其嗟也可去其謝也可食一介相似旌目其類也鄭人之下𩎟也𩎟邑名也義則未聞莊蹻之暴郢也莊蹻楚成王之大盜郢楚都秦人之圍長平也秦使白起圍趙括軍於韓長平坑其四十萬衆·荆趙此三國者之將帥貴人皆多驕矣其士卒衆庶皆多壯矣因相暴以相殺脆弱者拜請以避死避猶免也其卒遞而相食不辨其義冀幸以得活如爰旌目已食而不死矣惡其義而不肯不死今此相爲謀豈不遠哉

介立（一作立意）

四曰石可破也而不可奪堅（州堅）丹可磨（一作靡沫亦同）也而不可奪赤（堅與赤性之有）也（磨猶化也）性也者所受於天也非擇取而爲之也豪士（一作人豪）之自好者其不可漫以汙也亦猶此也（倍百人爲豪）昔周之將興也有士二人處於孤竹曰伯夷叔齊（孤竹國在遼西殷諸侯國也）二人相謂曰吾聞西方有偏伯焉似將有道者今吾奚爲處乎此哉二子西行如周至於岐陽則文王已歿矣武王即位觀周德則王使叔旦就（一作要）膠鬲於次四內（四內地名）而與之盟曰加富三等就官一列爲三書同辭血之以牲埋一於

四内皆以一歸又使保召公就微子開於共頭之下共頭水名而與之盟曰世爲長侯守殷常祀相奉桑林宜私孟諸相猶使也使奉桑林之樂孟諸澤名也爲私邑也爲三書同辭血之以牲埋一於共頭之下皆以一歸伯夷叔齊聞之相視而笑曰譆異乎哉此非吾所謂道也昔者神農氏之有天下也時祀盡敬而不祈福也時四時祈求也其於人也忠信盡治而無求焉無所求於民也樂正與爲正樂治與爲治不以人之壞自成也不以人之庳自高也今周見殷之僻亂也而遽爲之正與治也遽疾上謀而行貨阻丘而保威也行貨謂與膠鬲盟加當三等也阻依保恃割牲而盟以爲

信因四內與共頭以明行揚夢以說眾（宣揚武王威殷之夢以喜眾民）殺伐以要利以此紹殷是以亂易暴也（紹續）吾聞古之士遭乎治世不避其任（任職也力所能）遭乎亂世不為苟在今天下闇周德衰矣與其並乎周以漫吾身也（漫汙）不若避之以潔吾行二子北行至首陽之下而餓焉人之情莫不有重莫不有輕（莫不有重於天下也莫不有輕義重身也）有所重則欲全之有所輕則以養所重（養所重不汙於武王以為全其忠也）伯夷叔齊此二士者皆出身棄生以立其意輕重先定也（伯夷叔齊讓國而去輕身重名故曰輕重先定）

誠廉

五曰天下輕於身而士以身爲人（輕於身重於義也以身爲人者爲人殺身）以身爲人者如此其重也（淮南記曰左手據天下之圖右手刎其喉愚夫不爲也今以義爲人殺身故曰如此其重也）而人不知以奚道相得（奚何也不知以何道得人乃令之爲已死也）賢主必自知士故士盡力竭智直言交爭而不辭其患（士爲知已者死故盡力竭智何患之辭也）豫讓公孫弘是矣當是時也智伯孟嘗君知之矣（智伯知豫讓故爲之報讎言士爲知已者死也孟嘗君知公孫弘故爲之不受折於秦也）世之人主得地百里則喜四境皆賀（舉國皆賀國中喜可知也）得士則不喜不知相賀不通乎輕重也（不但不知相賀也乃不知賢也故曰不通乎輕重也）湯武千乘也而士皆歸之（湯殷受命之王名天乙商主癸之子也武王周文王之子名發）桀紂

天子也而士皆去之桀夏失天下之王帝皋之孫帝發之子紂殷失天下之王太丁之孫帝乙之子也孔墨布衣之士也孔子墨翟萬乘之主千乘之君不能與之爭士也萬乘天子也千乘諸侯也士不歸之而歸孔墨故曰不能與之爭士也自此觀之尊貴富大不足以來士矣來猶致也必自知之然後可可者可致也豫讓之友謂豫讓曰子之行何其惑也子嘗事范氏中行氏諸侯盡滅之而子不爲報至於智氏而子必爲之報何故豫讓曰我將告子其故告語也故事也范氏中行氏我寒而不我衣我飢而不我食而時使我與千人共其養是衆人畜我也夫衆人畜我者我亦衆人事之至於智氏則不然出

則乘我以車入則足我以養衆人廣朝而必加禮於
吾所是國士畜我也夫國士畜我者我亦國士事之
豫讓國士也而猶以人之於己也爲念於猶厚也又況於
中人乎孟嘗君爲從關東曰從公孫弘謂孟嘗君曰君不
若使人西觀秦王意者秦王帝王之主也君恐不得
爲臣何暇從以難之言不能成從以難秦也意者秦王不肖主
也君從以難之未晚也晚後孟嘗君曰善願因請公往
矣往行公孫弘敬諾以車十乘之秦秦昭王聞之而欲
醜之以辭以觀公孫弘昭王秦惠王之子武王之弟也醜或作耻耻辱也觀公孫
弘六可也公孫見昭王昭王曰薛之地小大幾何公孫弘

對曰百里昭王笑曰寡人之國地數千里猶未敢以有難也今孟嘗君之地方百里而因欲以難寡人猶可乎公孫弘對曰孟嘗君好士大王不好士昭王曰孟嘗君之好士何如公孫弘對曰義不臣乎天子不友乎諸侯得意則慙為人君不得意則不肖為人臣如此者三人（有此者三人也）能治可為管商之師（管仲商鞅）說義聽行其能致主霸王如此者五人（有此者五人也）萬乘之嚴主辱其使者退而自刎也必以其血汙其衣有如臣者七人（臣公孫弘自謂也故言有如臣者七人也）昭王笑而謝焉自客胡為若此寡人以吾孟嘗君欲客之必謹諭寡人之意也

諭明公孫弘敬諾公孫弘可謂不侵矣昭王大王也孟嘗君千乘也立千乘之義而不可淩淩侮可謂士矣孔子曰使於四方不辱君命可謂士矣此之謂也

不侵

維秦八年歲在涒灘八年秦始皇即位八年也歲在申名涒灘涒大也灘循也萬物皆大循其情性也涒灘誇人短舌不能言爲涒灘也秋甲子朔朔之日良人請問十二紀良人君子也文信侯曰呂不韋封洛陽號文信侯嘗得學黃帝之所以誨顓頊矣爰有大圜在上大矩在下圜天也矩方地也汝能法之爲民父母蓋聞古之清世清平是法天地凡十二紀者所以紀治亂存亡也所以知壽夭吉

凶也上揆之天下驗之地中審之人若此則是非可不可無所遁矣天曰順順維生地曰固固維寧人曰信信維聽三者咸當無爲而行行也者行其理也行數循其理平其私夫私視使目盲私聽使耳聾私慮使心狂三者皆私設精則智無由公也公正智不公則福日衰災日隆隆盛以日兒而西望知之日中而盛跌而衰人之盛衰於此西望日暮也故曰倪而西望之也趙襄子游於圃中至於梁馬卻不肯進青荓一作荓爲參乘襄子曰進視梁下類有人類象也青荓進視梁下豫讓却寢佯爲死人叱青荓曰去長者吾且有事言將殺襄子青荓曰少而與子友子且

爲大事而我言之是失相與交之道子將賊吾君而

我不言之是失爲人臣之道如我者惟死爲可適可得

死以乃退而自殺青荓非樂死也重失人臣之節惡發

交友之道也青荓豫讓可謂之友也

序意一作廉孝

呂氏春秋卷第十二

呂氏春秋卷第十三

有始覽第一

名類　去尤　聽言　謹聽　務本
諭大（此卷闕一篇疑季冬紀序意篇當冠於此覽）

呂氏春秋訓解　高氏

一曰天地有始天微以成地塞以形（始初也天陽也虛而能施故微以生萬物地陰也實而能受故塞以成形兆也）天地合和生之大經也（經猶道也）以寒以暑日月晝夜知之（知猶別也）以殊形殊能異宜說之（形能各有所施故說譯之也）夫物合而成離而生知合知成知離知生則天地平矣（合和也平成也）平也者皆當察其情處

其形一作平也者皆察其情變其形也天有九野地有九州土有九山山有九塞澤有九藪險阻曰塞有水曰澤無水曰藪風有八等水有九州何謂九野中央曰鈞天其星角亢氐鈞平也爲四方其星曰鈞天角亢氐東方宿韓鄭分野東方曰蒼天其星房心尾東方一月建卯木之中也木色青故曰蒼天房心尾東方宿房心宋分野尾箕燕分野東北曰變天其星箕斗牽牛東北水之季陰氣所盡陽氣所始萬物向生故曰變天斗牛北方宿箕尾一名析木之津燕之分野斗牛吳越分野北方曰玄天其星婺女虛危營室北方十一月建子水之中也水色黑故曰玄天也婺女亦越之分野虛危齊分野營室衛分野西北曰幽天其星東壁奎婁西北金之季也將即太陰故曰幽天東壁北方宿一名豕韋衛之分野奎婁西方宿一名降婁魯之分野西方曰顥天其星胃昴畢

西方八月建酉金之中也金色白故曰顥天昴畢西方宿一名大梁趙之分野西南曰朱天其星觜巂參東井西南火之季九爲少陽故曰朱天巂參西方宿一名實沈晉之分野東井南方宿一名鶉首秦之分野南方曰炎天其星輿鬼柳七星南方五月建午火之中也火曰炎上故曰炎天輿鬼南方宿亦秦之分野柳七星南方宿一名鶉火周之分野東南曰陽天其星張翼軫東南木之季也將即太陽純乾用事故曰陽天張翼北方宿張翼周之分野翼軫一名鶉尾楚之分野何謂九州河漢之間爲豫州周也河在北漢在南故曰之間兩河之間爲冀州晉也東至清河西至西河河濟之間爲兗州衛也河出其北濟經其南東方爲青州齊也泗上爲徐州魯也泗水名也東南爲楊州越也南方爲荊州楚也西方爲雍州秦也北方爲幽州燕也何謂

九山會稽太山會稽山在今會稽郡太山在今太山郡是爲東嶽也王屋首山

太華王屋在河東垣縣東北濟水所出也首山在蒲坂之南河曲之中伯夷所隱太華在弘農華陰

縣是爲西嶽也岐山太行羊腸孟門岐山在右扶風美陽縣西北周家所邑太行在

河内野王縣北羊腸其山盤紆譬如羊腸何謂九塞大汾冥阨荊阮方城

大汾處未聞冥阨荊阮方城皆在楚魯定四年吳伐楚楚左司馬請直轅冥阨以擊吳人者也殽井

陘令疵句注居庸殽在弘農城池縣西井陘在常山井陘縣溫迴太原關令疵處則未聞

句注在鴈門居庸在上谷沮陽之東通居都關也何謂九藪藪澤也有水曰澤無水曰藪

越之具區具區在吳越之間楚之雲夢雲夢在南郡華容秦之陽華

陽華在鳳翔或曰在華陰西晉之大陸魏獻子所居猶楚之人華容也梁之圃田

圃田在今河南中牟宋之孟諸孟諸在梁國睢陽之東南齊之海隅隅猶崖也趙

之鉅鹿（廣阿澤也）燕之大昭（大昭今太原郡是也）何謂八風東北曰炎風（炎風艮氣所生一曰融風）東方曰滔風（震氣所生一曰明庶風）東南曰熏風（熏風或作景風巽氣所生一曰清明風）南方曰巨風（離氣所生一曰凱風詩曰凱風自南）西南曰淒風（坤氣所生一曰涼風）西方曰飂風（兊氣所生一曰閶闔風）西北曰厲風（乾氣所生一曰不周風）北方曰寒風（坎氣所生一曰廣莫風）何謂六川河水赤水遼水黑水江水淮水（河出崑崙東北陬赤水出其東南陬遼水出砥石山自塞北東流直至遼東之西南入海黑水出崑崙西北陬江水出岷山在蜀西徼外淮水出桐柏山在南陽平氏縣也）凡四海之內東西二萬八千里南北二萬六千里（子午爲經卯酉爲緯四海之內緯長經短）水道八千里受水者亦八千里通谷六名川六百陸注三千

小水萬數（陸氏水水盛內乃注之也）凡四極之內東西五億有九萬七千里南北亦五億有九萬七千里（海東西長南北極內等）極星與天俱遊而天樞不移（極星辰星也語曰譬如北辰居其所而衆星拱之故曰不移）冬至日行遠道周行四極命曰玄明（遠道外道也故曰周行四極玄明大明也）夏至日行近道乃參于上當樞之下無晝夜（近道內道也乃參倍于上下曰高也當遊之不分明不眞瞿繞一也故曰無晝夜）白民之南建木之下日中無影呼而無響蓋天地之中也（向民之國在海外極內建木在廣都南方衆帝所從上下也復在白民之南建木狀如牛豕之有皮黃葉若羅也日正中將下日直人下皆無影大相叫呼又無音響人聲故謂蓋天地中也）天地萬物一人之身也此之謂大同（以一人身喻天地萬物易曰近取諸身遠取諸

物故曰大同也衆耳目鼻口也衆五穀寒暑也此之謂衆異則萬物備也天斟一作[illegible]注亦同萬物聖人覽焉以觀其類天斟輸萬物聖人總覽以知人也解在乎天地之所以形天地之初始成形也雷電之所以生震氣爲雷激氣爲電始生時也陰陽材物之精陰陽皆由天地陰陽生萬物也人民禽獸之所安平人民禽獸動作萬物皆由天地陰陽以生各得其所樂故曰之所安平也

有始

二曰凡帝王者之將興也天必先見祥乎下民祥徵應也黃帝之時天先見大螾大螻螻蛄螾蚯蚓皆土物黃帝曰土氣勝土氣勝故其色尚黃其事則土則法也法土色尚黃及禹之

時天先見草木秋冬不殺禹曰木氣勝木氣勝故其色尚青其事則木（法木色青）及湯之時天先見金刃生於水湯曰金氣勝金氣勝故其色尚白其事則金（法金色白）及文王之時天先見火赤烏銜丹書集于周社文王曰火氣勝火氣勝故其色尚赤其事則火（法火色赤）代火者必將水天且先見水氣勝水氣勝故其色尚黑其事則水（法水色黑）水氣至而不知數備將徙（一作見）于土天爲者時而不助農於下（助猶成也）類固相召氣同則合聲比則應（應知）鼓宮而宮動鼓角而角動（鼓擊也擊大宮而小宮應擊大角而小角知言類相感也）平地注水水流濕均薪施火火就燥（水流

濕者先濡火就燥者先然山雲草莽水雲魚鱗旱雲煙火雨雲水波無不皆類其所生以示人故以龍致雨以形逐影師之所處必生棘楚雷子師訓罰以殺伐爲首棘楚以戰人喜生戰地故生其處也禍福之所自來衆人以爲命安知其所自從也凡人不知其所由也以爲天命夫覆巢毀卵則鳳皇不至刳獸食胎則麒麟不來乾澤涸漁則龜龍不往物之從同不可爲記子不遮乎親臣不遮乎君遮後過也君同則來異則去故君雖尊以白爲黑臣不能聽聽從父雖親以黑爲白子不能從黃帝曰芒芒昧昧因天之威一作道與元同氣芒芒昧昧廣大之貌天之威無不敬也非同氣不協故曰同氣賢於同義同義賢於同力同

力賢於同居同居賢於同名帝者同氣（同元氣也）王者同義（同仁義也）霸者同力（同武力也）勤者同居則薄矣（同居於世）亡者同名同名則觕矣（同名不仁不義粗惡也）其智彌觕者其所同彌觕其智彌精精者其所同彌精（精微妙也）故凡用意不可不精夫精五帝三王之所以成也成齊類同皆有合故堯爲善而衆善至桀爲非而衆非來（一本作桀爲惡而衆惡來）商箴云天降災布祥並有其職以言禍福人或召之也（職主也召致也）故國亂非獨亂也又必召寇獨亂未必亡也召寇則無以存矣（存在也）凡兵之用也用於利用於義攻亂則脆脆則攻者利攻亂則義義則攻者榮

且利中主猶且爲之況於賢主乎故割地寶器卑辭屈服不足以止攻惟治爲足足止人攻治則爲利者不攻矣爲名者不伐矣凡人之攻伐也非爲利則因爲名也名實不得國雖彊大者曷爲攻矣解在乎史墨來而輟不襲衛趙簡子可謂知動靜矣

名類一名應同

三曰世之聽者多有所尤多有所尤則聽必悖矣所以尤者多故其要必因人所喜與因人所惡東面望者不見西墻南鄉視者不覩北方意有所在也人有亡鈇者意其鄰之子視其行步竊鈇也顏色竊鈇也

言語竊鈇也動作態度無爲而不竊鈇也相其谷而得其鈇（一作抇其舌而得其鈇）他日復見其鄰之子動作態度無似竊鈇者其鄰之子非變也己則變矣變也者無他有所尤也邾之故法爲甲裳以帛（以帛綴甲）公息忌（一作忘）謂邾君曰不若以組凡甲之所以爲固者以蒲窾也今窾蒲矣而任力者半耳且組則不然窾蒲則盡任力矣邾君以爲然曰將何所以得組也公息忌對曰上用之則民爲之矣邾君曰善下令令官爲甲必以組公息忌知説之行也因令其家皆爲組人有傷之者曰公息忌之所以欲用組者其家多爲組也邾

君不說於是復下令令官爲甲無以組（用以）此鄒君之有所尤也爲甲以組而便公息忌雖多爲組何傷也以組不便公息忌雖無組亦何益也爲組與不爲組不足以累公息忌之說用組之心不可不察也魯有惡者（惡醜）其父出而見商咄反而告其鄰曰商咄不若吾子矣且其子至惡也商咄至美也彼以至美不如至惡尤乎愛也故知美之惡知惡之美然後能知美惡矣莊子曰以瓦殶者翔以鉤殶者戰以黃金殶者殆其祥一也而有所殆者必外有所重者也外有所重者泄蓋內掘魯人可謂外有重矣解在乎齊人之

欲得金也及秦墨者之相妬也皆有所乎尤也老聃則得之矣若植木而立乎獨必不合於俗則何可擴矣

去尤

四曰聽言不一可不察不察則善不善不分善不善不分亂莫大焉三代分善不善故王今天下彌衰聖王（一作人）之道廢絕世主多盛其歡（觀一作）樂大其鐘鼓侈其臺榭苑囿以奪人財輕用民死以行其忿老弱凍餒夭瘠壯狡汔盡窮屈加以死虜攻無辠之國以索地誅不辜之民以求利而欲宗廟之安也社稷之不

危也不亦難乎令人曰其氏多貧其室培濕守狗死其勢可攻也則必非之矣曰其國饑其城郭痺其守具寡可襲而篡公之則不非之乃不知類矣周書曰往者不可及來者不可待賢明其世謂之天子故當今之世有能分善不善者其王不難矣善不善本於義不於愛愛利之為道大矣夫流於海者行之旬月見似人者而喜矣及其朞年也見其所嘗見物於中國者而喜矣夫去人滋久而思人滋深歟亂世之民其去聖王亦久久矣其願見之日夜無間故賢王秀士之欲憂黔首者不可不務也務勉也功先名事先功言先

事不知事惡能聽言不知情惡能當言安能使其言當合於事乎

其與人穀言也其有辯乎其無辯乎穀善言辯別也造父始

習於大豆蓬門始習於甘蠅習學也大豆甘蠅蓋御射人姓名御大

豆射甘蠅而不徙人以爲性者也專學不徙以得深術不徙之

所以致遠追急也所以除害禁暴也專學大豆甘蠅之法而不徙之

故御得御可以致遠追急射而發中可以除害禁暴也凡人亦必有所習其心

然後能聽說不習其心習之於學問不學而能聽說

者古今無有也解在乎白圭之非惠子也白圭周人也惠子惠

施仕魏公孫龍之說燕昭王以偃兵及應空洛之遇也

孔穿之議公孫龍翟翦之難惠子之法此四士者之

議皆多故矣不可不獨論公孫龍孔穿翟翦皆辯人

聽言

五曰昔者禹一沐而三捉髮一食而三起以禮有道之士通乎己之不足也欲以問知所不知也故曰通乎己之不足通乎己之不足則不與物爭矣情欲之物不爭愉易平靜以待之使夫自得一作以之因然而然之使夫自言一作寧之亡國之主反此乃自賢而少人少人則說者持容而不極極至聽者自多而不得自多自賢也雖有天下何益焉是乃冥之昭亂之定敗一作毀之成危之寧以冥爲明以亂爲定以毀爲成以危爲寧也故殷周以亡比干以死誖而不足以舉殷周以亂

（而亡比干以忠而亢不當亂而亂不可爲忠而忠故誇重不可勝舉）故人主之性（任一作）莫過乎所疑而過於其所不疑（所疑者不敢行故不過也其所不疑者不可而行之故以爲過）不過乎所不知而過於其所以知（所不知者不敢施故不爲所以知自不可施而必爲故曰過於其所以知）故雖不疑雖已知必察之以法揆之以量驗之以數（其所不疑其所已知俗主所專用而賢主能以法制行之以度量揆之以數術驗之）若此則是非無所失而舉措無所過矣（其愼所不疑審所已知故不失過也）夫堯惡得賢天下而試舜舜惡得賢天下而試禹（惡安試用也何以得賢於天下能用舜禹）斷之於耳而已矣耳之可以斷也反性命之情也（反本）今夫惑者非知反性命之情（惑眩惑也）其次非知觀於五帝三王之

所以成也（成成其治）則奚自知其世之不可也奚自知其身之不逮也（奚何也逮及也）太上知之其次知其不知（生自知其上也其次知其不知也）不知則問不能則學周箴曰夫自念斯學德未暮（暮晚）學賢問三代之所以昌也（學賢知昌盛）不知而自以爲知百禍之宗也（宗本也論語曰不知爲不知夫不知者而自以爲知則反於道百禍歸之故曰百禍之宗也）名不徒立功不自成國不虛存必有賢者（惟賢者然後立名成功而存其國也傳曰不有君子其能國乎此之謂也）賢者之道牟而難知妙而難見（牟猶大也賢者之道磥落不凡惟義所在非不肖所及故難知也其仁愛物本於中心精妙幽微亦非不肖所及故難見也）故見賢者而不聳則不惕於心不惕於心則知之不深（不深知賢者師法之也）

不深知賢者之所言不祥莫大焉祥善也主賢世治則賢者在上位在上主不肖世亂則賢者在下今周室既滅而天子已絕周厲王無道流于彘而滅亂無天子十一年故曰已絕莫大於無天子無天子則彊者勝弱衆者暴寡以兵相殘不得休一作暫息今之世當之矣當其時也故當今之世求有道之士則於四海之上山谷之中僻遠幽閒之所所處也若此則幸於得之矣得之則何欲而不得何爲而不成得賢則欲而得爲而成也太公釣於滋泉遭紂之世也故文王得之而文王千乘也紂天子也天子失之而千乘得之知之與不知也文王知太公賢是以得之紂不知賢是以失之故曰知與不知

也諸衆齊民不待知而使不待禮而令令一作合齊民凡民非一故言諸衆若夫有道之士必禮必知然後其智能可盡可盡得而用也解在乎勝書之説周公可謂能聽矣齊桓公之見小臣稷魏文侯之見田子方也皆可謂能禮士矣能禮士故曰得士商紂不能禮士故失太公以滅亡也

謹聽

六曰嘗試觀上古記三王之佐其名無不榮者其實無不安者功大也上古記上世古書也名者爵位名也實者功實也詩云有晻淒淒及興雲祁祁雨我公田遂及我私詩小雅大田之三章也晻陰雨而一陰一陽和時雨祁祁然不暴疾也古者井田十一而税公田在中私田在外民布禮讓之心故願先

公田而後及私也三王之佐皆能以公及其私矣俗主之佐其欲名實也與三王之佐同而其名無不辱者其實無不危者無公故也皆患其身不貴於國也而不患其主之不貴於天下也皆患其宗之不富也而不患其國之不大也此所以欲榮而愈辱欲安而益危一作愈安危榮辱之本在於主主之本在於宗廟宗廟之本在於民民之治亂在於有司有司於周禮為太宰掌建國之六典以佐王治邦國以治官府以紀萬民此之謂也易曰復自道何其咎吉乾下巽上小畜初九復自道何其咎乾為天天道轉運為□初得其位既天行周匝復始故曰復自道也得自□退又何咎乎動而無咎故吉也以言本無異則動卒有喜乾□反其本終□無有異故

卒有喜也今處官則荒亂臨財則貪得（欲多）列近則持諫（列位
也持諫不公正）將衆則罷怯（罷勞也怯無勇）以此厚望於主豈不難
哉（厚多）今有人於此修身會計則可（一作不）恥臨財物資
盡則爲己（蓋從略也無不充詡以爲己有）若此而富者非盜則無所
取（詩云不稼不穡胡取禾三百億兮不狩不獵胡瞻爾庭有縣特兮故曰非盜則無所取）故榮
富非自至也緣功伐也今功伐甚薄而所望厚誣也
（以薄功獲厚爲誣也）無功伐而求榮富詐也（以虛取之爲詐）詐誣之道
君子不由也（由用也）人之議多曰上用我則國必無患用
己者未必是也而莫若其身自賢（有人於此言用我者則國無患而使
用之未必然也使無患莫若己自修其身之賢也）而已猶有患用己於國惡得

無患乎猶尚惡安已所制也釋其所制而奪乎其所不制諄言自身者已所自制也釋已而不修故一曰奪乎所不制乃諄謬之道也未得治國治官可也官治小政也推此言之若此人者有未任爲大臣但可小政也若夫內事親外交友必一可得也苟事親未孝交友未篤是所未得惡能善之云矣故論人無以其所未得而用其所已得可以知其所未得矣以其孝得於親則知必忠於君也以其所行能高仁義知必輕身故可以知其未得也古之事君者必先服能然後任服其能堪任也必反情然後受反情常內省也受受祿也主雖過與臣不徒取過多大雅曰上帝臨汝無貳爾心以言忠臣之行一作徒也大雅大明之十一章也言天臨命武王伐紂必克之不敢有疑必喻君命臣齊一專心輸力不敢惑忠臣之行也

解在鄭君之問被瞻之義也（見務大論被瞻知齊國衰亂桓公之薨流蟲出戶蓋不聽管仲臨終之言因諷鄭君）薄疑應衛嗣君以無重稅此二士者皆近知本矣（嗣君平侯之子也秦貶稱君薄疑勸嗣君以王者富民故曰無重稅也）

務本

七曰昔舜欲旗（一作裐一作褐）古今而不成也（旗覆也）既足以成帝矣禹欲帝而不成既足以正殊俗矣（殊俗異方之俗也）湯欲繼禹而不成既足以服四荒矣（四表之荒服也）武王欲及湯而不成既足以王道矣五伯欲繼三王而不成既足以為諸侯長矣孔丘墨翟欲行大道於世而不成既足以成顯名矣（名聖賢之名）夫大義之不成既有成矣

已夏書曰天子之德一作惠一作位廣運乃神乃武乃文逸書也故務在事事在大事爲地大則有堂祥不庭歧毋群抵一作怪天翟常祥不庭群抵歧毋天翟皆獸名也不周山大則有虎豹熊螇蛆皆獸名不周山在翟水大則有蛟龍黿鼉鱣鮪魚二千斤爲蛟黿可作羹傳曰楚人獻黿於鄭靈公不與公子宋黿羹公子怒染指於鼎甞之而出鼉魚皮可作鼓詩云鼉鼓辥辥鱣鮪皆大魚長丈餘詩云鱣鮪發發商書曰五世之廟可以觀恠逸書諭山大水大生大物廟者鬼神之所在五世久遠故於其所觀魅物之恠異也萬夫之長可以生謀長大也大故可以成奇謀也室中之無澤陂也井中之無大魚也淮南記曰蠭房不能容鶴卵此之謂也新林之無長不也言未久也凡謀物之成也必由廣大衆多長久信也季子曰

燕雀爭善處於一屋之下子母相哺也姁姁焉相樂也自以爲安矣竈突決則火上焚棟燕雀顔色不變是何也乃不知禍之將及已也爲人臣免於燕雀之智者寡矣夫爲人臣者進其爵祿富貴父子兄弟相與比周於一國姁姁焉相樂也以危其社稷其爲竈突近也而終不知也其與燕雀之智不異矣故曰天下大亂無有安國一國盡亂無有安家一家皆亂無有安身此之謂也故小之定也必恃大大之安也必恃小小大貴賤交相爲恃（貴一作賛）然後皆得其樂定賤小在於貴大（淮南記曰牛馬之氣烝生蟣蝨蟣蝨之氣烝不能生牛馬小不能生大故曰定賤）

小在於貴大解在乎薄疑說衛嗣君以王術見務大論杜赫說周昭文君以安天下杜赫周人杜伯之後昭文君周末世分東西之後君號也說見務大論及匡章之難惠子以王齊王也匡章乃孟軻所謂通國稱不孝者能王齊王亦大也

諭大

呂氏春秋卷第十三

呂氏春秋卷第十四

孝行覽第二

本味　首時一曰胥時　義賞　長攻　愼人一作順人

遇合　必已一作本知一作不遇

呂氏春秋訓解　高氏

一曰凡爲天下治國家必務本而後末詹何曰身治而國不治者未之有也故曰必務本所謂本者非耕耘種殖之謂務其人也務猶求也務其人非貧而富之寡而衆之也衆多務其本也務本莫貴於孝孝爲行之本也行於孝者故聖人貴之人主孝則名章榮下服聽天下譽譽樂也孔子曰昔者明王之以孝治天下也不敢遺小國之臣而況

於公侯伯子男乎故得萬國之懽心人臣孝則事君忠處官廉臨難死孝於親故能忠於君孝經曰以孝事君則忠此之謂也處官廉孝經曰修身慎行恐辱先也此之謂也臨難死君父之難視死如歸義重身輕也士民孝則耕芸疾守戰固不罷北耕芸疾用天之道分地之利衣食足知禁辱故守則堅戰必克無退走者夫孝三皇五帝之本務而萬事之紀也三皇伏羲神農女媧也五帝軒轅帝顓頊帝嚳高辛帝堯陶唐帝舜有虞也紀猶貫因也夫孰一術而百善至百邪去天下從者其惟孝也一術孝術故論人必先以所親而後及所踈先本後末先近後遠必先以所重而後及所輕所重謂其親所輕謂他人今有人於此行於親重而不簡慢於輕踈則是篤謹孝道有人行孝敬於其親以及人之親故不敢簡慢於輕踈者是孝慎孝道之謂也先王之

所以治天下也（先王以孝治天下）故愛其親不敢惡人敬其親不敢慢人愛敬盡於事親光耀加於百姓（加，施也）究於四海（究，極也）此天子之孝也曾子曰身者父母之遺體也行父母之遺體敢不敬乎（敬，畏慎）居處不莊非孝也（莊，敬）事君不忠非孝也（忠，正也）莅官不敬非孝也（莅，臨也）朋友不篤非孝也（篤，信也）戰陣無勇非孝也（揚子曰孟軻勇於義勇〻而立義揚名於後世孝之終也）五行不遂災及乎親敢不敬乎（遂，成）商書曰刑三百罪莫重於不孝（商湯所制法也）曾子曰先王之所以治天下者五貴德貴貴貴老敬長慈幼此五者先王之所以定天下也（定，安也）所謂貴德爲其近於聖也所謂貴貴爲其近於君也所謂貴老爲其近於親也所謂敬長爲其近於兄也所謂慈幼爲其近於弟也曾子曰父母生之子弗敢殺父母置之子弗敢廢置立父母全之子弗敢闕闕猶毁故舟而不游道而不徑能全支體以守宗廟可謂孝矣濟水載舟不游涉行道不從邪徑爲逸沒溺畏險之害故曰能全支體以守宗廟養有五道修宮室安牀第節飲食養體之道也節飲食肉雖多不使勝食氣修宮室不上漏下濕故曰養體之道也樹五色施五采列文章養目之道也列別也青與赤謂之文赤與白謂之章以極目觀故曰養目之道也正六律六律黃鍾夷則太蔟姑洗蕤賓無射和五聲五聲宮商角徵羽雜八音養耳之道也八音八卦之音辯會之以聽耳故曰養耳

道之孰五穀烹六畜和煎調養口之道也（孰五穀烹六畜豢和快口腹）（故曰養口之道）和顏色説言語敬進退養志之道也（和顏色以説父母之志意故曰養志之道）此五者代進而厚用之可謂善養矣（代更）（更次用之以便親性可謂爲善養親也）樂正子春下堂而傷足瘳而數月（一作三月下同）不出猶有憂色門人問之曰夫子下堂而傷足瘳而數月不出猶有憂色敢問其故（故事也）樂正子春曰善乎而問之（而汝也）吾聞之曾子曾子聞之仲尼父母全而生之子全而歸之不虧其身不損其形可謂孝矣君子無行咫步而忘之余忘孝道是以憂故曰身者非其私有也（私猶獨）嚴親之遺躬也（躬體）民之

本教曰孝本始其行孝以養養可能也敬爲難行敬之難敬可能也安爲難安寧其親難安可能也卒爲難卒終父母既沒敬行其身無遺父母惡名可謂能終矣禮者履此者也履行義者宜此者也信者信此者也彊者彊此者也樂自順一作川愼此生也刑自逆此作也能順行無遺父母惡名故樂生也逆之則刑辟作也

孝行

二曰求之其本經旬必得求之其末勞而無功雖久無所得功名之立由事之本也得賢之化也得賢人與之共治以其功名故曰得賢之化也非賢其孰知乎事化一作民故曰其本

得賢有侁氏女子採桑得嬰兒于空桑之中侁讀曰莘獻之其君其君令烰人養之烰猶庖也察其所以然察省曰其母居伊水之上孕任身爲孕夢有神告之曰臼出水而東走母顧明日視臼出水告其鄰東走十里而顧其邑盡爲水身因化爲空桑伊尹母化作空桑故命之曰伊尹此伊尹生一作出空桑之故也長而賢湯聞伊尹使人請之有侁氏有侁氏不可伊尹亦欲歸湯湯於是請取婦一作妻爲婚有侁氏喜以伊尹爲媵送女故賢主之求有道之士無不在以以用也爲有道之士求賢主無不行也爲媵言必行相得然後樂賢主得賢臣賢臣得賢主故曰相得然後樂之

不謀而親不約而信徧爲殫智竭力犯危行苦（殫竭皆盡也危難也苦勤也）志懽樂之此功名所以大成也固不獨（固必也）士有孤而自恃人主有奮而好獨者則名號必廢熄（熄滅也）社稷必危殆故黃帝立四面堯舜得伯陽續耳然後成（黃帝使人四面出求賢人得之立以爲佐故曰立四面也伯陽續耳皆賢人堯用之以成功也）凡賢人之（一作道）德有以知之也（知其賢乃得而用之）伯牙鼓琴鍾子期聽之方鼓琴而志在太山鍾子期曰善哉乎鼓琴巍巍乎若太山少選之間而志在流水（少選須臾之間也志在流水進而不解忠）鍾子期又曰善哉乎鼓琴湯湯乎若流水鍾子期死伯牙破琴絶絃終身不復鼓琴以

爲世無足復爲鼓琴者伯姓牙名或作雅鍾氏期名子皆通稱悉楚人也少善聽音故曰爲世無足爲鼓琴也非獨琴若此也賢者亦然世無賢者亦無所從受禮義法則與共治國也雖有賢者而無禮以接之賢奚由盡忠猶御之不善驥不自千里也言不肖者無禮以接賢者賢者何用盡其忠乎若不知御者御驥驥亦不爲之從千里也湯得伊尹祓之於廟爝以爟火釁以犧猳周禮司爟掌行火之政令火者所以祓除其不祥置火於桔皐爝以照之釁以牲血塗之曰釁爟讀曰權衡之權明日設朝而見之說湯以至味爲湯說美味湯曰可對而爲乎對曰君之國小不足以具之爲天子然後可具夫三群之蟲三群謂水居肉玃草食者也水居者腥肉玃者臊草食者羶水居者川禽魚鼈黿之屬故其臭腥也肉玃者玃拏肉而食

之謂鷹鵰之屬故其臭臊也草食者食草木謂麞鹿之屬故其臭羶也臭惡猶美皆有
所以臭惡猶美若蜀人之作羊腊以臭爲美各有所用也凡味之本水最爲始
五味三材五行之數水第一故曰水最爲始五味鹹苦酸辛甘三材水木火九沸九
變火之爲紀紀猶節也品味待火然後成故曰火爲之節時疾時徐滅腥
去臊除羶必以其勝無失其理用火熟食或熾或微治除臊腥勝去其臭
故曰必以其勝也齊和之節得其中適故曰無失其理調和之事必以甘酸苦
辛鹹先後多少其齊甚微皆有自起齊和分也自從也鼎中
之變精妙微纖口弗能言志弗能喻鼎中品味分齊纖微故曰不能
言也志意揆度不能諭說若射御之微陰陽之化四時之數射者望毫
毛之近而中藝於遠也御者執轡於手調馬口之和而致萬里故曰善射御之微也陰陽之化而成萬物

也四時之數春生夏長秋收冬藏物有異功也故久而不弊熟而不爛弊敗也爛失餁也論語云失餁不食甘而不噥一作壞酸而不酷鹹而不減辛而不烈澹而不薄肥而不膑言皆得其中適肉之美者猩猩之脣貛貛之炙猩猩獸名也人面狗軀而長毛貛貛鳥名其形未聞貛一作獲雋觾之翠鳥名也翠厥也形則未聞也述蕩之掔獸名掔讀如棬椀之椀掔者踏也形則未聞旄象之約旄旄牛也在西方象象獸也在南方約節也以旄牛之尾象獸之齒以飾物也一曰約美也旄象之肉美貴異味也流沙之西丹山之南有鳳之丸丸古卵字也流沙自流行故曰流沙在燉煌西八百里丹山在南方丹澤之山也二處之表有鳳皇之卵沃民所食食鳳卵也沃之國在西方魚之美者洞庭之鱄東海之鮞洞庭江水所經之澤名也鱄鮞魚名也一云魚子也醴水之魚名曰朱鱉六足

有珠百碧（醴水在蒼梧環九疑之山其魚六足有珠如蛟皮也）藋（一作雚）水之魚名曰鰩其狀若鯉而有翼（藋水在西極若如也翼羽翼也）常從西海夜飛游於東海（鰩從西海至東海乘雲氣而飛）菜之美者崑崙之蘋（崑崙山名在西北其高九萬八千里蘋大蘋水藻也）壽木之華（壽木崑崙山上木也華實也食其實者不死故曰壽木）指（一作枯）姑之東中容之國有赤木玄木之葉焉（指枯乃姑餘山名也在東南方淮南記曰軼題難於姑餘是也赤木玄木其葉皆可食食之而仙也）餘瞀（一作督）之南南極之崖（一作旁）有菜其名曰嘉樹其色若碧（餘瞀南方山名也有嘉美之菜故曰嘉樹食之而虛若碧青色）陽華之芸（陽華乃華陽山名也芸芳菜也在吳越之間）雲夢之芹（雲夢楚澤芹生水涯）具區之菁（具區澤名吳越之間菁菜名）浸淵之草名曰土英（浸淵深淵也處則未

闓華言其美善土英華也和之美者陽樸之薑招搖之桂陽樸地名在蜀郡招搖山名在桂陽禮記曰草木之滋薑桂之謂也故曰和之美越駱之菌鱣鮪之醢越駱國名菌竹筍也鱣鮪大魚也以爲醢醬無骨曰醢有骨曰臡大夏之鹽宰揭之露其色如玉大夏澤名或曰山名在西北鹽形盬宰揭山名處則未聞長澤之卵長澤大澤在西方大鳥之卵卵大如甕也飯之美者玄山之禾不周之粟飯食也玄山處則未聞不周山名在西北方崑崙之西北陽山之穄南海之秬山南曰陽崑崙之南故曰陽山在南海南方之海穄關西謂之糜冀州謂之堅秬黑黍也水之美者三危之露三危西極山名崑崙之井井泉沮江之丘名曰搖水沮漸洳江旁之泉水曰山之水高泉之山其上有涌泉焉冀州之原皆西方之山泉也冀州在中央水泉東流經於冀州故曰之原原本也果之美

者沙棠之實沙棠木名也崑崙山有之常山之北投淵之上有百
果焉群帝所食有覈曰果無覈曰蓏群帝衆帝先升遐者箕山之東青鳥
之所有甘櫨焉箕山許由所隱也在潁川陽城之西青鳥崑崙山之東二處皆有甘櫨之
果江浦之橘雲夢之柚浦濱也橘所生也生江北爲枳雲夢楚澤出柚漢
上石耳所以致之漢水名出於嶓冢東注於江石耳菜名也所以致之致備味也馬
之美者青龍之匹遺風之乘匹乘皆馬名周禮七尺以上爲龍行迅謂之遺
風非先爲天子不可得而具天子不可彊爲必先知
道言當順天命而受之不可以彊取也道謂仁義天下之道道者止彼在已彼謂他人
已成而天子成已成仁義之道而成爲天子孟子曰得乎丘民爲天子天子成
則至味具天子貢珍故至味具故審近所以知遠也成已所以

成人也聖王之道要矣豈越越多業哉要約也越越輕易之貌業事也聖王得仁義約要之道以化天下天下化之豈必越越然輕易多爲民之事也

本味

三曰聖人之於事似緩而急似緩謂無爲也急謂成功也似遲而速以待時謂若武王會於孟津八百諸侯皆曰紂可伐矣武王曰汝未知天命也還歸二年似遲也甲子之日尅紂於牧野故曰待時王季歷困而死文王苦之王季歷文王之父也勤勞國事以至薨沒故文王哀思苦痛也有不忘羑里之醜時未可也紂爲無道拘文王於羑里不忘其醜恥也所以不伐紂者天時之未可也武王事之夙夜不懈亦不忘王門之辱武王繼位雖臣事紂不忘文王爲紂所拘於羑里之辱文王得歸乃築靈臺作王門相女童鐘鼓示不與紂同也武王以此爲恥而不忘也立十二

年而成甲子之事立爲天子也甲子之日尅紂牧野故曰成甲子之事時固不易得也固常太公望東夷之士也太公望河內人也於周豐鎬於東故曰東夷之士欲定一世而無其主主謂賢君聞文王賢文謚也經天緯地曰文故釣於渭以觀之渭水名近豐鎬文王所邑也觀視文王之德能有天下也伍子胥欲見吳王而不得吳王王僚也王子光之庶長子客有言之於王子光者見之而惡其貌不聽其說而辭之先惡子胥之類貌不受其言辭謝之也客請之王子光王子光曰其貌適吾所甚惡也請問也惡憎也客以聞伍子胥伍子胥曰此易故也故事願令王子居於堂上重帷而見其衣若手請因說之王子許言於重帷中見衣若手者爲說霸國之說也許諾伍子胥說之半王

子光舉帷搏其手而與之坐（搏執子胥之手與之俱坐聽其說）說畢王子光大說（子胥說霸術畢子光大說其將必用之也）伍子胥以爲有吳國者必王子光也退而耕于野七年王子光代吳王僚爲王任子胥子胥乃修法制下賢良選練士習戰闔閭六年然後大勝楚于柏舉（柏舉楚南鄙邑）九戰九勝追北千里（北走也）昭王出奔隨遂有郢（郢楚都傳云五戰及郢）親射王宮鞭荊平之墳三百（平王恭王之子棄疾也後改名熊居聽費無忌之讒殺伍子胥父兄故子胥射其宮鞭其墳也）鄉之耕非志其父之讎也待時也（鄉曩者始之吳時耕於吳境待天時須楚之罪熟也）墨者有田鳩欲見秦惠王（田鳩齊人學墨子術惠王孝公之子駟也）留秦三年而弗得見客有言之於

楚王者往見楚王楚王說之與將軍之節以如秦（如之也）至因見惠王告人曰之秦之道乃之楚乎固有近之而遠遠之而近者（留秦三年不得見惠王近之而遠也從楚來至而得見遠之而近也）時亦然有湯武之賢而無桀紂之時不成（不成其王）有桀之時而無湯武之賢亦不成聖人之見時若步之與影不可離（步行日中影乃逐人不可得遠之也人從得時如影之隨人亦不可離之也）故有道之士未遇時隱匿分竄勤以待時（分大竄藏勤勞）時主有從布衣而爲天子者（舜是也）有從千乘而得天下者（湯武是也）有從卑賤而佐三王者（太公望伊尹傳說是也）有從匹夫而報萬乘者（豫讓是也趙襄子兼止拓境有兵車萬乘豫讓爲智伯報之襄子高其義）

而不殺以豫讓卒不止終得斬襄子襯身之衣然後就死也故聖人之所貴唯時也

水凍方固固堅也后稷不種后稷之種必待春故人雖

智而不遇時無功五稼非春不生智者之功非時不成方葉之茂美終

日采之而不知不知其葉之盡也秋霜既下衆林皆羸羸葉盡也

事之難易不在小大務在知時聖人時行則行時止則止與萬物終始也

鄭子陽之難猘狗潰之潰亂也子陽鄭相或曰鄭君好行嚴猛人家有猘狗者誅

之人畏誅國人皆逐猘狗也齊高國之難失牛潰之衆因人以殺

子陽高國衆因之以殺二子逐失牛之亂如逐猘狗之亂也故禍同當其時狗牛猶

可以為人唱而況乎以人為唱乎飢馬盈廄嘆然嘆然

無聲未見芻也飢狗盈窖嘆然未見骨也見骨與芻動

不可禁（猶動爭也）亂世之民嘆然未見賢者也見賢人則往不可止往者非其形心之謂乎齊以東帝困於天下而魯取徐州（齊湣王僭號於東民不順之故困於天下是以魯國畧取徐州也）邯鄲以壽陵困於萬民而衛取繭氏（壽陵魏邑趙兼有之萬民不附是以衛人取其繭氏之邑也）以魯衛之細而皆得志於大國遇其時也（細小也遇大國之民皆欲之則取之也）故賢主秀士之欲憂黔首者亂世當之矣（當亂世憂而濟之者）天不再與時不久留能不兩工事在當之（天不再與一世不再與時不久留日中則昃者也）

首時（一作胥時）

四曰春氣至則草木產秋氣至則草木落產與落或

使之非自然也故使之者至物無不爲使之者不至物無可爲（未春無可爲生未秋無可爲落）古之人審其所以使故物莫不爲用（使之者以其時生則生時落則落故曰莫不爲用）賞罰之柄此上之所以使也其所以加者義則忠信親愛之道彰（彰明）也久彰而愈長民之安之若性此之謂教成教成則雖有厚賞嚴威弗能禁（言德教一成雖復賞罰之使爲不忠不信人人自爲忠信若性自然不可禁止也）故善教者不以賞罰而教成教成而賞罰弗能禁用賞罰不當亦然（言民爲不忠不信亦不能禁）姦僞賊亂貪戾之道興（興作也）久興而不息民之讎之若性（讎用）也戎夷胡貉巴越之民是以雖有厚賞嚴罰弗能禁

禁止也郢人之以兩版垣也吳起變之而見惡也郢楚都也楚人
以兩版築垣吳起衞人也楚以爲將變其兩版教之用四楚俗習久見怨也公羊傳曰文公逆祀去者三
人定公順祀叛者五人此之謂久習也賞罰易而民安樂易其邪而施其正民去邪
從正故安樂也氐羌之民其虜也氐與羌二種夷民言氐羌之民爲寇賊爲人執虜也
不憂其係纍而憂其死不焚也焚燒也皆成乎邪也不得
天之正氣故賞罰之所加不可不慎且成而賊民賞罰正而民正
賞罰不正而民邪故曰且成而賊民是以君人慎之也昔晉文公將與楚人戰
於城濮城濮楚地境之地名召咎犯而問曰楚衆我寡柰何而
可咎犯狐偃也字子犯文公之舅也因曰咎犯咎犯對曰臣聞繁禮之君
不足於文繁戰之君不足於詐足猶厭也一本作以力戰之君不足於力

以詐戰之君不足於詐詐者謂詭變而用奇也君亦詐之而已文公以咎犯言告雍季雍季曰竭澤而漁豈不獲得而明年無魚焚藪而田豈不獲得而明年無獸言盡其類詐僞之道雖今偷偷一作愈可後將無復不可復行非長術也文公用咎犯之言言謀而敗楚人於城濮敗破也反而爲賞雍季在上上首也左右諫曰城濮之功咎犯之謀也君用其言而賞後其身一作資後其賞或者不可乎文公曰雍季之言百世之利也咎犯之言一時之務也務猶事焉有以一時之務先百世之利者乎孔子聞之曰臨難用詐足以却敵反而尊賢足以報德文公雖不終始足以霸

矣賞重則民務之民務之則成焉【務猶歸】成乎詐其成毀【雖成必毀】其勝敗【雖勝後必毀敗】天下勝者衆矣而霸者乃五【乃猶裁也】文公處其一知勝之所成也【居五霸之一】勝而不知勝之所成與無勝同也【同等】秦勝於戎而敗乎殽【秦繆公破西戎而霸使孟明白乙丙西乞術將師東襲鄭鄭人知之還晉襄公禦之殽大破之獲其三帥】楚勝於諸夏而敗乎柏舉【莊王服鄭勝晉於邲故曰勝乎諸夏也及昭王南與吳人戰破之柏舉此皆不知勝之所成也故曰與無勝同】武王得之矣【得猶知】故一勝而王天下【一勝克紂】衆詐盈國不可以爲安患非獨外也【亦從內發之也】趙襄子出圍賞有功者五人高赦爲首【智伯求地於襄子襄子不與智伯率韓魏之君圍趙襄子於晉陽三月張孟談私與韓魏構謀韓魏反智伯軍使趙襄子

殺之故曰出圍張孟談曰晉陽之中赦無大功賞而爲首何也襄子曰寡人之國危社稷殆身在憂約之中與寡人交而不失君臣之禮者惟赦惟獨吾是以先之仲尼聞之曰襄子可謂善賞矣賞一人而天下之爲人臣莫敢失禮一人謂高赦爲六軍則不可易易輕北取代東迫齊令張孟談踰城潛行與魏桓韓康期而擊智伯斷其頭以爲觴觴酒器也遂定三家韓魏趙也豈非用賞罰當耶當正也

義賞

五曰凡治亂存亡安危彊弱必有其遇然後可成各

一則不設[遇猶遭也各有一亂不能相治傳曰以亂平亂何治之有故不設攻戰相征伐也]故桀紂雖不肖其亡遇湯武也遇湯武天也非桀紂之不肖也湯武雖賢其王遇桀紂也遇桀紂天也非湯武之賢也若桀紂不遇湯武未必亡也桀紂不亡雖不肖辱未至於此[至於此滅亡也]若使湯武不遇桀紂未必王也湯武不王雖賢顯未至於此[顯榮此天下]故人主有大功不聞不肖[功名揜也]亡國之主不聞賢[亂以揜也]譬之若良農辯土地之宜謹耕耨之事未必收也然而收者必此人也[收田耕耨始也故曰必此人也]始在於遇時雨遇時雨天地也非良農所能爲也越國大饑[穀不熟]王恐召范

蠡而謀范蠡曰王何患焉今之饑此越之福而吳之禍也夫吳國甚富而財有餘王年少智寡材輕好須臾之名不思後患其王吳王夫差也王若重幣卑辭以請糴於吳則食可得也王越王句踐也食得其卒越必有吳而王何患焉得其糴終必得其國王何憂焉越王曰善乃使人請食於吳吳王將與之伍子胥進諫曰不可與也夫吳之與越接土鄰境道易人通仇讎敵戰之國也非吳喪越越必喪吳若燕秦齊晉山處陸居豈能踰五湖九江越十七阸以有吳哉踰度也越歷也謂彼險難也故曰非吳喪越越必喪吳今將輸之粟與之食是長吾讎而養吾仇也

財匱而民恐悔無及也不若勿與而攻之固其數也
數術 此昔吾先王之所以霸且夫饑代事也 先王謂闔閭也代更
也 猶淵之與阪誰國無有吳王曰不然 吳王夫差 吾聞之
義兵不攻服仁者食饑饑令服而攻之非義兵也饑
而不食非仁體也不仁不義雖得十越吾不爲也遂
與之食不出三年而吳亦饑使人請食於越越王弗
與乃攻之夫差爲擒 夫差吳王也擒爲越所獲 楚王欲取息與蔡
楚王文王也息蔡二國名 乃先佯善蔡侯而與之謀曰吾欲得息
柰何蔡侯曰息夫人吾妻之姨也 蔡侯昭侯也妻之女弟與姨傳曰吾
姨也此之謂也 吾請爲饗息侯與其妻者而與王俱因而 作一

以襲之楚王曰諾於是與蔡侯以饗禮入於息因與

俱遂取息旋舍於蔡又取蔡不勞師徒而得之曰取傳曰易也趙簡

子病召太子而告之曰我死已葬服衰而上夏屋之

山以望趙簡子晉大夫趙景子成之子鞅也大子趙無恤襄子也服衰謂朞年勿復三年也夏屋山代之南山也觀望欲令取代也太子敬諾簡子死已葬服衰召大

臣而告之曰願登夏屋以望大臣皆諫曰登夏屋以

望是遊也服衰以遊不可襄子曰此先君之命也寡

人弗敢廢群臣敬諾襄子上於夏屋以望代俗俗土也

其樂甚美於是襄子曰先君必以此教之也及一作反歸慮

所以取代乃先善之代君好色請以其弟姊妻之代

君許諸弟姉已往所以善代者乃萬故善好也襄子所好於代者非一事故言萬故也馬郡宜馬代君以善馬奉襄子傳曰冀州之北土馬之所生也故謂代爲馬郡也言代君以馬奉襄子也襄子謁於代君而請觴之馬郡盡謁告也觴饗也襄子告代君而請飲之酒醉而殺之盡取其國也故曰馬郡盡也先令舞者置兵其羽中數百人羽舞者所執持也置兵其中不欲代君覺之也先具大金斗代君至酒酣金斗酒斗也金重大作之可以殺人酣飲酒合樂之時反斗而擊之一成腦塗地一成一下也首碎故腦塗地也舞者操兵以鬬盡殺其從者因以代君之車迎其妻其妻道聞之狀磨笄以自刺故趙氏至今有刺笄之證一作山與及斗之號此三君者其有所自而得之不備遵理

三君越王句踐楚文王趙襄子也自從也遵循也理道也然而後世稱之有功故也有功於此而無其失雖王可也此三君有功名假令無其闕失雖爲王可也

長攻

六曰功名大立天也爲是故因不慎其人不可推之於天不復慎其爲人修仁義故曰不可也夫舜遇堯天也舜耕於歷山陶於河濱釣於雷澤陶作瓦器天下說之秀士從之人也夫禹遇舜天也禹周於天下以求賢者事利黔首事治也首民也黔水潦川澤之湛滯壅塞可通者禹盡爲之人也夫湯遇桀武遇紂天也湯武脩身積善爲義以憂苦於

民人也（苦勞也）舜之耕漁其賢不肖與爲天子同（同辭也）其未遇時也以其徒屬堀地財取水利（地財五穀水利灌灌）編蒲葦結罘網手足胼胝不居（居止）然後免於凍餧之患（患難也）其遇時也登爲天子賢士歸之萬民譽之丈夫女子振振殷殷無不戴說（振振殷殷衆友之盛）舜自爲詩曰普天之下莫非王土率土之濱莫非王臣所以見盡有之也盡有之賢非加也（加益也）盡無之賢非損也（損減）時使然也百里奚之未遇時也亡虢而虜晉（虢當爲虞百里奚虞臣也傳曰伐虞獲其大夫井伯以媵秦繆公姬孟子曰百里奚虞人也晉人以垂棘之璧假道於虞以伐虢宮之奇諫之百里奚知虞公之不可諫也而去之秦此云亡虢誤矣揚子雲恨不及其時車載其金

飯牛於秦傳鬻以五羊之皮公孫枝得而說之公孫枝秦大夫子桑獻諸繆公三日請屬事焉獻進也請以大夫職事屬付百里奚也繆公曰買之五羊之皮而屬事焉無乃天下笑乎公孫枝對曰信賢而任之君之明也讓賢而下之臣之忠也下避也君爲明君臣爲忠臣彼信賢境內將服敵國且畏夫誰暇笑哉繆公遂用之謀無不當舉必有功非加賢也使百里奚雖賢無得繆公必無此名矣今焉知世之無百里奚哉故人主之欲求士者不可不務博也孔子窮於陳蔡之間七日不嘗食藜羹不糝宰予備矣備當作憊憊極也論語曰衛靈公問陳於孔子對曰俎豆之事則嘗聞之矣軍

旅之事未之學也明日遂行在陳絶糧從者病莫能興此之謂也故曰窮子備矣孔子弦歌於室顏回擇菜於外子路與子貢相與而言曰夫子逐於魯削迹於衛伐一作拔樹於宋窮於陳蔡殺夫子者無罪藉夫子者不禁藉猶辱也夫子絃歌鼓舞未嘗絶音蓋君子之無所醜也若此乎醜猶耻也顏回無以對入以告孔子孔子憱然推琴喟然而歎曰由與賜小人也召吾語之子路與子貢入子貢曰如此者可謂窮矣孔子曰是何言也君子達於道之謂達窮於道之謂窮論語曰君子亦有窮乎子曰君子固窮小人窮斯濫矣今丘也拘仁義之道以遭亂世之患其所也何窮之謂言不窮於道也故內省

而不疚於道臨難而不失其德大寒既至霜雪既降吾是以知松栢之茂也衆木遇霜雪皆凋喻小人遭亂世無以自免松栢喻君子而能茂盛也論語曰歲寒然後知松栢之後凋此之謂也昔桓公得之莒文公得之曹越王得之會稽齊桓公遭無知之亂出奔莒晉文公遇驪姬之讒出過曹越王句踐與吳戰而敗棲於會稽之山卒皆享國克復其耻爲霸君故曰得之陳蔡之阨於丘其幸乎孔子烈然返琴而弦返更也更取琴而絃歌子路抗然執干而舞干楯也子貢曰吾不知天之高也不知地之下也高下喻廣大也言不能知孔子聖德之如天地古之得道者窮亦樂樂其道也達亦樂樂兼善天下也所樂非窮達也言樂道也道得於此則窮達一也此近喻皃也言得道之人不爲窮極不爲達顯故一之也爲寒暑風雨

大二百三十

之序矣寒暑陰陽也陰陽和風雨序也聖人法天地順陰陽故能不爲窮達變其節也故許由虞乎潁陽虞樂也潁水之北曰陽輕天下而不屈於堯養志於箕山山在潁水之北故曰樂乎潁陽也而共伯得乎共首共國伯爵也棄其國隱於共首山而得其志也不知出何書也

慎人　一作順人

七曰凡遇合也時不合必待合而後行故比翼之鳥死乎木比目之魚死乎海孔子周流海內再於世主如齊至衛所見八十餘君委質於弟子者三千人達徒七十人七十人者萬乘之主得一人用可爲師不於無人以此遊僅至於魯司寇僅猶裁也孔子有聖德不見大用裁至於

司寇也此天子之所以時絕也諸侯之所以大亂也不言知聖人不能用之所以絕所以亂也亂則愚者之多幸也幸則必不勝其任矣多幸受不肖之人而寵用之故不勝其任任久不勝則幸反為禍其幸大者其禍亦大非禍獨及己也故君子不處幸不為苟處居也不為苟易邀於俗取容說也必審諸己然後任任然後動任則處德動則量力凡能聽說者必達乎論議者也世主之能識論議者寡所遇惡得不苟惡安也凡能聽音者必達於一作乎五聲達通也人之能知五聲者寡所善一作喜惡得不苟客有以吹籟見越王者羽角宮徵商不謬籟三孔籥也不謬五聲無失越王不善為野音而反善之野鄙也說

之道亦有如此者也說賢人而不用言不肖而歸之故曰亦有如此者也人有爲人妻者人告其父母曰嫁不必生也不必生謂終死衣器之物可外藏之以備不生其父母以爲然於是令其女常外藏藏私財於外也姑妐知之曰爲我婦而有外心一作異心不可一本下有當字畜因出之以爲盜竊犯七出故出之也婦之父母以謂爲己謀者以爲忠終身善之亦不知所以然矣不知其女之所以見出由此也亡宗廟之滅天下之失亦由此矣亦由此不理者故宗廟滅以失其天下也故曰遇合也無常說適然也若人之於色也無不知說美者而美者未必遇也故嫫母執乎黃帝黃帝說之黃帝曰厲女德而弗忘與女正而弗

衰雖惡奚傷惡醜也奚何也言勑屬女以婦德而不忘失付與女以內正而不衰跡故曰雖醜何傷明說惡也若人之於滋味無不說甘脆而甘脆未必受也文
王嗜菖蒲菹昌本之菹孔子聞而服之縮頞而食之三年
然後勝之勝服人有大臭者其親戚兄弟妻妾知識無
能與居者自苦而居海上苦傷也海上人有說其臭者
晝夜隨之而弗能去去離也說亦有若此者陳有惡人
焉曰敦洽讎糜雔一作雄推顙廣顏色如漆頳一作沐赭垂眼
一作髮臨鼻長肘而盭盭胝也陳侯見而甚說之外使治
其國內使制其身制陳侯身楚合諸侯陳侯病不能往使
敦洽讎糜往謝焉楚王怪一作知其名而先見之客有

進狀有惡其名言有惡狀楚王怒合大夫而告之合會
曰陳侯不知其不可使是不知也不知無所知也知而使之
是悔也悔慢悔且不智不可不攻也興師伐陳三月然
後喪喪滅之也惡足以駭人言足以喪國鮆麋貌惡足以驚人其言足以
亡國也而友之足於陳侯而無上也至於亡而友不衰
友愛敦洽鮆麋無有出上者也楚怒而伐之以至於滅而愛之不衰廢也夫不宜遇而遇
者則必廢若敦洽鮆麋醜惡無德不宜見遇而反見遇如此者不必久故曰必廢也宜遇
而不遇者此國之所以亂世之所以衰也賢者至道宜一遇明
世佐時理物不遇之故國不治所以亂也世不知賢不肖所以衰也天下之民其苦愁
勞務從此生從此宜遇而不遇也凡舉人之本太上以志其次

以事，其次以功（舉用也，志德也）。三者弗能，國必殘亡，群孽大至，身必死殃（年衍）年至七十九十猶尚幸（所遇不當而無此三者，身必死殃也，得至七十九十者，乃大幸耳）。賢聖之後，反而孽民，是以賊（一作殘）其身，豈能獨哉（陳舜之苗胤也，故曰賢聖之後也。孽，病也。所遇不當，爲楚所滅，以殘其身也，并病其民，故曰豈能獨哉）。

遇合

八曰：外物不可必，故龍逢誅，比干戮（龍逢諫桀而桀殺之，比干諫紂，紂剖具心視之，故曰戮），箕子狂，惡來死（箕子，紂之庶父也，見紂之亂而佯狂也。惡來，飛廉之子，紂諛臣也，武王殺之），桀紂亡（殺忠臣，故滅亡）。人主莫不欲其臣之忠，而忠未必信，故伍員流乎江（伍子胥諫吳王夫差不欲與越

雜夫差未信之不從其言以
鴟夷置子胥而投之江也萇弘死藏其血三年而
爲碧萇弘周敬王大夫號知天道欲城成周支天之
所壞故衛奚知其不得沒也及范吉射荀寅叛
其君萇萇弘與知之周劉氏范氏世爲婚姻萇弘事劉
文公故周人與范氏晉人讓鬭周爲之殺萇弘不當
其罪故血三
年而爲碧也親莫不欲其子之孝而孝未必愛故孝
已疑曾子悲孝巳殷王高宗子也曾參其至
孝見疑於其父故爲之傷悲也莊子行
一作
過於山中見木甚美長大枝葉盛茂莊子名周宋
之蒙人也輕
天下細萬物其術尚虛無著
書五十二篇名之曰莊子伐木者止其旁而弗取
問其故曰無所可用莊子曰此以不材得終其天年
矣出於山及邑舍故人之家舍止也故
人知舊也故人喜具酒
肉令豎子爲殺鴈饗之豎子請曰其一鴈能鳴一鴈

不能鳴請奚殺主人之公曰殺其不能鳴者明日弟子問於莊子曰昔者山中之木以不材得終天年主人之鴈以不材死一作以不能鳴死先生將何以處莊子笑曰周將處於材不材之間材不材之間似之而非也故未免乎累若夫道德則不然無訝一作誣無訾一龍一蛇與時俱化而無肯專爲專一一上一下以禾爲量禾兩三變故以爲法也一曰禾中和而浮游乎萬物之祖祖始物物而不物於物則胡可得而累物物而不物言制作喻天地不在萬物中故曰不物若制禮者不制於禮也不以物自累之也此神農黃帝之所法法則也神農少典之子炎帝也君二皇之中農殖嘉穀而化之號曰神農黃帝軒轅氏也得道而仙言二帝以此爲法則者也若

夫萬物之情人倫之傳則不然傳猶詩成則毀大則衰

廉則剉廉利也剉缺傷尊則虧直則骫尊高也傳曰高位疾顛故曰則虧骫曲也

直不可久故曰直則骫詩云草木死無不萎此之謂也合則離愛則隳隳廢也多

智則謀不肖則欺多智則人謀料之不肖則人欺詐之胡可得而必牛

缺居上地大儒也下之邯鄲遇盜於耦沙之中牛姓也缺

其名秦人也秦在西方故稱下之邯鄲淤沙爲耦蓋地名也盜求其橐中之載則

與之求其車馬則與之求其衣被則與之牛缺出而

去盜相謂曰此天下之顯人也今辱之如此此必愬

我於萬乘之主刼奪其財不以禮以辱愬告也萬乘之主必以國誅

我我必不生不若相與追而殺之以滅其迹迹蹤也於

是相與趨之趨逐行三十里及而殺之此以知故也皆知

牛缺爲賢人故孟賁過於河先其五舩人怒而以楫虓其頭先其伍超越次第也虓暴辱顧不知其孟賁也中河孟賁瞋目而

視舩人髮植目裂鬢指植竪指直舟中之人盡揚播入於

河也揚動也播散也入猶投也使舩人知其孟賁弗敢直視直正涉無

先者無敢先孟賁也又況於辰之乎此以不知故也舩人不知孟賁

爲勇士故也知與不知皆不足恃其惟和調近之猶未可

必近之近無愁難猶未守必也蓋有不辨和調者則和調有不免

也宋桓司馬有寶珠抵罪出亡桓司馬桓魋抵當也王使人問

珠之所在曰投之池中春秋魯哀十四年傳曰宋桓魋之有寵欲害公公知之攻

桓魋魋出奔衛公則宋景公也春秋時宋未僭稱王也此云王使人問珠復妄言者也於是竭
池而求之無得魚死焉此言禍福之相及也紂為不
善於商而禍充天地充猶大和調何益和調善之者也紂不能行之故
曰何益也張毅好恭門閭帷一作帳薄聚居衆無不趨過之必趨
輿隸姻媾小童無不敬以定其身定安也不終其壽內
熱一作崩而死幽通記曰張毅修襮而內逼此之謂也單豹好術離俗棄
塵一作棄世謂不羣也不食穀實不衣芮溫不食穀實行氣道引也芮絮也身
執山林巖堀以全其生不盡其年而虎食之幽通記曰單豹
治裏不外調此之謂也孔子行道而息馬逸食人之稼野人取
其馬子貢請往說之畢辭野人不聽有鄙人始事孔

子者曰請往說之因謂野人曰子不耕於東海吾不耕於西海也吾馬何得不食子之禾其野人大說相謂曰說亦皆如此其辯也獨如嚮之人獨猶孰也嚮之人謂子貢也解馬而與之說如此其無方也而猶行方術外物豈可必哉君子之自行也敬人而不必見敬愛人而不必見愛敬愛人者己也見敬愛者人也君子必在己者不必在人者也必在己無不遇矣

必己一作本知一作不遇

呂氏春秋卷第十四

呂氏春秋卷第十五

愼大覽第三

權勲　下賢　報更　順説　不廣

貴因　察今

呂氏春秋訓解　高氏

一曰賢主愈大愈懼愈彊愈恐也（愈益也）凡大者小鄰國也彊者勝其敵也（夫大者侵削鄰國使小也彊者以克弱故能勝其敵也）彊勝其敵則多怨小鄰國則多患多患多怨國雖彊大惡得不懼惡得不恐也（惡安也）故賢主於安思危（安不忘危）於達思窮（顯不忘約）於得思喪（喪亡也有得思喪有存故以思之）周書曰若臨深淵若履

薄冰以言慎事也周書曰周文公所作也若臨深淵恐隕隊也如履薄冰恐陷沒也故曰以言慎事桀爲無道暴戾頑貪心不則德義之經爲頑求無厭足爲貪天下顫恐而患之顫驚也患憂也言者不同紛紛分分其情難得紛紛殽亂也分分恐恨也其情難得知也干辛任威凌轢諸侯以及兆民干辛桀之諛臣也專桀無道之惑以致滅亡賢良鬱怨殺彼龍逄以服群凶衆庶泯泯皆有遠志龍逄忠而桀殺之故衆庶泯泯然亂有遠志離散也莫敢直言其生若驚驚或作夢驚亂貌民不敢保其生也大臣同患弗周而畔患憂也心懼盡見誅故同憂也不周於義而將背畔也桀愈自賢矜一作給過善非其所行者非而反善也主道重塞國人大崩崩壞散湯乃惕懼憂天下之不寧欲令伊尹往視曠夏恐其不信

務字祇當作勝

湯由親自射伊尹恐百姓不信伊尹故由揚言而親自射伊尹示伊尹有罪而亡令夏信之也伊尹奔夏三年反報于亳亳湯都曰桀迷惑於末嬉好彼琬琰琬當作婉婉順阿意之人也或作琬琰美玉也不恤其衆衆志不堪上下相疾民心積怨皆曰上天弗恤夏命其卒卒卒盡也湯謂伊尹曰若告我曠夏盡如詩詩志也湯與伊尹盟以示必滅夏伊尹又復往視曠夏聽於末嬉末嬉言曰今昔天子夢西方有日東方有日兩日相與鬬西方日勝東方日不務伊尹以告湯商涸旱涸枯也湯猶發師以信伊尹之盟故令師從東方出於國西以進未接刃而桀走逐之至大沙身體離散為天下

戮不可正諫雖後悔之將可柰何湯立爲天子夏民大說如得慈親朝不易位農不去疇疇畝也商不變肆安其所也親鄗如夏鄗讀如衣今兗州人謂殷氏皆曰衣言桀民親殷如夏氏也此之謂至公此之謂至安此之謂至信盡行伊尹之盟不避旱殃祖伊尹世世享商祖用伊尹之賢世世享商享之盡商世也武王勝殷入殷未下轝命封黄帝之後於鑄鑄國名封帝堯之後於黎封帝舜之後於陳下轝命封夏后之後於杞立成湯之後於宋以奉桑林桑山之林湯所禱也故使奉之武王乃恐懼太息流涕命周公旦進殷之遺老而問殷之亡故又問衆之所說民之所欲殷之遺老對曰欲復

盤庚之政（盤庚太甲後十七世祖丁之子殷之中興一主也故欲復行其政也）武王於是復盤庚之政（不遑民欲）發巨橋之粟（巨橋紂倉名）賦鹿臺之錢以示民無私（鹿臺紂錢府賦布也私愛也）出拘救罪分財棄責以振窮困（分財分有與無也責已不責彼也振救也矜寡孤獨曰窮無衣食曰困）封比干之墓（以其忠諫而見殺故封崇其墓以章賢也）靖箕子之宮（以箕子避亂佯狂而囚故清淨其宮以異之也）表商容之閭（商容殷之賢人老子師也故表異其閭里）士過者趨車過者下（過商容之里者趨車載者下也）三日之內與謀之士封爲諸侯（與謀委質於武王之士封以爲諸侯也）諸大夫賞以書社（大夫與謀爲國以書社賞之二十五家爲社也）庶士施政去賦（施之於政事去其繇賦也）然後於濟河西歸報於廟（還濟孟津河西歸于豐鎬報功於文王廟傳曰振旅凱入）

飲至策勳此之謂也乃稅馬於華山稅牛於桃林稅釋也華山在華陰南西
嶽也桃林秦晉之塞也蓋在華陰西長城是也馬弗復乘牛弗服釁鼓旗甲
兵殺牲以血塗之曰釁鼓以進衆旗軍械也熊虎爲旗甲鎧兵戈戟箭矢也藏之府庫
終身不復用此武王之德也故周明堂外户不閉示
天下不藏也唯不藏也可以守至藏至德之藏武王勝殷
得二虜而問焉曰若國有妖乎若汝妖惟一虜對曰吾國
有妖晝見星而天雨血此吾國之妖也一虜對曰此
則妖也雖然非其大者也吾國之妖甚大者子不聽
父弟不聽兄君令不行此妖之大者也武王避席再
拜之此非貴虜也貴其言也故易曰愬愬一作逆字讀如虩愬

履虎尾終吉愬愬懼也居之以禮行之以恭恐懼戒慎如履虎尾終必吉也喻二虜見於武王有履虎尾之危以言所知武王拜之是終吉也趙襄子攻翟勝老人中人使使者來謁之襄子趙簡子之子無恤也使辛穆子伐翟勝之下老人中人城使使者來謁襄子謁告也今盧奴西山中有老人中人城也襄子方食摶飯有憂色左右曰一朝而兩城下此人之所以喜也今君有憂色何襄子曰江河之大也大長不過三日三日則消也飄風一作焱風暴雨日中不須臾易曰日中則昃故曰日中不須臾今趙氏之德行無所於積言無積德積行一朝而兩城下亡其及我乎傳曰知懼如此斷不亡矣孔子聞之曰趙氏其昌乎昌盛也夫憂所以爲昌也而喜所以爲亡也勝非其難者也持之其難

者也（持猶守）賢主以此持勝故其福及後世齊荊吳越皆嘗勝矣而卒取亡（卒終也一作卒敗）不達乎持勝也唯有道之主能持勝孔子之勁舉國門之關而不肯以力聞（勁疆也孔子以一手捉城門關顫而舉之不肯以有力聞於天下）墨子爲守攻公輸般服而不肯以兵加（公輸般在楚楚王使設雲梯爲攻宋之具墨子聞而往說之楚王曰公輸般天下之巧工也寡人使攻宋之城何爲不得墨子曰使公輸般攻宋之城臣請爲宋守之備公輸般九攻之墨子九卻之又令公輸般守備墨子九下之不肯以善用兵見知於天下也墨子名翟魯人也著書七十篇以墨道聞之）善持勝者以術疆弱（一本作善持勝者不以彊弱言能以術彊其弱也）

慎大

二曰利不可兩忠不可兼（兼並也）不去小利則大利不得不去小忠則大忠不至（至猶成也）故小利大利之殘也（殘害也）小忠大忠之賊也聖人去小取大昔荊龔王與晉厲公戰於鄢陵荊師敗龔王傷（晉大夫呂錡射龔王中其目故曰傷）臨戰司馬子反渴而求飲豎陽穀操黍酒而進之（酒器受三升曰黍）子反叱曰訾退酒也豎陽穀對曰非酒也子反曰亟退卻也豎陽穀又曰非酒也子反受而飲之子反之爲人也嗜酒甘而不能絕於口以醉（絕止也）戰既罷龔王欲復戰而謀使召司馬子反子反辭以心疾龔王駕而往視之入幄中（幄帳也）聞酒臭而還曰今

曰之戰不穀親傷所恃者司馬也而司馬又若此是忘荆國之社稷而不恤吾衆也不穀無與復戰矣於是罷師去之斬司馬子反以爲戮故豎陽穀之進酒也非以醉子反也其心以忠也忠愛也而適足以殺之故曰小忠大忠之賊也昔者晉獻公使荀息假道於虞以伐虢荀息曰請以垂棘之璧與屈產之乘以賂虞公而求假道焉必可得也垂棘美璧所出之地因以爲名也屈產之乘屈邑所生四馬曰乘今河東北屈驗爲者是也獻公曰夫垂棘之璧吾先君之寶也屈產之乘寡人之駿也若受吾幣而不吾假道將奈何荀息曰不然彼若不吾假道必不吾敢受

也若受我而假我道是猶取之內府而藏之外府也猶取之內皁而著之外皁也皁櫪也君奚患焉患憂難也獻公許之乃使荀息以屈產之乘爲庭實爲虞庭中之實而加以垂棘之璧以假道於虞而伐虢虞公濫於寶與焉而欲許之濫貪宮之奇諫曰不可許也虞之與虢也若車之有輔也車依輔輔亦依車虞虢之勢是也車牙也輔類也車輔相依憑得以近喻也先人有言曰脣竭而齒寒竭亡也夫虢之不亡也恃虞虞之不亡也亦恃虢也若假之道則虢朝亡而虞夕從之矣柰何其假之道也虞公弗聽而假之道荀息伐虢克之還反伐虞又克之荀息操

璧牽馬而報報白也獻公喜曰璧則猶是也馬齒亦薄長矣故曰小利大利之殘也殘害也中山之國有夙繇者智伯欲攻之而無道也夙繇國之近晉者也或作仇首智伯晉大夫智襄子瑤也爲鑄大鐘方車二軌以遺之夙繇之君將斬岸堙谿以迎鐘赤章蔓枝諫曰詩云唯則定國我胡則以得是於智伯赤章蔓枝夙繇之臣也夫智伯之爲人也貪而無信必欲攻我而無道也故爲大鐘方車二軌以遺君君因斬岸堙谿以迎鐘師必隨之弗聽有頃諫之君曰大國爲懽而子逆之不祥子釋之釋置赤章蔓枝曰爲人臣不忠貞罪也忠貞不用遠身可也斷轂而行

山中道狹故斷車轂而行去至衛七日而夙繇亡智伯滅之欲鐘之心勝也欲鐘之心勝則安夙繇之說塞矣塞不行也凡聽論所勝不可不審也故太上先勝先猶上也昌國君將五國之兵以攻齊昌國君樂毅也為燕昭王將伐齊者五國謂燕秦韓魏趙也齊使觸子將以迎天下之兵於濟上濟水名齊王欲戰使人赴觸子恥而訾之曰不戰必剗若類掘若壟剗滅也若汝壟冢也言不堪敵而戰克破燕軍必剗滅汝種類平掘汝先人之冢也觸子苦之苦病欲齊軍之敗於是以天下兵戰戰合擊金而却一作退之卒北北走也天下兵乘之乘猶勝也觸子因以一乘去莫知其所不聞其聲一作問達子又帥其餘卒達子齊人也帥將也以軍於

秦周無以賞使人請金於齊王軍屯也秦周齊城門名也請金將以賞有功也齊王怒曰若殘豎子之類殘餘也豎子謂達子也惡能給若金惡安也給與也與燕人戰大敗達子死齊王走莒走奔也莒齊邑燕人逐北入國相與爭金於美唐甚多美唐金藏所在此貪於小利以失大利者也小利金也大利國也言愍王貪金不給達子以失國乃大惑者也

權勳

三曰有道之士固驕人主人主之不肖者亦驕有道之士日以相驕奚時相得若儒墨之議與齊荊之服矣賢主則不然士雖驕之而己愈禮之士安得不歸

之士所歸天下從之帝帝也者天下之適也適主也王
也者天下之往也得道之人貴爲天子而不驕倨倨傲
也富有天下而不聘夸夸詭而自大也卑爲布衣而不瘁攝
瘁病也攝猶屈也貧無衣食而不憂懾懾懼也狠乎其誠自有
也自有有道也覺乎其不疑有以也詩云何其久也必有以也桀乎其必
不渝移也桀持也渝變也移易也循乎其與陰陽化也忽忽乎
其心之堅固也忽忽明貌空空乎其不爲巧故也空空慤也巧故
僞詐迷乎其志氣之遠也志在江海之上昏乎其深而不測測盡
也言深不可盡確乎其節之不庳也就就乎就就讀如由與之與其不
肯自是鵠乎其羞用智慮也鵠讀如浩浩昊天之浩大也假乎其

小二百十五

輕俗誹譽也[皆謂體道之人也]以天爲法以德爲行以道爲宗[宗本也]與物變化而無所終窮[窮極也]精充天地而不竭[充實竭盡]神覆宇宙而無望[四方上下曰宇以屋喻天地也往古來今曰宙言其神而色覆之無望無界畔也]莫知其始莫知其終莫知其門莫知其端莫知其源[道不可得知也]其大無外其小無内此之謂至貴[道在能小大能大故無復有外在小故無復有内道所貴之也]士有若此者五帝弗得而友三王弗得而師去其帝王之色則近可[一作於]得之矣[去猶除也除其尊寵盈蒲之色則近得師友矣]堯不以帝見善綣北面而問焉[善綣有道之士也堯不敢以自尊北面而問焉]堯天子也善綣布衣也何故禮之若此其甚也善綣得道之士也

得道之人不可驕也（人輕道重也）堯論其德行達智而弗
若（若如也）故北面而問焉此之謂至公（非至公其孰能
禮賢（孰誰也）周公旦文王之子也武王之弟也成王之
叔父也所朝於窮巷之中甕牖之下者七十人（甕牖以破
甕蔽牖言貧陋也）文王造之而未遂（造始也遂成也）武王遂之而未
成周公旦抱少主而成之故曰成王（抱奉）不唯以身下
士邪齊桓公見小臣稷一日三至弗得見（稷不見之也）從
者曰萬乘之主見布衣之士一日三至而弗得見亦
可以止矣（止休也）桓公曰不然士驁祿爵者固輕其主
（驁亦輕也）其主驁霸王者亦輕其士縱夫子驁祿爵吾庸

敢驁霸王乎庸用也遂見之不可止世多舉桓公之內行內行雖不修霸亦可矣霸功大亦可以滅內行之闕也誠行之此論而內行修王猶少也猶尚也子產相鄭鄭大夫子國之子公孫喬也往見壺丘子林與其弟子坐必以年是倚其相於門也年齒也子產壺丘子弟子坐以齒長少相亞不以尊位而上之倚置其相之寵於壺丘之門外不以加於坐也故曰倚其相於門也夫相萬乘之國而能遺之遺猶全也鄭國此迫晉南近楚爵則伯也賦千乘耳而云萬乘復妄言也謀志論行而以心與人相索索盡也孔子曰子產有君子之道四焉其行己也恭其事上也敬其養民也惠其使民也義推其志行以忠心與人相極盡知其情實一曰索法與人爲法則其唯子產乎唯獨也故相鄭十八年刑三人殺二人桃李之垂於行者莫之援

也（攫攀也）錐刀之遺於道者莫之舉也（舉猶取也）魏文侯見段干木立倦而不敢息（倦罷也）反見翟黃踞於堂而與之言（反從干木所還也）翟黃不說（以文侯敬干木而慢己也）文侯曰段干木官人則不肯祿之則不受今女欲官則相位欲祿則上卿既受吾實（實猶爵祿也）又責吾禮無乃難乎故賢主之畜人也不肯受實者其禮之（禮敬也）禮（一作甲）士莫高卒節欲欲節則令行矣文侯可謂好禮士矣好禮士故南勝荊於連隄東勝齊於長城虜齊侯獻諸天子天子賞文侯以上卿（文侯畢公高之後與周同姓卿魏桓子之孫始立爲侯文謚也）

下賢

四曰國雖小其食足以食天下之賢者其車足以乘天下之賢者其財足以禮天下之賢者與天下之賢者爲徒也徒黨此文王之所以王也詩云濟濟多士文王以寧此之謂也今雖未能王其以爲安也不亦易乎立王功大保安其國差小故曰不亦易此趙宣孟之所以免也宣孟晉卿趙盾也履行仁義束脯以食翳桑之餓人又以免靈公伏甲之難周昭文君之所以顯也文君周後所分立東周君也賓禮張儀欲與分國張儀勝之於秦秦尊奉之故曰所以顯也孟嘗君之所以卻荊兵也孟嘗君齊公子田嬰之子田文也下士禮賢養容三千人行仁義而彊故荊兵却偃不敢攻之也古之大立功名與安國免身者其道無他其必此

之由也（注：立功名安國免身無咎者皆以此仁義之道也）湛士不可以驕恣

屈（一作有）也（湛樂也樂士當以禮卑謙若魏公子之虛己故不可以驕恣屈而有之也）昔趙

宣孟將上之絳見骫桑之下有餓人臥不能起者宣

孟止車爲之下食蠲而餔之再咽而後能視宣孟問

之曰女何爲而餓若是對曰臣宦於絳歸而糧絶羞

行乞而憎自取故至於此（羞於行乞自憎至此也）宣孟與脯一

朐拜受而弗敢食也問其故對曰臣有老母將以遺

之宣孟曰斯食之吾更與女（斯猶盡也）乃復賜之脯二束

與錢百而遂去之處二年晉靈公欲殺宣孟伏士於

房中以待之因發酒於宣孟（發猶致也）宣孟知之中飲而

出靈公令房中之士疾追而殺之一人追疾先及宣孟之面曰嘻君轝（轝車也教宣孟使就車也）吾請爲君反死（反還也）宣孟曰而名爲誰（而汝也）反走對曰何以名爲臣骫桑下之餓人也還鬬而死宣孟遂活此書之所謂德幾無小者也宣孟德一士猶活其身而況德萬人乎故詩曰赳赳武夫公侯干城（此周南之風兔罝之首章也言其賢可爲公侯扞難其城藩也以喻骫桑下之扞趙盾之難也）濟濟多士文王以寧（文王以多士而趙盾以桑下之人共患也）人主胡可以不務哀士（哀愛也）士其難知唯愽之爲可（愽廣也）愽則無所遺矣（遺失也）張儀魏氏餘子也（大夫庶子爲餘子受民爲長）將西遊於秦過東周客有語之於昭

文君者曰魏氏人張儀材士也將西遊於秦願君之禮皃之也昭文君見而謂之曰聞客之秦寡人之國小不足以留客雖游然豈必遇哉客或（一作訾訾猶歎也）不遇請爲寡人而一歸也國雖小請與客共之張儀還走北面再拜（拜昭文君之言也）張儀行（行去）昭文君送而資之至於秦留有間惠王説而相之（惠王孝公之子始稱王也說張儀而相之）張儀所德於天下者無若昭文君（德猶恩也）周千乘也重過萬乘也（張儀重之）令秦惠王師之（師昭文君）逢澤之會魏王嘗爲御韓王爲右（秦會諸侯於逢澤魏王爲昭文君御韓王爲之右也）名號至今不忘此張儀之力也孟嘗君前在於薛荊人攻

之淳于髡爲齊使於荆還反過於薛孟嘗君令人禮皃而親郊送之謂淳于髡曰荆人攻薛夫子弗爲憂文無以復待矣文孟嘗君名也待見也淳于髡曰敬聞命矣至於齊畢報反命畢也王曰何見於荆對曰荆甚固固護以侵兼人而薛亦不量其力王曰何謂也對曰薛不量其力而爲先王立清廟荆固而攻薛薛清廟必危故曰薛不量其力而荆亦甚固齊王知顔色齊王宣王也威王之子知猶發也曰嘻先君之廟在焉疾舉兵救之由是薛遂全顛蹙之請坐拜之謁雖薄則薄矣薄輕少也故善說者陳其勢言其方見人之急也若自在危厄之中豈用彊力哉

彊力則鄙矣說之不聽也往不聽在所說亦在說者

報更

五曰善說者若巧士因人之力以自爲力因其來而與來因其往而與往與猶助也不設形象與生與長而言之與響與盛與衰以之所歸歸終也力雖多材雖勁勁彊也以制其命順風而呼聲不加疾也加益也際高而望目不加明也所因便也惠盎見宋康成公而謂足聲速疾言曰寡人之所說者勇有德而無爲仁義者惠盎者宋人惠施族、也康王宋昭公曾孫辟公之子名偃立十一年僭號稱王四十五年大爲不道故曰宋子不足仁義者也齊湣王伐滅之客將何以教寡人惠盎對曰臣有道於此有道於此勇有力者也使人雖勇刺之不入雖有力擊之弗中大王獨無意耶不可入不可中如此者大王獨無意欲之耶王曰善此寡人所欲聞也惠盎曰夫刺之不入擊之不中此猶辱也臣有道於此使人雖有勇弗敢刺雖有力不敢擊大王獨無意耶王曰善此寡人之所欲知也惠盎曰夫不敢刺不敢擊非無其志也臣有道於此使人本無其志也本無有擊剌之志也大王獨無意邪王曰善此寡人之所願也惠盎曰夫無其志也未有愛利之心也臣有道於此使天下丈夫女子莫不驩然皆欲愛剌之此其賢於勇有力也言以仁義之德使民皆欲愛利之也故賢於勇有力

居四累之上大王獨無意耶（四累謂卿大夫士及民四等也君處四分之上故曰四累之上踰尊高也臨下以德則下愛利之矣大王意獨無欲之耶）王曰此寡人之所欲得（欲得人愛利也）惠盎對曰孔墨是也（言當爲孔丘墨翟之德則得所欲也故曰是也當法則之也）孔丘墨翟無地爲君（以德見尊）無官爲長（以道見敬）天下丈夫女子莫不延頸舉踵而願安利之（延頸引領也舉踵企望之也願其尊高安而利也）今大王萬乘之主也誠有其志（有孔墨之志）則四境之內皆得其利矣其賢於孔墨也遠矣（得賢名過於孔墨遠猶多也）宋王無以應（應荅也）惠盎趨而出宋王謂左右曰辨矣客之以說服寡人也宋王一俗主也而心猶可服因矣（因猶便也）因則貧賤可以[illegible]富貴矣

小弱可以制彊大矣（惠盎是也）田贊衣補衣而見荊王（田贊齊人也補衣弊衣也）荊王曰先生之衣何其惡也田贊對曰衣又有惡於此者也荊王曰可得而聞乎對曰甲惡於此（甲鎧也此惡衣也）王曰何謂也對曰冬日則寒夏日則暑衣無惡乎甲者賁也貧故衣惡也今大王萬乘之主也富貴無敵而好衣民以甲臣弗得也（得猶取也）意者爲其義耶甲之事兵之事也刭人之頸刳人之腹隳人之城郭刑人之父子也（隳壞也刑殺也）其名又甚不榮（兵殺人以逆名不得爲榮）意者爲其實耶苟慮害人人亦必慮害之（不得財寶也爲財利廣出苟謀害人人亦必謀害之傳曰晉侯誣人人亦誣之其此之謂也）苟慮危

人人亦必慮危之其實人一作必則甚不安之其爲事如此甚不得安也二者臣爲大王無取焉二者害與危臣爲大王計無取此二者也荆王無以應說雖未大行田贊可謂能立其方矣方道也若偃息之義則未之識也段干木偃息以安魏田贊辯說以服荆此之偃息故曰未知詳賢之也管子得於魯魯束縛而檻之使役人載而送之齊其謳歌而引役人皆謳歌而輓其車以送之也管子恐魯之止而殺己也欲速至齊因謂役人曰我爲汝唱汝爲我和其所唱適宜走役人不倦而取道甚速管子可謂能因矣因役人用勢欲走而爲唱歌勸之令走也役人得其所欲已亦得其所欲以此術也以用此術道也是用萬乘之國其霸猶

少桓公則難與往也（往，王也。言其難與致於王也）

順說

六曰：智者之舉事必因時，時不可必成（必成猶必得也），其人事則不廣（廣，博也），成亦可，不成亦可。以其所能託其所不能，若舟之與車（舟不能陸，車不能浮，然更相載，故曰以其所能託其所不能也）。北方有獸，名曰蹶，鼠前而兔後，趨則跲，走則顛，常爲蛩蛩距虛取甘草以與之。蹶有患害也，蛩蛩距虛必負而走。此以其所能託其所不能（託，寄也）。鮑叔、管仲、召忽三人相善，欲相與定齊國，以公子糾爲必立。召忽曰：吾三人者於齊國也，譬之若鼎之有足，去一焉則不成且小白則必不立矣小白齊桓公名不若三人佐公子糾也管仲曰不可夫國人惡公子糾之母以及公子糾公子小白無母而國人憐之事未可知不若令一人事公子小白夫有齊國必此二公子也二公子齊僖公之子襄公之弟也故令鮑叔傅公子小白管子召忽居公子糾所公子糾外物外物則固難必物事也糾在外不可謂必得主故曰固難必雖然管子之慮近之矣慮謀也若是而猶不全也其天邪人事則盡之矣齊攻廩丘趙使孔青將死士而救之與齊人戰大敗之齊將死得車二千得尸三萬以爲二京古者軍伐克敵於下取所獲尸合土葬之以爲京觀故孔青欲以齊尸爲二京也甯越

謂孔青曰惜矣不如歸尸以內攻之 甯越趙之中牟人也言不如歸尸於齊齊人必怨其將使葬送以盡其財是所以內攻之也 越聞之古善戰者莎隨貣服 莎隨猶相守不進不却貣置也服退也 却舍延尸 軍行三十里爲一舍却舍以纘其尸使齊人得收之彼得尸而財費之 車甲盡於戰府庫盡於葬此之謂內攻之 齊人戰敗盡其車甲府庫財所藏也葬死者以盡之令其貧窮且相怨此所謂內攻之術也 孔青曰敵齊不尸則如何 言與齊爲敵不收其尸爲京則如何 甯越曰戰而不勝其罪一與人出而不與人入其罪二與之尸而弗取其罪三雖以此三者怨 一作罪 上上無以使下下無以事上是之謂重攻之甯越可謂知用文武矣用武則以力勝用文則以德勝文武盡勝

何敵之不服(能盡服之)晉文公欲合諸侯咎犯曰不可天下未知君之義也公曰何若咎犯曰天子避叔帶之難出居于鄭君奚不納之以定大義且以樹譽(樹立也)文公曰吾其能乎咎犯曰事若能成繼(一作經)文之業定武之功闢(一作開)土安疆於此乎在矣事若不成補周室之闕勤天子之難(勤憂也)成教垂名於此乎在矣(成仁義之教勤天子之名以示諸侯於此在矣)君其勿疑文公聽之遂興(一作與)草中之戎驪土之翟定天子于成周(天子周襄王也避母弟叔帶之難出奔在鄭晉文納之於成周故曰定也成周今雒陽也)於是天子賜之南陽之地(襄王賜之南陽之地本河之北晉之山南故言南陽今河內陽樊溫之屬是也)遂霸諸

侯舉事義且利以立大功文公可謂智矣此咎犯之謀也出亡十七年反國四年而霸其聽皆如咎犯者耶管子鮑叔佐齊桓公舉事舉猶用也齊之東鄙人有常致苦者管子死堅刁易牙用國之人常致不苦不知致苦卒爲齊國良工澤及子孫知大禮知大禮雖不知國可也禮國之本君子務本本立而道生故曰不知國可也

不廣

七曰三代所寶莫如因因則無敵禹通三江五湖決伊闕溝迴陸注之東海因水之力也迴通也舜一徙成邑再徙成都三徙成國周禮四井爲邑邑方二里也四縣爲都都方二十二里也

邑有封都有成然則邑小都大傳曰都城過百雉國之害也成國成千乘之國也而堯授之禪位因人之心也授之禪位與天下也皆喜之故也因人之心也湯武以千乘制夏商因民之欲也傳曰衆〃曹所好鮮其不濟湯武是〃也衆曹所惡鮮其不猒桀紂是也故曰因民之欲也如秦者立而至、有車也立猶行也車行陸而至也適越者坐而至有舟也適之也秦越遠塗也竫立安坐而至者因其械也竫正也械器也武王、使人候殷候視也反報岐周曰殷其亂矣武王曰其亂焉至對曰讒慝勝良讒邪也慝惡也而皆進用之忠良黜遠之故曰勝良也武王曰尚未也又復往反報曰其亂加矣武王曰焉至對曰賢者出走矣謂箕子奔朝鮮武王曰尚未也又往反報曰其亂甚矣武王曰焉至對曰百姓不敢誹怨矣言百姓畏紂無道刑戮之誅皆閉口無誹怨之言武王曰嘻遽告太公遽疾太公對曰讒慝勝良命曰戮戮暴也賢者出走命曰崩崩壞也百姓不敢誹怨命曰刑勝傳曰厲王虐國人語王王使衛巫監謗者得而殺之乃不敢言而道路以目刑辟勝也其亂至矣不可以駕矣駕加也故選車三百虎賁三千朝要甲子之期而紂爲禽朝早朝也與諸侯要期甲子之日也則武王固知其無與爲敵也因其所用何敵之有矣武王至鮪水殷使膠鬲候周師武王見之膠鬲曰西伯將何之無欺我也武王曰不子欺將之殷也膠鬲曰朅至朅何也言以何日來至殷也武王曰將以甲子至殷郊子以是報

矣（報白也）膠鬲行，天雨，日夜不休（行猶還也。不休，止降雨。天地和同也。武王所以克紂也），武王疾行不輟（輟，止也）。軍師皆諫曰：卒病，請休之（休，息也）。武王曰：吾已令膠鬲以甲子之期報其主矣，今甲子不至，是令膠鬲不信也。膠鬲不信也，其主必殺之。吾疾行以救膠鬲之死也。武王果以甲子至殷郊，殷已先陳矣。至殷，因戰，大克之。此武王之義也。人為人之所欲，己為人之所惡，先陳何益（人謂武王也。人之所欲，天必從之，順天誅也。己謂紂也。人之所惡，天必壞之，所壞不可支，故曰先陳何益）？適令武王不耕而穫（不耕而穫，不戰而克也。故孫子曰：不戰而屈人之兵，善之善者也。此之謂也）。武王入殷，聞殷有長者，武王往見之，而問殷之所以亡。殷

長者對曰王欲知之則請以日中為期武王與周公
旦明日早要期則弗得也武王怍之周公曰吾已知
之矣此君子也取不能其主有以其惡告王不忍為
也若夫期而不當言而不信此殷之所以亡也已以
此告王矣夫審天者察列星而知四時因也一本此字下有
動作因日光而治萬事因也十一字推曆者視月行而知晦朔因也禹
之裸國裸入衣出一本作入衣出否因也墨子見荊王錦衣
吹笙因也墨子好儉非樂錦與笙非其所服也而為之因荊王之所欲也孔子道一作
導彌子瑕見釐夫人因也彌子瑕衛靈公之幸臣患孔子因之欲見靈公夫人
南子論語云子見南子子路不悅夫子矢之曰予所否者天厭之天厭之是也此釐夫人未之聞或云為

諡（諡法小心畏忌曰釐南子淫佚與宋朝通太子蒯聵于野野人歌之曰旣定爾婁猪盍歸我艾豭推此言之不得諡爲釐明矣）湯武遭亂世臨苦民揚其義成其功因也故因則功專則拙（因則成功故曰功專則敗故曰拙）因者無敵（因民之欲遵以義故無與之敵者湯武是也）國雖大民雖衆何益（民雖衆多不能使之不亡故曰何益桀紂是也）

貴因

八曰上胡不法先王之法非不賢也爲其不可得而法（胡何也）先王之法經乎上世而來者也人或益之人或損之胡可得而法雖人弗損益猶若不可得而法東夏之命古今之法言（一作世）異而典殊（東夏東方也命令也）故古之命多不通乎今今之言者今

之法多不合一作同乎古之法者殊俗之民有似於此其所爲欲同其所爲欲異口惛之命不愉若舟車衣冠滋味聲色之不同人以自是反以相誹天下之學者多辯言利辭倒不求其實務以相毀以勝爲故故事也先王之法胡可得而法雖可得猶若不可法凡先王之法有要於時也時不與法俱至法雖今而至猶若不可法故擇一作釋先王之成法而法其所以爲法先王之所以爲法者何也先王之所以爲法者人也而巳亦人也故察巳則可以知之察今則可以知古古今一也人與我同耳有道之士貴以近知遠以今

知古以益所見知所不見故審堂下之陰（陰日夕昃也）而知日月之行陰陽之變見（一作先）瓶水之冰而知天下之寒魚鱉之藏也嘗一脟肉而知一鑊之味一鼎之調（調和也）荊人欲襲宋使人先表澭（一作灌）水澭水暴益（暴卒益長）荊人弗知循表而夜涉溺死者千有餘人軍驚而壞都舍嚮其先表之時可導也（導涉也嚮其施令表時水可涉也）水已變而益多矣荊人尚猶循表而導之此其所以敗也今世之主法先王之法也有似於此（似此表澭水而不知其長益也）其時已與先王之法虧矣（虧毀也）而曰此先王之法也而法之以此為治豈不悲哉故治國無法則亂

守法而弗變則悖悖亂不可以持國世易時移變法宜矣譬之若良醫病萬變藥亦萬變病變而藥不變嚮之壽民今爲殤子矣嚮曩也未成人夭折曰殤子也故凡舉一作學事必循法以動動作也循一作循變法者因時而化若此論則無過務矣務猶事也夫不敢議法者衆庶也以死守者有司也因時變法者賢主也是故有天下七十一聖其法皆不同非務相反也時勢異也故曰良劍期乎斷不期乎鏌鋣鏌鋣良劍也取其能斷無取於名也故曰不期乎鏌鋣良馬期乎千里不期乎驥驁驥驁驁千里馬名也王者乘之遊驁因曰驥驁也夫成功名者此先王之千里也楚人有涉江者涉渡也其劍自

舟中墜於水遽契（一作刻）其舟曰是吾劍之所從墜（遽疾也疾刻舟識之於此下墜劍者也）舟止從其所契者入水求之舟已行矣而劍不行求劍若此不亦惑乎以此故法爲其國與此同（爲治也與此契舟求劍者同也）時已徙矣而法不徙以此爲治豈不難哉有過於江上者見人方引嬰兒而欲投之江中嬰兒啼人問其故曰此其父善游其父雖善游其子豈遽善游哉此任物亦必悖矣（任用也）荊國之爲政有似於此（似此悖也）

察今

呂氏春秋卷第十五

呂氏春秋卷第十六

先識覽第四

觀世　知接　悔過　樂成　察微

去宥　正名

呂氏春秋訓解　高氏

一曰凡國之亡也有道者必先去古今一也傳曰君子見機而作不俟終日故必先去也孔子曰賢者避世其次避地其次避人其次避言故曰古今一也地從於城城不下地不遷城從於民民不潰城不壞民從於賢亶父處邠狄人攻之杖策而去邑乎岐周邠人繈負而隨之故曰民從賢也故賢主得賢者而民得民得而城得城得而地得夫地得豈必足行其地人

説其民哉得其要而已矣孝經曰非家至而日見之也以得化耳故曰得其要而已矣夏太史令終古出其圖法執而泣之夏桀迷惑暴亂愈甚太史令終古乃出奔如商湯喜而告諸侯曰夏王無道暴虐百姓窮其父兄耻其功臣輕其賢良棄義聽讒衆庶咸怨守法之臣自歸于商知桀之必亡也殷内史向摯見紂之愈亂迷惑也於是載其圖法出亡之周武王大説以告諸侯曰商王大亂沈于酒德辟遠箕子爰近姑與息箕子忠臣而疏遠之姑息之臣而與近之妲己爲政賞罰無方方道不用法式殺三不辜剖比干之心析材士之胻刳孕婦而觀其胞之民大不服守法之臣出奔周國周國在豐鎬也晉太

史屠黍見晉之亂也見晉公之驕而無德義也以其圖法歸周屠黍晉出公之太史也出公頃公之孫定公之子也史記曰智伯攻出公出公奔齊而道死焉周威公見而問焉曰天下之國孰先亡周敬王後五世考烈王封其弟於河南爲桓公威公桓公之孫也對曰晉先亡威公問其故對曰臣比在晉也不敢直言示晉公以天妖日月星辰之行多以不當曰是何能爲不敢直言其亂也但語以日月星辰之行多不當其宿度也而云是無能爲也又示以人事多不義百姓皆鬱怨曰是何能傷又示以鄰國不服賢良不舉曰是何能害如是是不知所以亡也故臣曰晉先亡也居三年晉果亡屠黍居周三年也威公又見屠黍而問焉曰孰次之

對曰中山次之威公問其故對曰天生民而令有別有別人之義也所異於禽獸麋鹿也君臣上下之所以立也中山之俗以晝爲夜以夜繼日男女切倚固無休息切磨倚近也無休息夜淫不足續以晝日康樂歌謠好悲康安也安淫酒之樂樂極則繼之以悲也其主弗知惡此亡國之風也風化也臣故曰中山次之居二年中山果亡威公又見屠黍而問焉曰孰次之屠黍不對威公固問焉對曰君次之威公乃懼求國之長者得義蒔田邑而禮之二人賢者也得史驎趙駢以爲諫臣二人直人去苛令三十九物物事以告屠黍對曰其尚終君子之身乎其尚尚也曰臣聞之國之

興也天遺之賢人與極言之士極盡國之亡也天遺一作予之亂人與善諛之士諛諂也威公薨肂九月不得葬周乃分爲二下棺置地中謂之肂故有道者之言也不可不重也周鼎著饕餮有首無身食人未一作來咽害及其身以言報更也爲不善亦然白圭之中山中山之王欲留之白圭固辭乘輿而去又之齊白圭周人齊王欲留之仕又辭而去人問其故曰之二國者皆將亡所學有五盡何謂五盡曰莫之必則信盡矣莫之譽則名盡矣莫之愛則親盡矣行者無糧居者無食則財盡矣不能用人又不能自用則功盡矣國有此五者無辜

必亡中山齊皆當此〔當此五盡〕若使中山之王與齊王聞五盡而更之則必不忘矣〔更猶革也〕其患不聞雖聞之又不信然則人主之務在乎善聽而已矣夫五割而與趙悉起而距軍乎濟上未有益也〔中山五割地與趙趙卒亡之齊悉起軍以距燕人於濟上卒破之不能自存故曰未有益也〕是棄其所以存而造其所以亡也〔保地養民所以存也棄而不修割地與趙棄民於燕不能自衛而衆破亡故曰造其所以亡也〕

先識

二曰天下雖有有道之士國猶少千里而有一士比肩也累世而有一聖人繼踵也士與聖人之所自來

若此其難也而治必待之治奚由至淮南記曰欲治之君不世出可與治之臣不萬一以不萬一待不世出何由遇哉故曰治奚由至雖幸而有未必知也未必知其爲賢也不知則與無賢同不知其賢而不用之故不治則與無賢同此治世之所以短而亂世之所以長也短少長多也故王者不四霸者不六亡國相望囚主相及言不絕也得士則無此之患無亡囚之患也此周之所封四百餘封建服國八百餘今無存者矣雖存皆嘗亡矣賢主知其若此也故曰慎一日以終其世没世爲世譬之若登山登山者處已高矣左右視尚巍巍焉山在其上賢者之所與處有似於此身已賢矣行已高矣左右視尚盡賢於已故

上當作公

周公旦曰吾不如者吾不與處累我者也與我齊者吾不與處無益我者也（齊等也等則不能勝己故曰無益我者也）惟賢者必與賢於己者處賢者之可得與處也禮之也主賢世治則賢者在上（上位也）主不肖世亂則賢者在下今周室既滅天下既廢亂莫大於無天子無天子則彊者勝弱衆者暴寡以兵相剗（剗滅）不得休息而佞（佞諂）進者（進而升用也）今之世當之矣（今謂衰周無天子之世故曰當之）故欲求有道之士則於江海之上山谷之中僻遠幽閒之所若此則幸於得之矣太上釣於滋泉遭紂之世也故文王得之文王千乘也紂天子也天子失之而千乘得

之知之與不知也紂不知太公賢故失之也諸衆齊民不待知而使不待禮而令令亦使也若夫有道之士必禮必知然後其智能可盡也可盡得而用也晏子之晉見反裘負芻息於塗者以爲君子也晏子齊大夫晏平仲也使人問焉曰曷爲而至此對曰齊人累之名爲越石父累之然累有罪晏子曰譆遽解左驂以贖之載而與歸至舍弗辭而入越石父怒請絶晏子使人應之曰嬰未嘗得交一作友也今免子於患吾於子猶未邪也越石父曰吾聞君子屈乎不已知者而伸乎已知者吾是以請絶也晏子乃出見之曰嚮也見客之容而已今也見客之志嬰聞察

實者不留聲實，功實也。言欲察人之功實，不復留意考其名聲也。觀行者不譏辭欲觀人之至行，不譏刺之以辭。舉可以辭而無棄乎辭，謝也。謝〻不敏而可以物弃也。越石父曰：夫子禮之，敢不敬從。晏子遂以爲客客敬。俗人有功則德，德則驕。今晏子功免人於阸矣，而反詘下之，其去俗亦遠矣。此令功之道也。子列子窮，容貌有饑色子列子，御寇，體道人也。著書八篇，在莊子前，莊子稱之也。客有言之於鄭子陽者子陽，鄭相也。一曰鄭君。曰：子列御寇，蓋有道之士也，居君之國而窮，君無乃爲不好士乎？鄭子陽令官遺之粟數十秉。子列子出見使者，再拜而辭。使者去，子列子入，其妻望而拊心曰：聞爲有道者妻子皆得逸樂，今妻子有饑色矣君過而遺先生食先生又弗受也豈非命也哉子列子笑一作歎而謂之曰君非自知我也以人之言而遺我粟也至已而罪我也有罪且以人言此吾所以不受也其卒民果作難殺子陽子陽嚴猛刑無所赦家人有折弓者果誅因國人逐猘狗之亂而殺子陽也受人之養而不死其難則不義死其難則死無道也死無道逆也子列子除不義去逆也豈不遠哉且方有饑寒之患矣而猶不苟取先見其化也先見其化而已動遠乎性命之情也孔子曰貧觀其所取此之謂也

觀世

三曰人之目以照見之也以瞑則與不見同（同一目也）其
所以爲照所以爲瞑異（謂見與不見故曰異）瞑士未嘗照故未
嘗見瞑者目無由接也（接見）無由接而言見謊（謊讀誣妄之誣）
億不詳審也）智亦然其所以接智所以接不智同（一同智也）其
所能接所不能接異（異謂能與不能）智者其所能接遠也（智者
達於明見未萌之前故曰接遠）愚者其所能接近也（愚者蔽於明禍至而不知故曰
接近）所能接近而告之以遠化奚由相得無由相得說
者雖工不能喻矣（雖子貢辯敏無由何如故曰弗能喻）戎人見暴布者
而問之曰何以爲之莽莽也（爲作也莽莽長大貌也）指麻而示
之怒曰孰之壤壤也可以爲之莽莽也（壤壤猶養治之莽莽均長）

貌故亡國非無智士也非無賢者也謂雖有賢智之士不能爲昏主謀以存將亡之國也其主無由接故也無由接之患自以爲一作長智智必不接今不接而自以爲智悖悖惑若此則國無以存矣主無以安矣智無由接而自知弗智則不聞亡國不聞危君言人君自知不智則求賢而任之故不聞亡國危君也桀紂所以國亡身滅不自知不智故也管仲有疾桓公往問之曰仲父之疾病矣病困也將何以教寡人管仲曰齊鄙人有諺曰居者無載行者無埋謂臣居職有謀計皆當宣之於君無有載藏之於心也行謂即世也亦當輸寫所知使君行之無有懷藏埋之地中今臣將有遠行胡可以問言不足問桓公曰願仲父之無讓也管仲對曰願君之遠易牙

竪刁常之巫衛公子啓方遠猶疏也無令相近公曰易牙烹其子以慊寡人慊快猶尚可疑耶管仲對曰人之情非不愛其子也其子之忍又將何有於君子所愛也而忍殺之何能有愛於君公又曰竪刁自宮以近寡人宮害陰爲奄人猶尚可疑耶管仲對曰人之情非不愛其身也其身之忍又將何有於君公又曰常之巫審於死生能去苛病苛鬼病魔下人病也猶尚可疑耶管仲對曰死生命也苛病失也精神失其守魍魎鬼物乘以下人故曰失君不任其命守其本而恃常之巫彼將以此無不爲也爲妖惑也公又曰衛公子啓方事寡人十五年矣其父死而不敢歸哭猶尚可疑耶管仲對

曰人之情非不愛其父也其父之忍又將何有於君
公曰諾管仲死盡逐之食不甘宮不治苛病起朝不
肅居三年公曰仲父不亦過乎孰謂仲父盡之乎誰謂
仲父言盡可用乎於是皆復召而反之明年公有病常之巫
從中出曰公將以某日薨易牙豎刁常之巫相與作
亂塞宮門築高墻不通人矯以公令令矯公命爲不通人之命有
一婦人踰垣入至公所公曰我欲食婦人曰吾無所
得公又曰我欲飲婦人曰吾無所得言無從得飲食與公公曰
何故對曰常之巫從中出曰公將以某日薨易牙豎
刁常之巫相與作亂塞宮門築高墻不通人故無所

得（無使得飲食也）衛公子啓方以書社四十下衛（下降也社二十五家也四十社凡千家以降歸于衛）公慨焉歎涕出曰嗟乎聖人之所見豈不遠哉若死者有知我將何面目以見仲父乎蒙衣袂而絶乎壽宮（蒙冒也袂衣紳也以衣覆面而絶壽宮寢堂也）蟲流出於户上蓋以楊門之扇（楊門門名扇屏也耶臣爭權莫能舉喪事六十日而殯蟲流出户不欲人見故掩以楊門之扇也）三月不葬此不卒聽管仲之言（一作敗）也桓公非輕難而惡管子也（輕易）無由接見也無由接固却其忠言（接知也却不用）而愛其所尊貴也（愛其所尊所貴謂竪刁易牙常之巫衛公子啓方之屬也）

知接

四曰究深尋則人之臂必不能極矣（八尺曰尋）是何也不至故也智亦有所不至所不至說者雖辯為道雖精不能見矣（精微妙也）故箕子窮于商（為紂所囚）范蠡流乎江（佐越王勾踐滅吳雪會稽之耻功成而還遷輕舟浮于江而去也）昔秦繆公興師以襲鄭（不鳴鐘鼓密聲曰襲）蹇叔諫曰不可臣聞之襲國邑以車不過百里以人不過三十里（軍行三十里一舍）皆以其氣之趫與力之盛至是以犯敵能滅去之能速（趫壯也故進能滅敵去之能疾也）今行數千里又絕諸侯之地以襲國臣不知其可也（絕過也過諸侯之土地遠行襲國必不能以克故曰不知其可也）君其重圖之（重深）繆公不聽也蹇叔送師於門外而哭曰師乎見其出

而不見其入也蹇叔有子曰申與視申白乙丙也視孟明視也皆蹇叔子也與師偕行蹇叔謂其子曰晉若遏師必於殽殽澠池縣西崤塞是也女死不於南方之岸必於北方之岸爲吾尸女之易識之易也繆公聞之使人讓蹇叔曰寡人興師未知何如今哭而送之是哭吾師也蹇叔對曰臣不敢哭師也臣老矣有子二人皆與師行比其反也非彼死則臣必死矣是故哭彼謂其子師行過周周今河南城所謂王城也公羊傳曰王城者西周襄王時也王孫蒲要門而窺之王孫蒲周大夫要徼也曰嗚呼是師必有疵疵病若無疵吾不復言道矣夫秦非他周室之建國也周家所封立也過天子之城宜橐甲

乘兵左右皆下以爲天子禮今初服回建左不軾而

右之初同也兵服上下無別故曰初服回建者兵車四乘也左君從也君不載而車右之不軾超

乘者五百乘刀則多矣然而寡禮安得無疵超乘巨踊車上

也不下車爲天子禮故曰力多而寡禮師過周而東鄭賈人弦高奚施

將西市於周道遇秦師曰嘻師所從來者遠矣此必

襲鄭遽使奚施歸告乃矯鄭伯之命以勞之擅稱君命曰矯

曰寡君固聞大國之將至久矣大國不至寡君與士

卒竊爲大國憂日無所與焉惟恐士卒罷弊與糗糧

匱乏何其久也使人臣犒勞以璧膳以十二牛秦三

帥對曰寡君之無使也使其三臣丙也林也視也於

東邊候晉（一作聰注亦同）之道（覘視也晉國也）過是以迷惑陷入（一作以及）大國之地不敢固辭再拜稽首受之三帥乃懼而謀曰我行數千里數絕諸侯之地以襲人未至而人已先知之矣此其備必已盛矣（盛彊）還師去之當是時也晉文公適薨未葬先軫言於襄公（襄公文公之子驩）曰秦師不可不擊也臣請擊之襄公曰先君薨尸在堂見秦師利而因擊之無乃非為人子之道歟先軫曰不弔吾喪不憂吾哀是死吾君而弱其孤也若是而擊可大彊（彊霸也一作若是而弗擊不可太彊）臣請擊之襄公不得已而許之先軫遏秦師於殽而擊之大敗之獲其三帥

以歸繆公聞之素服廟臨哭也以說於衆曰天不爲秦國使寡人不用蹇叔之諫以至於此患此繆公非欲敗於殽也智不至也言但慮襲鄭之利不知將有殽之敗也故曰智不至也智至則不信蹇叔哭其子云晉人禦師必於殽繆公不信而言不可不信師之不反也從此生蹇叔言信不可不信也師之不反敗殽也穀羊傳曰疋馬隻輪無反者從蹇叔言信生也故不至之爲害大矣師敗師執故害大也

悔過

五曰大智不形大器晚成大音希聲禹之決江水也民聚瓦礫事已成功已立爲萬世利禹之所見者遠也而民莫之知故民不可與慮化舉始始首也而可以

樂成功孔子始用於魯魯人鷖誦之曰麛裘而韠投之無戾韠而麛裘投之無郵孔子衣麛裘投棄也郵字與尤同言投棄孔子無罪尤也用三年男子行乎塗右女子行乎塗左財物之遺者民莫之舉舉取也大智之用固難踰也踰邁也子產始治鄭使田有封洫都鄙有服封界洫溝也服法服也君子小人各有制民相與誦之曰我有田疇而子產賦之我有衣冠而子產貯之孰殺子產吾其與之與猶助也左傳曰鄭子產作丘賦國人謗之此之謂也後三年民又誦之曰我有田疇而子產殖之殖長也我有子弟而子產誨之誨教也子產若死其使誰嗣之嗣續也使鄭簡魯哀當民之誹訾也而因弗遂用

則國必無功矣言二國人民誹訕仲尼子產也時二君因不復用則二國亦無用賢聖之
功子產孔子必無能矣若二人不見用則必無所能爲也非徒不能
也雖罪於民可也言非但不能有所爲也雖此二人罪罰於民意亦可今世
皆稱簡公哀公爲賢稱子產孔子爲能此二君者達
乎任人也任用也舟車之始見也三世然後安之安習也
夫開善豈易哉開通也故聽無事治事治之立也人主
賢也聽無事謂民謗子產孔子無用之爲事也乃賢主以所以爲事也謗之無治也又賢主能聽之故
曰聽無事治事治之立也魏攻中山樂羊將樂羊爲將以伐中山已得中山
還反報文侯報白也有貴一作責功之色文侯知之命主
書曰群臣賓客所獻書者操以進之主書舉兩篋以

進令將軍視之書盡難攻中山之事也難說將軍還走北面再拜曰中山之舉非臣之力君之功也當此時也論士殆之日幾矣論士議士也殆危幾近中山之不取也奚宜二篋哉一寸而亡矣中山之不取謂樂羊不敢取以爲已功一方寸之書則亡矣何乃二篋也文侯賢主也而猶若此又況於中主耶中主之患不能勿爲而不可與莫爲夫唯賢主能無爲耳中庸之主不能無爲故不可與爲無爲也凡舉無易一作爲之事氣志視聽動作無非是者人臣且孰敢以非是邪疑爲哉皆壹於爲則無敗事矣此湯武之所以大立功於夏商成湯得夏武王得商故曰立[illegible]也而勾踐之所以能報其讎也越王勾踐破吳於五湖故曰能報其

歸也以小弱皆壹於爲而猶若此又況於以彊大乎湯武

以百里越王臣事吳王夫差爲之前馬故稱小弱魏襄王與群臣飲酒酣王爲群臣祝令群臣皆得志魏襄王孟子所見梁惠王之子也祝願也史起興而對曰群臣或賢或不肖賢者得志則可不肖者得志則不可賢臣得志則忠故曰可也不肖得志則驕驕則亂故曰不可公孫丑曰伊尹放太甲于桐宮太甲賢又反之賢者之爲人臣其君不賢則可放歟孟子曰有伊尹之志則可無伊尹之志則篡也王曰皆如西門豹之爲人臣也史起對曰魏氏之行田也以百畝鄴獨二百畝是田惡也漳水在其旁而西門豹弗知用是其愚也知而弗言是不忠也愚與不忠不可效也魏王無以應之明日召史起而

問焉曰漳水猶可以灌鄴田乎史起對曰可王曰子何不爲寡人爲之史起曰臣恐王之不能爲也王曰子誠能爲寡人爲之寡人盡聽子矣聽從也史起敬諾言之於王曰臣爲之民必大怨臣大者死其次乃藉臣臣雖死藉願王之使他人遂之也遂成也王曰諾使之爲鄴令史起因往爲之鄴民大怨欲藉史起史起不敢出而避之王乃使他人遂爲之水已行民大得其利相與歌之曰鄴有聖令時爲史公決漳水灌鄴旁終古斥鹵生之稻粱使民知可與不可則無所用矣賢主忠臣不能導愚教陋則名不冠後實不及世

矣史起非不知化也以忠於主也魏襄王可謂能決善矣誠能決善衆雖諠譁而弗爲變功之難立也其必由啕啕邪國之殘亡亦猶此也故啕啕之中不可不味也中主以之啕啕也止善賢主以之啕啕也立功按魏王世家文侯生武侯武侯生惠王惠王生襄王西門豹仗文侯用爲鄴令史起亞之不得爲四世之君臣也又孟子見梁襄王出語人曰望之而不似人君就之而不見所長焉何能決善哉此言復謬也

樂成

六曰使治亂存亡若高山之與深谿有水曰澗無水曰谿若白堊之與黑漆則無所用智雖愚猶可矣且治亂存亡則不然如可知如可知不知如可見如可不見故智士

小二百卅三

賢者相與積心愁慮以求之積累其仁心思慮其善政以求致治也猶

尚有管叔蔡叔之事與東夷八國不聽之謀武王幼少周公

攝政勤心國家以致太平管叔周公弟也蔡叔周公兄也流言作亂豫夷八國附從二叔不聽王命周公

居攝三年伐奄八國之中最大著作尚書餘七國小又先服故不載於經也故治亂存亡

其始若秋毫喻細微也察其秋毫則大物不過矣過失也魯

國之法魯人為人臣妾於諸侯有能贖之者取其金

於府子貢贖魯人於諸侯來而讓不取其金孔子曰

賜失之矣自今以往魯人不贖人矣取其金則無損

於行言無所損於德行也不取其金則不復贖人矣淮南記曰子貢讓而

亡義此之謂也子路拯溺者其人拜之以牛子路受之孔子

曰魯人必拯溺者矣淮南記曰子路受而勸德此之謂也孔子見之以細觀化遠也見其始知其終故曰觀化遠也楚之邊邑曰卑梁其處女與吳之邊邑處女桑於境上戲而傷卑梁之處女卑梁人操其傷子以讓吳人吳人應之不恭怒殺而去之吳人往報之盡屠其家卑梁公怒公卑梁大夫也楚僭稱王守邑大夫皆稱公若周之單襄公成肅公劉文公也曰吳人焉敢攻吾邑舉兵反攻之反更也老弱盡殺之矣吳王夷昧聞之怒使人舉兵侵楚之邊邑克夷而後去之夷平也吳楚以此大隆隆當格格鬭也吳公子光又率師與楚人戰於雞父公子光夷昧之子也大敗楚人獲其帥潘子臣小帷子陳夏齧潘子臣小

帷子敖二大夫也雞父之戰胡沈陳蔡皆佐楚戰故兵獲之夏姓齧名陳大夫又反伐郢獲又
也郢楚國都也得荆平王之夫人以歸實爲雞父之戰凡持
國太上知始其次知終其次知中三者不能國必危
身必窮言楚不知始與終又不知中故國危身窮也孝經曰高而不危所
以長守貴也蒲而不溢所以長守富也富貴不離其
身然後能保其社稷而和其民人楚不能之也鄭公
子歸生率師伐宋、魯宣三年傳曰鄭公子歸生受命于楚伐宋言受命於楚與晉爭盟
也宋華元率師應之大棘應擊也大棘宋邑今陳留襄邑南大棘是也羊
斟御明日將戰華元殺羊饗士羊斟不與焉與及也明
日戰怒謂華元曰昨日之事子爲制昨日之事殺羊事也今日

之事我爲制今日之事御事也遂驅入於鄭師宋師敗績華元虜爲鄭虜夫弩機差以米則不發戰大機也饗士而忘其御也將以此敗而爲虜豈不宜哉傳曰羊斟非人也以其私憾敗國殄民刑孰大焉此之謂也故凡戰必悉熟偏備知彼知已然後可也古之良將人遺之單醪輸之於川與士卒從下流飲之示不自獨周其味也華元羊肉不及羊斟而身見虜故曰凡戰必悉熟備知彼知已魯季氏與郈氏鬭雞郈氏介其雞介甲也作小鎧著雞頭也季氏爲之金距以利鐵作鍛距以距其距上季氏之雞不勝季平子怒因歸郈氏之宮而益其一作而築之宅平子名意如悼子紇之子也侵郈氏以宮益已宅郈昭伯怒傷之於昭公郈氏魯孝公子惪伯華之後也以字爲氏因曰郈氏昭謚也僖猶謚也曰禘於襄公

飲當作餘

之廟也舞者二人而已其飲盡舞於季氏（禘大祭也襄公昭公之父也禮天子八佾諸侯六佾者四十八人於襄公廟二人餘在季氏季氏僭也）季氏之舞道無上久矣弗誅必危社稷公怒不審（審詳也）乃使郈昭伯將師徒以攻季氏遂入其宮仲孫氏叔孫氏相與謀曰無季氏則吾族也死亡無日矣遂起甲以往陷西北隅以入之三家爲一郈昭伯不勝而死昭公懼遂出奔齊卒於乾侯（乾侯晉邑）魯昭聽傷而不辨其義（辨別義宜）懼以魯國不勝季氏而不知仲叔氏之恐而與季氏同患也是不達乎人心也不達乎人心位雖尊何益於安也以魯國恐不勝一季氏況於三季同惡

同惡昭公固相助權物若此其過也非獨仲叔氏也魯國皆恐魯國皆恐則是與一國為敵也其得至乾侯而卒猶遠不斃國內乃至乾侯故以為遠也

察微

七曰東方之墨者謝子將西見秦惠王謝子關東人也學墨子之道惠王秦孝公之子駟也惠王問秦之墨者唐姑果唐姑果恐王之親一作視謝子賢於已也對曰謝子東方之辯士也其為人甚險將奮於說以取少主也奮彊也少主惠王也王因藏怒以待之謝子至說王王弗聽謝子不說遂辭而行行去也凡聽言以求善也所言苟善雖奮於取少主

何損所言不善雖不奮於取少主何益不以善爲之慤而徒以取少主爲之悖也慤誠惠王失所以爲聽矣用志若是見客雖勞耳目雖弊猶[illegible]不得所謂也此史定所以得行其邪也史定秦史此史定所以得飾鬼以人罪殺不辜群臣擾亂國幾大危也人之老也形益衰衰肌消也膚而智益盛老者見事多所聞廣故智益盛今惠王之老也形與智皆衰耶皆俱也荆威王學書於沈尹華昭鳌惡之威王好制威王楚懷王之父也制術數也有中謝佐制者爲昭鳌也昭鳌謂威王曰國人皆曰王乃沈尹華之弟子也中謝官名也王制制也法王不說因踈沈尹華中謝細人也細小人也一言

而令威王不聞先王之術文學之士不得進令昭釐得行其私故細人之言不可不察也且數怒人主以爲姦人除路姦路以除而惡壅却豈不難哉除猶開通也故曰而惡壅却豈不難也夫激矢則遠激水則旱激主則悖悖則無君子矣夫不可激者其唯先有度度法也鄰父有與人鄰者有枯梧樹其鄰之父言梧樹之不善也鄰人遽伐之鄰父因請而以爲薪其人不說曰鄰者若此其險也豈可爲之鄰哉此有所宥也宥利也又云爲也夫請以爲薪與弗請此不可以疑枯梧樹之善與不善也齊人有欲得金者清旦被衣冠往鬻金者之所見人

操金攫而奪之吏搏而束縛之問曰人皆在焉子攫
人之金何故對吏曰殊不見人徒見金耳此真大有
所宥也夫人有所宥者固以晝為昏以白為黑以堯
為桀宥之為敗亦大矣亡國之主其皆甚有所宥邪
故凡人必別宥然後知別宥則能全一作令其天矣天身也

去宥

八曰名正則治名喪則亂使名喪者淫說也說淫則
可不可而然不然是不是而非不非也不可者而可之不然者而然之也不是者而是之也不非者而非之也故曰淫說也故君子之說也足以言
賢者之實不肖者之充而已矣充亦實也足以喻治之所

悖亂之所由起而已矣喻明悖惑足以知物之情人之所獲以生而已矣凡亂者刑名不當也人主雖不肖猶若用賢猶若聽善猶若爲可者其患在乎所謂賢從不肖也從使人從不肖自謂賢不爲善而從一作徙邪辟使人從邪辟自謂善其惡也故曰所謂可從悖逆也可從者乃悖逆之道也是刑名異充而聲實異謂也夫賢不肖善邪辟可悖逆不肖者賢之邪辟者善之悖逆者可之也國不亂身不危奚待也言亂亡立至無所復待也齊湣王是以知說士而不知所謂士也湣王齊田常之孫田和立爲宣王湣王宣王之子也言知當敬義士不能知其所行徒謂之士也故尹文問其故問所以爲士之故也而王無以應此公王丹之所以見信而卓齒

之所以見任也任卓齒而信公王丹豈非以自讎邪公王丹齊臣卓齒楚人亦爲湣王讎其讎也在此二人非欲以自讎也然二人卒讎之湣王無道齒殺之而擢其筋懸之於東廟終日以自讎者也

尹文見齊王尹文齊人作名書一篇在公孫龍前公孫龍稱之齊王謂尹文曰寡人甚好士尹文曰願聞何謂士王未有以應尹文曰今有人於此事親則孝事君則忠交友則信居鄉則悌有此四行者可謂士乎齊王曰此眞所謂士已一作矣尹文曰王得若人肯一作用以爲臣乎王曰所願而不能得也尹文曰使若人於廟一作廣朝中深見侮而不鬪王將以爲臣乎王曰否大夫見侮而不鬪則是辱也辱則寡人弗以爲臣

矣尹文曰雖見侮而不鬬未失其四行也士不失其四行者是未失其所以爲士一矣未失其所以爲士一而王以爲臣失其所以爲士一而王不以爲臣則鄉之所謂士者乃士乎王無以應尹文曰今有人於此將治其國民有非則非之民無非則非之民有罪則罰之民無罪則罰之而惡民之難治可乎王曰不可尹文曰竊觀下吏之治齊也方若此也王曰使寡人治信若是則民雖不治寡人弗怨也雖不可治言不怨也意者未至然乎王言意以爲未至如是尹文曰言之不敢無說請言其說王之令曰殺人者死傷人者刑民有畏王之令深見侮而不敢

鬬者是全王之令也而王曰見侮而不敢鬬是辱也夫謂之辱者非此之謂也以爲臣不以爲臣者罪之也此無罪而王罰之也齊王無以應論皆若此故國殘身危走而之穀穀齊邑也如衛如之也齊湣王周室之孟侯也孟長也太公之所老也桓公嘗以此霸矣管仲之辯名實審也相公以繼絶存士率義以霸管子輔而成之不以土地之大也今此湣王繼篡國之冒僣號不義之人無管子之輔假有之又不能用喻以桓公出頸井底不得方之者也

正名

呂氏春秋卷第十六

呂氏春秋卷第十七

審分覽第五

君守　任數　勿躬　知度　慎勢

不二　執一　呂氏春秋訓解　高氏

一曰凡人主必審分然後治可以至注謂君臣之分謂仁義禮律殺生與奪之分也至者至於治也姦偽邪辟之塗可以息息滅也惡氣苛疾無自至自從也君德合則祥瑞應故苛疾無從來至也夫治身與治國一理之術也身治則國治故曰一理之術也令以衆地者公作則遲有所匿其力也作爲也遲徐也遲用其力而不勤也分地則速無所匿遲也分地獨也速疾也稚稼穡則入已分而有之各自欲得疾成無藏匿無舒遲也主亦有地

大二八五十六

臣主同地則臣有所匿其邪矣（邪私也不欲君知故蔽之也）主無所避其累矣（累猶負也謂主不以正臨之令臣自欲容私故君無所避其負也）凡爲善難任善易奚以知之人與驥俱走則人不勝驥矣居於車上而任驥則驥不勝人矣人主好治人官（一作臣）之事則是與驥俱走也（言君好爲人臣之官事是謂與驥俱走無以勝之也）必多所不及矣（言力不贍也好自治人臣之所官事亦如之）夫人主亦有居車無去車（去猶釋也去讀去就之去）則衆善皆盡力竭能矣諂諛詖賊巧佞之人無所竄其姦矣（竄猶容也）堅窮廉直（堅剛也）忠敦之士畢競勸騁騖矣（畢盡也）人主之車所以乘物也察乘物之理則四極何有（察明也有之易也）不知乘物

而自怙恃奪其智能多其教詔而好自以詔亦教也以用也此則百官恫擾恫動擾亂少長相越萬邪並起權威分移政在家門不可以卒不可以教此亡國之風也風化王良之所以使馬者約審之以控其轡而四馬莫敢不盡力王良晉大夫孫無正郵良也以善御之功死託精於星天文王良策駟是也有道之主其所以使群臣者亦有轡其轡何如正名審分是治之轡已故按其實而審其名以求其情聽其言而察其類無使放悖放縱也悖亂也夫名多不當其實而事多不當其用者故人主不可以不審名分也不審名分是惡壅而愈塞也名虛實爵號之名也分殺生與奪之分也傳曰唯器與名不可以假人君之所

慎也故曰不可不審愈益也不審之而欲治猶惡濕而居下也故曰惡壅而愈塞也壅塞之任不在臣下在於人主君明則臣忠臣忠則政和無壅塞故曰在於人主堯舜之臣不獨義湯禹之臣不獨忠得其數也御之得其術桀紂之臣不獨鄙幽厲之臣不獨辟失其理也厲王周宣王之父幽王周宣王之子言先幽厲偶文耳殺戮不辜曰厲壅過不達曰幽皆惡謚也今有人於此求牛則名馬求馬則名牛所求必不得矣失其名故不得也而因用威怒有司必誹怨矣牛馬必擾亂矣百官衆有司也萬物一作邦群牛馬也不正其名不分其職而數用刑罰亂莫大焉夫說以智通而實以過一作遇悗以用譽以高賢而充以卑下充實贊以潔白而隨以汙德

以汙穢之德隨皦白之蹤里諺所謂牛頭而賣馬脯此理之謂也任以公法而處以

貪枉與上賣馬脯義同用以勇敢而堙以罷怯將行罷怯以充勇敢之用

故穹窮之似藁本蛇床之類蘼蕪碧盧之亂美玉非猗頓不能別也闇主之於名實亦不能知也是以趙高纏蔽二世以鹿爲馬此之類也此五者皆以牛爲馬以馬爲牛名

不正也故名不正則人主憂勞勤苦而官職煩亂悖

逆矣國之亡也名之傷也從此生矣白之顧益黑顧反

求之愈不得者其此義耶此牛名馬之類也故至治之務在

於正名名正則人主不憂勞矣不憂勞則不傷其耳

目之主主猶性也問而不詔詔教也好問而行之不自專獨爲教詔知而不

爲雖知與之不與爲名其功也和而不矜和則成矣不自矜伐成而不處處居

也老子曰功成而弗居此之謂也止者不行行者不止因形而任之
不制於物無肯為使止者不行謂土也行者不止謂水也因形而任之不令土行不
令水止也不制物者不為物所制物不能制之也若此人者王公不能屈何肯為人之使令者乎清
靜人以公公正神通乎六合德耀乎海外六合四方上下也海內四海之
外意觀乎無窮譽流乎無止流行此之謂定性於大潹
性命也大潹猶大竇命之曰無有無有無形也道無形無形言得道也故得道忘
人乃大得人也夫非其道也得道澹然得無所思慮故忘人也而人慕之此
乃所以大得人也夫非道也亦在其人也不能使人人得之也故曰夫非其道也知德忘知
乃大得知也夫其非德也自知有德忘人知之而人仰之比乃所以大得知也
夫其非德也亦在其人也不能人人知之也故曰夫其非德至知不幾靜乃明幾

也夫其不明也幾近也至有德雖萬里人猶知之故曰不幾也靜安也安處其德乃所以使人明之也望遠若近故曰靜乃明幾也夫其不明也亦在其人也明不能使人人見之故曰夫其不明也大明不小事假乃理事也夫其不假大明者垂拱無爲而化流行不治小事也假攝若周公魯隱勤理成致之也夫其不假也亦在其人也久假不歸惡乃知非故曰夫其不假也莫人不能全乃備能也夫其不全也假攝者務齊國事事濟歸之故曰莫人不能全乃備能也夫其不全也亦在其人也周公有流言之謗魯隱有鐘巫之難故曰夫其不全也推其本情但管蔡傾邪不達聖人之旨也其大乎子翬有欲太宰之志於是生之也是故於全乎去能於假乎去事於知乎去幾所知者妙矣妙微也若此則能順其天意氣得游乎寂寞之宇矣形性得安乎自然之所矣全乎萬物而不宰宰主澤被

天下而莫知其所自姓自姓始首雖不備五者其好之者是也人於此五者雖不能備有但能好慕則幾矣

審分

二曰得道者必静静者無知知乃無知可以言君道也故曰中欲不出謂之扃外欲不入謂之閉既扃而又閉天之用密有唯不以平有繩不以正准法正直天之大静既静而又寧可以為天下正寧安王主身以盛心心以盛智智乎深藏而實莫得窺乎窺見鴻範曰惟天陰隲下民陰之者所以發之也陰陽升陟也言天覆生下民王者助天舉發明之以仁義也故曰不出於户而知天下不窺於牖而知天

道因人之知以知之其出彌遠者其知彌少不知人而恃或明不能察徧遠故彌少也故博聞之人彊識之士闕矣闕短事耳目深思慮之務敗矣敗傷堅白之察無厚之辯外矣外棄所以爲也不出者所以出之也不爲者所以爲之不出户庭而知天下與出無異故曰所以出之不爲而有所成與爲無異故曰所以爲之此之謂以陽召陽以陰召陰召致也東海之極水至而反反還夏熱之下化而爲寒寒〻暑更也故曰天無形而萬物以成天無所制而物自成至精無象而萬物以化說與昊天同大聖無事而千官盡能官得其人人任其職故盡能也此乃謂不教之教無言之詔故有以知君之狂也以其言之當也君狂言臣不敢諫之而自以其言爲當也是以知其言之當

有以知君之惑也以其言之得也在言而自得所以知其惑也君

也者以無當爲當以無得爲得者也當與得不在於

君而在於臣待臣匡正故善爲君者無識其次無事有識

則有不備矣物不可悉識備識其物則爲不備也有事則有不恢矣誤亦

備也不備不恢此官之所以疑而邪之所從來也今之

爲車者數官然後成輪輿轅軸各自有材故曰數官然後成夫國豈特

爲車哉特但衆智衆能之所持也不可以一物一方安

車也方道也夫一能應萬無方而出之務者一者道也唯有

道者能之魯鄙人遺宋元王閉鄙人小人也閉結不解者也元王

號令於國有巧者皆來解閉人莫之能解兒說之弟

子請往解之乃能解其一不能解其一且曰非可解而我不能解也固不可解也閉之魯鄙人鄙人曰然固不可解也我爲之而知其不可解也今不爲而知其不可解也是巧於我故如兒說之弟子者以不解解之也言此不可以解解也乃能解鄭大師文終日鼓瑟而興再拜其瑟前曰我效於子效於不窮也故若大師文者以其獸者先之所以中之也激射其獸走與矢會故中之也故思慮自心傷也思慮勞精神而亂於心故自傷也智差自亡也差過也思慮過差極甚精欲以自消亡也奮能自殃奮彊也夏桀彊其能以肆無道自取破滅之殃其有處自狂也故至神道遥倏忽而不見其容至聖變習移俗

而莫知其所從離世別群而無不同（同和）君民孤寡而

不可障壅（孤寡人君之謙稱也能自卑謙名譽者不可防障）此則姦邪之情

得（得猶知也）而險陂讒慝諂諛巧佞之人無由入（無從[illegible]入[illegible]）

用也）凡姦邪險陂之人必有因也何因哉因主之爲（[illegible]

順也）人主好以已爲（已所好情所欲則爲也）則守職者舍職而阿

主之爲矣（阿從）阿主之爲有過則主無以責之則人主

日侵而人臣日得（得其阿主之志也）是宜動者靜宜靜者動

也尊之爲卑卑之爲尊從此生矣此國之所以衰而

敵之所以攻之者也奚仲作車（奚仲黃帝之後任姓也傳曰爲夏車正封

于薛）蒼頡作書（蒼頡生而知書寫倣鳥跡以造文章）后稷作稼（后君稷官也列山氏

子曰柱能植百穀蔬菜以爲稷臯陶作刑虞書曰臯陶蠻夷猾夏寇賊姦宄女作士師五刑有服昆吾作陶昆吾顓頊之後吳回黎之孫陸終之子已姓也爲夏伯制作陶冶埏埴爲器夏鮌作城鮌禹父也熱作城郭此六人者所作當矣當合也合其宜然而非主至一作道者故曰作者憂因者平惟彼君道得命之情故任天下而不彊此之謂全人全人全德之人無虧闕也

君守

三曰凡官者以治爲任以亂爲罪今亂而無責則亂愈長矣長大人主以好暴暴一作爲示能以能暴示衆以好唱自奮奮彊人臣以不爭持位孝經云臣不可以不爭於君此不爭持位非忠臣也以聽從取容阿意曲從以自容是君代有司爲有司也有司大臣也太

臣匡君進思盡忠退思補過此聽從取容無有正君者君當自正耳是爲代有司爲有司是臣得後隨以進其業後隨隨後也其業不爭取容定業也君臣不定君不君臣不臣故不定也耳雖聞不可以聽不可以聽五音目雖見不可以視不可以視五色心雖知不可以舉不可舉取勢使之也言其人不忠不正當舉容說志意傾邪故曰勢使之也凡耳之聞也藉於靜藉假也靜無聲乃有所聞故藉於靜目之見也藉於昭昭明也非明目無所見故藉明以見物心之知也藉於理處物斷義非理不決故藉於理以決物君臣易操則上之三官者廢矣三官耳目心不得其正故曰廢亡國之主其耳非不可以聞也其目非不可以見也其心非不可以知也君臣擾亂上下不分別雖聞曷聞雖見曷見雖知曷知雖擾[illegible]亂

避害不知仁義與驩利時害之本也去其本而馳騁求之於宋故曰雖知曷知其聞見之義亦然

而因耳矣此愚者之所不至也馳騁田獵爲田獵禽獸亡國之主所樂矣

脩其本者弗爲也故曰愚者之所不至也不至則不知不知則不信言不知其君不信備仁義無欲爲可以致治安國之本無骨者不可令知冰亡國之主不知去貪暴施仁惠若無骨之蟲春生秋死不知冬寒之有冰雪有土之君能察此言也則灾無由至矣且夫耳目智巧固不足恃惟脩其數行其理爲可理道韓昭釐侯視所以祠廟之牲其豕小昭釐諡也晉宣子起之後也起生貞子居平陽生康子與趙襄子共滅智伯而分其地生武子啓宣陽生景侯虔徙陽翟釐侯景侯子也昭釐侯令官更之以豕小使官更易之者官以是豕來也昭釐侯曰是非嚮者之豕邪官無以對

命吏罪之從者曰君王何以知之君曰吾以其耳也（言識其耳）申不害聞之（申不害鄭之京人昭釐侯之相）曰何以知其聾以其耳之聽也何以知其盲以其目之明也何以知其狂以其言之當也故曰去聽無以聞則聰去視無以見則明去智無以知則公去三者不任則治三者任則亂（任用也）以此言耳目心智之不足恃也耳目心智其所以知識甚闕（闕短）其所以聞見甚淺以淺闕博居天下安殊俗治萬民其說固不行（博曠固必）十里之間而耳不能聞帷牆之外而目不能見三畝之宮而心不能知其以東至開梧（東極之國）南撫多顫（南極之國）西服壽靡

西極之國靡亦作麻北懷儋耳北極之國若之何哉故君人者不可
不察此言也治亂安危存亡其道固無二也故至智
棄智至仁忘仁至德不德無言無思靜以待時時至
而應心暇者勝凡應之理清淨公素而正始卒焉此
治紀一作治亂無唱有和無先有隨古之主者其所爲少
其所因多因者君術也爲者臣道也爲則擾矣因則
靜矣因冬爲寒因夏爲暑君奚事哉故曰君道無知
無爲而賢於有知有爲則得之矣賢愈得知有司請事於
齊桓公桓公曰以告仲父有司又請公曰告仲父若
是三習者曰一則仲父二則仲父易哉爲君習遠近習所親

臣也桓公曰吾未得仲父則難已得仲父之後曷爲其不易也桓公得管子事猶大易又況於得道術乎孔子窮乎陳蔡之閒藜羹不斟七日不嘗粒無藜羹可斟無粒可食故曰不斟不嘗晝寢顏回索米得而爨之幾熟孔子望見顏回攫其甑中而食之選閒食熟選閒須臾謁孔子而進食孔子佯爲不見之孔子起曰今者夢見先君食潔而後饋顏回對曰不可嚮者煤室入甑中棄食不祥回攫而飯之煤室煙塵之煤也入猶墜也孔子歎曰所信者目也而目猶不可信所恃者心也而心猶不足恃目見妄不可信心憶妄不足恃弟子記之知人固不易矣記識故知非難也孔

子之所以知人難也

任數

四曰人之意苟善雖不知可以爲長長上故李子曰非狗則不得兔兔化而狗則不爲兔人君而好爲人官有似於此作君而好治人官職似兔化而爲狗也其臣蔽之人時禁之人時有止之者君自蔽則莫之敢禁夫自爲人官自蔽之精者也精甚被篲日用而不藏於篋被篲賤物也日用掃除故不藏於篋喻人君好治人臣之職與被篲何異故用則衰動則暗作則倦君用思臣職則志衰也舉動作臣安社稷利民之事未必能獨當是自見家闇也代臣作趨走力役之事則必倦衰暗倦三者非君道也大撓作甲子黚如作虜首虜一作慮容

成作曆羲和作占日尚儀作占月后益作占歲胡曹作衣夷羿作弓祝融作市狄儀作酒高元作室虞姁作舟伯益作井赤冀作臼乘雅一作特作駕寒哀作御王氷作服牛史皇作圖巫彭作醫巫咸作筮蓍筮此二十官者聖人之所以治天下也聖王不能二十官之事然而使二十官盡其巧畢其能聖王在上故也聖王在上宫使人人任其事也故盡畢其巧能也聖王之所不能也所以能之也用其人得其任故所以能不知也所以知之也老子曰不知乃知之此之謂養其神脩其德而化矣無所思慮勞神是養神也無狀而能化化育萬物謂也豈必勞形愁弊耳目哉是故聖王之德融乎若月

之始出極燭六合極北極天太陰也月能燭之而無所窮函昭乎若日之光變化萬物而無所不行神合乎太一生無所屈而意不可障太通也神與通合生道乃無詘厭志意通達不可障塞精通乎鬼神深微玄妙而莫見其形今日南面百邪自正而天下皆反其情南面當陽而治謂之天子也反本黔首畢樂其志安育其性而莫爲不成莫無故善爲君者矜服性命之情而百官已治矣黔首已親矣名號已章矣章明也管子復於桓公復白曰墾田大邑辟土藝粟盡地力之利臣不若甯遬請置以爲大田甯遬甯戚登降辭讓進退閑習臣不若隰朋請置以爲大行大行官名也周禮大行人掌大賓客之禮

以親諸侯蚤入晏出犯君顏色進諫必忠不辟死亡不重貴富臣不如東郭牙請置以爲大諫臣楚有藹尹是官亦諫臣平原廣城車不結軌士不旋踵結交也車兩輪間曰軌鼓之三軍之士視死如歸臣不若王子城父請置以爲大司馬司馬主武之官也周禮大司馬之職掌建國之九法以佐王邦國也決獄折中不殺不辜不誣無罪臣不若弦章請置以爲大理大理治獄官君若欲治國彊兵則五子者足矣君欲霸王則夷吾在此桓公曰善令五子皆任其事以受令於管子受管子之令十年九合諸侯一匡天下皆夷吾與五子之能也管子人臣也不任已之不能而以盡五子之能况

於人主乎人主知能不能之可以君民也則幽詭愚險之言無不職矣百官有司之事畢力竭智矣五帝三皇之君民也下固不過畢力竭智也夫君人而知無恃其能勇力誠信則近之矣凡君也者處平靜任德化以聽其要若此則形性彌羸而耳目愈精百官慎一作順職而莫敢愉綖愉解綖緩人事其事以充其名上事冶也名實相保之謂知道

勿躬

五曰明君者非偏見萬物也明於人主之所執也有術之主者非一自行之也知百官之要也知百官之

要故事省而國治也明於人主之所孰故權專而姦
止姦止則說者不來而情諭矣情者不飾（飾虛）而事實
見矣此謂之至治至治之世其民不好空言虛辭不
好淫學流說（不學正道爲淫學邪說謂之流說）賢不肖各反其質（反本
質正）其行情不雕其素（素樸也本性純樸不雕飾之以爲華藻也）蒙厚純樸
以事其上若此則工拙愚智勇懼可得以故易官易
官則各當其任矣故有職者安其職不聽其議（有亂衆一干
度之不聽之）議者無職者責其實以驗其辭（驗効）此二者審則
無用之言不入於朝矣君服性命之情去愛惡之心（愛惡
好憎）用虛無爲本（虛無無所愛惡也無所愛惡則公正治之本也）以聽有用

之言謂之朝有用之言謂忠正有益於國者凡朝也者相與名理義

也名致相與植法則也植立上服性命之情則理義之士

至矣法則之用植矣枉僻邪撓之人退矣撓曲貪得僞

詐之曹遠矣曹衆故治天下之要存乎除姦除姦之要

存乎治官治官之要存乎治道治道之要存乎知性

命知性命則不珍難得之物不爲無益之事唯道是從利民而已故子華子曰厚而

不博敬守一事子華子體道人也一事正事正性是喜群衆不周

而務成一能一能專一之能言公正盡能既成四夷乃平平和唯

彼天符不周而周忠信爲周此神農之所以長而堯舜之

所以章也長猶盛也章著明也以用也人主自智而愚人自巧而

拙人自智謂人愚自巧謂人拙詩云惟彼不順自獨俾臧自有肺腸俾民卒狂愚拙者從之謂也若此則愚拙者請矣君自謂智而巧故愚拙者從之請也巧智者詔矣詔教詔多則請者愈多矣聽益亂請者愈多且無不請也主雖巧智未無不知也未能盡無所不知也以未無不知應無不請其道固窮固必爲人主而數窮於其下將何以君人乎窮而不知其窮其患又將反以自多反更多大是之謂重塞之主無存國矣固有道之主因而不爲因循舊法不改爲責而不詔責臣成功不妄以偏見教詔去想去意靜虛以待不伐之言不奪之事督名審實官使自司以不知爲道以奈何爲寶道尚不知不知乃知也以不知爲貴因循長養不戾自然之性故以之不可

素何爲實也實一作堯曰若何而爲及日月之所燭蜀召舜曰
若何而服四荒之外荒裔遠也禹曰若何而治青北化九
陽奇怪之所際皆四夷之遠國際主也趙襄子之時以任登爲
中牟令上計言於襄子曰中牟有士曰膽胥己請見
之襄子見而以爲中大夫以用也相國曰意者君耳而
未之目耶爲中大夫若此其見也非晉國之故故法襄
子曰吾舉登也已耳而目之矣登所舉吾又耳而目
之矣謂耳任登之名目任登之實登之所舉豈復假耳目哉是耳目人終無已
也遂不復問而以爲中大夫襄子何爲任人則賢者
畢力畢盡也人主之患必在任人而不能用之用之而

與不知者議之也絕江者託於船致遠者託於驥霸王者託於賢伊尹呂尚管夷吾百里奚此霸王者之船驥也釋父兄與子弟非疏之也言其父兄子弟不肖不能爲霸王之船驥故釋之非苟遠也任庖人釣者與仇人僕虜非阿之也持社稷立功名之道不得不然也庖人即伊尹釣者即呂尚仇人管夷吾僕虜即百里奚之輩非阿之取其可以爲社稷功名之道猶大匠之爲宮室也量小大而知材木矣訾功丈一作大而知人數矣訾相也相功力丈尺而知用人數多少也故小臣呂尚聽而天下知殷周之王也殷之盡周之興管夷吾百里奚聽聽一作任而天下知齊秦之霸豈特驥遠哉夫成王霸者固有人亡國者亦有人桀

用羊辛紂用惡來宋用駅唐齊用蘇秦而天下甚亡非其人而欲有功譬之若夏至之日而欲夜之長也射魚指天而欲發之當也（當中）舜禹猶若困而況俗主乎

知度

六曰失之乎數求之乎信疑（失誠信之數欲人信之故疑）失之乎勢求之乎國危（失居上之勢以恃有國故危也）吞舟之魚陸處則不勝螻蟻（螻蟻食也）權鈞則不能相使勢等則不能相并治亂齊則不能相正故小大輕重少多治亂不可不察此（察知也）禍福之門也凡冠帶之國舟車之所通（通達）不

用象譯狄鞮方三千里（周禮象胥古掌蠻夷閩越戎狄之國使傳通其言也東方曰羈南方曰象西方曰狄鞮北方曰譯國語所謂曰羈南三千里內被服五常華夏之盛明胡不用象譯狄鞮也）古之王者擇天下之中而立國（國千里之畿）擇國之中而立宮擇宮之中而立廟天下之地方千里以爲國所以極治任也非不能大也其大不若小其多不若少（在德不在人傳曰楚子觀兵于周彊問鼎之大小輕重焉王孫滿對曰在德之休明雖大輕是也故曰其大不若小其多不若少）衆封建非以私賢也所以便勢全威（衆多）所以博義義博利則無敵無敵者安故觀於上出其封建衆者其福長其名彰神農十七世有天下與天下同之也（神農炎帝也農植嘉穀化養兆民天下號之曰神農）王者之封

建也彌近彌大彌遠彌小近國大遠國小彊幹弱枝海上有十里之諸侯海上四海之上言遠也十里小國以大使小以重使輕以衆使寡此王者之所以家以完一作室也家室也王者以天下爲家故所以天下爲國故曰以滕費則勞以鄒魯則逸滕費小故勞也鄒魯大故逸也以宋鄭則猶倍日而馳也倍日而馳以行其威易也以齊楚則舉而加綱旃而已矣齊楚最大舉綱紀加之於小國無大勞故曰而已矣所用彌大所欲彌易用大使小欲盡濟故曰彌易湯其無鄗武其無岐賢雖十全不能成功鄗岐湯武之本國假令無之賢雖十倍不能以成功業湯武之賢而猶藉知乎勢又況不及湯武者乎故以大畜小吉以小畜大滅滅亡也以重使輕從從順以輕使重

凶〔凶逆〕自此觀之夫欲定一世安黔首之命功名著乎槃盂銘篆著乎壼鑑其勢不厭尊其實不厭多多實尊勢賢士制之以遇亂世王猶尚少〔以尊勢賢士之佐遇亂世而王尚以爲少〕天下之民窮矣苦矣民之窮苦彌甚王者之彌易〔苦紂之民紂之亂與武王陳其牧野倒矢而射橫戈而戰武王由是彌易〕凡王也者窮苦之救也水用舟陸用車塗用輴沙用鳩山用樏因其勢也者令行位尊者其教受〔受因〕威立者其姦止此畜人之道也故以萬乘令乎千乘易以千乘令乎一家易以一家令乎一人易嘗識及此雖堯舜不能〔不能以行其化〕諸侯不欲臣於人而不得已其勢不便則奚以

易臣奚向也一權輕重審大小多建封所以便其勢也王也者勢也王也者勢無敵也勢有敵則王者廢矣有知小之愈於大少之賢於多者則知無敵矣知無敵則似類嫌疑之道遠矣故先王之法立天子不使諸侯疑焉立諸侯不使大夫疑焉立適子不使庶孽疑焉尊卑皆有別疑生爭爭生亂是故諸侯失位則天下亂大夫無等則朝廷亂妻妾不分則家室亂適孽無別則宗族亂慎子曰今一兔走百人逐之慎子名到作法書四十二篇在申不害韓非前申韓稱之也非一兔足為百人分也由未定未定者人欲望之也由未定堯且屈力而況眾人乎屈竭也積兔滿

市行者不顧顧視非不欲兔也分已定矣分已定人雖鄙不爭故治天下及國在乎定分而已矣分土畫界各守其封故定分也莊王圍宋九月莊王楚穆王子共王父也圍宋在魯宣十五年康王圍宋五月康王楚共王審之子莊王之孫也宋君⿸疒無不以告故不書於經聲王圍宋十月聲王楚惠王熊章之孫簡王之子在春秋後楚三圍宋矣而不能亡非不可亡也以宋攻楚奚時止矣宋無德楚亦無德故曰以宋攻楚也凡功之立也賢不肖彊弱治亂異也齊簡公有臣曰諸御鞅諫於簡公曰陳成常與宰予之二臣者甚相憎也簡公悼公陽生之子壬子也陳成常陳乞之子恒也宰子字子我臣恐其相攻也相攻唯固則危上矣願君之去一人也相憎不可並也

故驟去一人一簡公曰：非而（一作汝）細人所能識（一作議）也。居無幾何，陳成常果攻宰予於庭，即簡公於廟。簡公喟焉太息曰：余不能用鞅之言，以至此患也。失其數，無其勢，雖悔無聽鞅也，與無悔同（悔，恨）。是不知恃可恃而恃不恃也。周鼎著象，爲其理之通也。理通，君道也。

慎勢

七曰：聽群衆人議以治國，國危無日矣。（聽，從也。聽從衆人之議，心不同如其面，爲故國不能安寧也。詩曰：如彼築室于道謀，是用不潰于成。此之謂也。）何以知其然也？老耽貴柔，孔子貴仁，墨翟貴廉，關尹貴清。（關尹，關正也，名喜，作道書九篇，能相風角，知將有神人，而老子到，喜說之，請著上至經五千言，而從之遊也。）

子列子貴虛體道人也壺子弟子陳駢貴齊陳駢齊人也作道書二十五篇貴齊
齊死生等古今也陽生貴己輕天下而貴己孟子曰陽子拔體一毛以利天下弗爲也孫
臏貴勢孫臏楚人爲齊臣作謀八十九篇權之勢也王廖貴先兒良貴後
王廖謀兵事貴先建芓也兒良作兵謀貴後有金鼓所以一耳金鍾也擊金則退擊
鼓則進必同法令所以一心也智者不得巧愚者不得
拙所以一衆也勇者不得先懼者不得後所以一力
也故一則治異則亂一則安異則危夫能齊萬不同
愚智工拙皆盡力竭能如出乎一穴一作空者其唯聖
人矣乎無術之智不教之能而恃彊速貫習不足以
成也

不二

八曰天地陰陽不革而成萬物不同（革改也不同區以別也）目不失其明而見白黑之殊耳不失其聽而聞清濁之聲（清商濁宮）王者執一而爲萬物正（一者平正者主）軍必有將所以一之也（將主）國必有君所以一之也天下必有天子所以一之也天子必執一所以摶之也一則治兩則亂令御驪馬者使四人人操一策則不可以出於門閭者不一也（驪馬騑馬也在中曰服在邊曰騑策[illegible]策也御四馬者六轡乃四人持故曰不一）

楚王問爲國於詹子（詹何隱者）詹子對曰何聞爲身不聞爲國（身治國亂未之有也故曰爲身）詹子豈以國可無爲哉以爲

爲國之本在於爲身身爲而家爲家爲而國爲國爲

而天下爲故曰以身爲家以家爲國以國爲天下（爲治）

此四者異位同本故聖人之事廣之則極宇宙窮日

月（窮亦極也）約之則無出乎身者也慈親不能傳於子忠

臣不能入於君唯有其材者爲近之（近猶知也）田駢以道

術說齊齊王應之曰寡人所有者齊國也願聞齊國

之政田駢對曰臣之言無政而可以得政譬之若林

木無材而可以得材（材從林生）願王之自取齊國之政也

駢猶淺言之也博言之豈獨齊國之政哉變化應來

而皆有章因性任物而莫不宜當（當合）彭祖以壽三代

以昌彭祖殷賢大夫治性壽益七百論語曰竊比於我老彭此之謂也三代夏殷周以治性而昌盛五帝以昭神農以鴻五帝黃帝軒轅顓頊高陽帝嚳高辛帝堯陶唐帝舜有虞神農炎帝三皇之一也皆以治世體道昭明鴻盛也吳起謂商文曰事君果有命矣夫吳起衛人爲楚將又相魏焉西河太守商文蓋魏臣也商文曰何謂也吳起曰治四境之內成馴教變習俗使君臣有義父子有序子與我孰賢商文曰吾不若子若如也曰今日置質爲臣其主安重置猶委也今日釋璽辭官其主安輕子與我孰賢商文曰吾不若子子謂吳起曰士馬成列馬與人敵人在馬前援桴一鼓使三軍之士樂死若生子與我孰賢商文曰吾不若子吳起曰三者子皆不吾

若也位則在吾上命也夫事君言事君由天命之商文曰善子
問我我亦問子世變主少群臣相疑黔首不定屬之
子乎屬之我乎吳起默然不對少選曰與子少選須臾也與
猶歸商文曰是吾所以加於子之上已矣起見其所以
長而不見其所以短知其所以賢而不知其所以不
肖故勝於西河而困於王錯王錯譖之於武侯故曰困於王錯傾造
大難身不得死焉大難車裂之難夫吳勝於齊吳王夫差破齊於陵而
不勝於越越王句踐破吳王夫差於五湖齊勝於宋齊宣王伐宋而勝而不
勝於燕燕昭使樂毅伐齊下其城七十二也故凡能全國完身者其唯
知長短羸絀之化邪　　執一

呂氏春秋卷第十七

(漢)高誘 注

元本呂氏春秋

第三册

國家圖書館出版社

第三册目録

卷十八　審應覽

審應……一

重言……七

精諭……一一

離謂……一七

淫辭……二一

不屈……二六

應言……三二

具備……三七

卷十九　離俗覽

離俗……四三

高義……四九

上德……五四

用民……六〇
適威……六五
爲欲……七〇
貴信……七四
舉難……七八
卷二十 恃君覽
恃君……八三
長利……八八
知分……九三
召類……九九
達鬱……一〇四
行論……一一〇
驕恣……一一六
觀表……一二一
卷二十一 開春論
開春……一二七
察賢……一三二

期賢……一三四
審爲……一三七
愛類……一四一
貴卒……一四五
卷二十二　愼行論
愼行……一四九
無義……一五四
疑似……一五七
壹行……一六〇
求人……一六三
察傳……一六八
卷二十三　貴直論
貴直……一七三
眞諫……一七八
知化……一八一
過理……一八五
壅塞……一八九

原亂……一九三
卷二十四　不苟論
不苟……一九七
贊能……二〇一
自知……二〇四
當賞……二〇八
博志……二一一
貴當……二一五
卷二十五　似順論
似順……二一九
別類……二二三
有度……二二六
分職……二二九
處方……二三四
慎小……二三八
卷二十六　士容論
士容……二四三

務大……………………二四八
上農……………………二五一
任地……………………二五五
辨土……………………二五九
審時……………………二六三

呂氏春秋卷第十八

審應覽第六

重言　精諭　離謂　淫辭　不屈

應言　具備

呂氏春秋訓解　高氏

一曰人主出聲應容不可不審凡主有識言不欲先淮南記曰先唱者窮之路後動者達之原也故言動欲後人唱我和人先我隨以其出爲之入以其言爲之名取其實以責其名實德行之實也名德行之名也處稱不可以爲致顯實難以詐成故以其實考責其名也則說者不敢妄言其爲名實不相當也而人主之所執其要矣要約也孔思請

行魯君曰天下主亦猶寡人也將焉之孔思子思伯魚之子也行去之佗也孔思對曰蓋聞君子猶鳥也駭則舉魯君曰主不肖而皆以然也違不肖過不肖而自以爲能論天下之主乎凡鳥之舉也去駭從不駭駭擾也去駭從不駭駭未可知也去駭從駭則鳥曷爲舉矣孔思之對魯君也亦過矣魏惠王使人謂韓昭侯曰夫鄭乃韓氏亡之也願君之封其後也惠王魏武侯子也孟子所見梁惠王也韓哀侯滅鄭初兼其國昭侯哀侯之孫也故適使封鄭之後此所謂存亡繼絶之義君若封之則大名昭侯患之公子食我曰臣請往對之公子食我至於魏見魏王曰大國命弊邑封鄭之後弊

邑不敢當也弊邑爲大國所患昔出公之後聲氏爲晉公拘於銅鞮大國弗憐也而使弊邑存亡繼絕弊邑不敢當也大國謂魏國也言韓當爲大國所憂出公聲氏韓之先君也曾爲晉公所執於銅鞮魏國不救故曰大國不憐也欲使韓封鄭之後故曰弊邑不敢當之魏王慙曰固非寡人之志也客請勿復言言封鄭非寡人意也故令客勿復言也是舉不義以行不義也魏王雖無以應韓之爲不義愈益厚也厚多也公子食我之辯適足以飾非遂過飾好其非遂成其過

魏昭王問於田詘曰寡人之在東宮之時昭王襄王之子也東宮世子也詩云東宮之妹刑侯之姨聞先生之議曰爲聖易有諸乎有是言不可田詘對曰臣之所舉也言有是言昭王曰然則先

生聖于于乎也田詘對曰未有功而知其聖也是堯之知舜也待其功而後知其舜也是市人之知聖也今詘未有功而王問詘曰若聖乎敢問王亦其堯邪昭王無以應田詘之對昭王固非曰我知聖也耳問曰先生其聖乎已因以知聖對昭王已謂田詘昭王有非其有田詘不察察知也趙惠王謂公孫龍曰寡人事偃兵十餘年矣而不成兵不可偃乎惠王趙襄子後七世武陵王之子吳姬所生事治偃止也公孫龍對曰偃兵之意兼愛天下之心也兼愛天下不可以虛名爲也必有其實虛空實誠今藺離石入秦二縣叛趙自今於秦也今爲西河而王縞素出一作布總縞素出總喪服

之服東攻齊得城而王加膳置酒得國之樂也言王不兼愛也秦得地而王出布一作總秦得藺離石也齊亡地而王加膳置酒而爲懽所非兼愛之心也此偃兵之所以不成也今有人於此無禮慢易而求敬阿黨不公而求令煩號數變而求靜暴戾貪得而求定雖黃帝猶若困困不能諧衛嗣君欲重稅以聚粟民弗安以告薄疑曰民甚愚矣嗣君蒯聵後也八世平侯之子也秦貶其號爲君薄疑其臣也故以重稅告之謂民爲愚夫聚粟也將以爲民也其自藏之與在於上奚擇言民自藏粟於家與藏之於官何擇擇失也薄疑曰不然其在於民而君弗知知猶得也其不如在上也爲官言不如其在上上謂官其在於上而民弗知其不

如在民也爲民言不如在於民凡聽必反諸己審則令無不聽
矣聽從國久則固固則難亡今虞夏殷周無存者皆不
知反諸己也公子沓相周申向說之而戰申向周人申不害之
族也爲公子沓相說見公子而戰戰懼也公子沓訾之曰申子說我而戰
爲吾相也夫訾毀也說我我說之也而戰懼毀之言不任爲吾相也夫不滿之辭申向
曰向則不肖雖然公子年二十而相見老者而使之
戰請問孰病哉孰誰也公子沓無以應應荅也戰者不習
也不慣習見尊者故懼而戰使人戰者嚴駔也嚴尊駔驕意者恭節而
人猶戰任不在貴者矣故人雖驕有自失者猶無以
易恭節自失不足以難以嚴駔則可言以嚴駔者失則可也

審應

二曰人主之言不可不愼高宗天子也即位諒闇三年不言高宗殷王盤庚之弟小乙之子也德義高美殷人尊之故曰高宗諒闇三年不言在小乙之喪也論語曰高宗諒闇三年不言何謂也孔子曰古之人皆然君薨百官總己聽於冢宰三年此之謂也卿大夫恐懼患之患憂高宗乃言曰以余一人正四方余唯恐言之不類也茲故不言類善茲此古之天子其重言如此故言無遺者遺失也成王與唐叔虞燕居援梧葉以爲珪而授唐叔虞曰余以此封女削桐葉以爲珪冒以授叔虞周禮侯執信圭七寸故曰余以此封女叔虞喜以告周公周公以請曰天子其封虞邪成王曰余一人與虞戲也戲不誠也周

公對曰臣聞之天子無戲言天子言則史書之工誦
之士稱之於是遂封叔虞于晉叔虞成王之母弟也傳曰當武王邑姜方
娠太叔夢天帝謂已曰余命而子曰虞將與之虞及生有文在其手曰虞遂以命之及成王滅唐而封太
叔爲晉侯此之謂也周公旦可謂善說矣一稱而令成王益重
言明愛弟之義有輔王室之固輔正荊莊王立三年不
聽而好讔莊王楚繆王商臣之子旅也讔謬言成公賈入諫王曰不穀
禁諫者今子諫何故禁止也對曰臣非敢諫也願與君
王讔也王曰胡不設不穀矣施設也何不施讔言於不穀也對曰有
鳥止于南方之阜三年不動不飛不鳴是何鳥也王
射之使王射不動不鳴何意也曰有鳥止於南方之阜其三年不

動將以定志意也其不飛將以長羽翼也其不鳴將以覽民則也（覽觀）是鳥雖無飛飛將冲天雖無鳴鳴將駭人（冲至也駭驚）賈出矣不穀知之矣明日朝所進者五人所退者十人群臣大說荊國之衆相賀也故詩曰何其久也必有以也何其處也必有與也其莊王之謂邪成公賈之讔也賢於太宰嚭之說也太宰嚭之說聽乎夫差而吳國爲墟（嚭晉栢州犂之子世犁奔楚嚭自楚之吳以爲太宰）成公賈之讔喻乎荊王而荊國以霸（莊王霸）齊桓公與管仲謀伐莒謀未發而聞於國（發行聞知）桓公怪之曰與仲父謀伐莒謀未發而聞於國其故何也管仲曰國

必有聖人也桓公曰譆日之役者有執蹠⿸疒台而上視
者蹠踰意者其是耶乃令復役無得相代少頃東郭牙
至管仲曰此必是已乃令賓者延之而上分級而立
延引級階陛管子曰子邪言伐莒者對曰然子謂東郭牙曰然也管
仲曰我不言伐莒子何故言伐莒對曰臣聞君子善
謀小人善意臣竊意之也管仲曰我不言伐莒子何
以意之對曰臣聞君子有三色顯然善樂者鍾鼓之
色也湫然清靜者衰經之色也艴然充盈手足矜者
兵革之色也矜嚴也日者臣望君之在臺上也艴然充
盈手足矜者此兵革之色也君呿而不唫呿開唫閉所言

者莒也君舉臂而指所當者莒也臣竊以慮諸侯之不服者其惟莒乎臣故言之凡耳之聞以聲也今不聞其聲而以其容與臂是東郭牙不以耳聽而聞也桓公管仲雖善匿弗能隱矣（匿藏隱蔽）故聖人聽於無聲視於無形詹何田子方老耽是也（詹何體道人也田子方學於子貢尚賢仁而貴禮義魏文侯友之老耽學於無爲而貴導德周史伯陽也三川竭知周將亡孔子師之也）

重言

三曰聖人相諭不待言有先言言者也海上之人有好蜻者每居海上從蜻游蜻之至者百數而不止前後左右盡蜻也（蜻蜻蜓小蟲細腰四翅一名白宿）終日玩之而不去

玩弄其父告之曰聞蜻皆從女居居所取而來吾將玩之

明日之海上而蜻無至者矣勝書說周公旦曰廷小

人衆徐言則不聞疾言則人知之徐言乎疾言乎周

公旦曰徐言勝書曰有事於此而精言之而不明勿

言之而不成精言乎勿言乎精微勿無周公旦曰勿言故

勝書能以不言說而周公旦能以不言聽此之謂不

言之聽不言之謀不聞之事殷雖惡周不能疵矣疵病

口嘒不言以精相告紂雖多心弗能知矣紂多惡周之心不能

知周必病目視於無形耳聽於無聲商聞雖衆弗能窺矣

窺猶見同惡同好志皆有欲雖爲天子弗能離矣孔子

見溫伯雪子不言而出伯雪子得道人子貢曰夫子之欲見
溫伯雪子久矣今也見之而不言其故何也孔子曰若
夫人者目擊一作解而道存矣不可以容聲矣故未見其
人而知其志見其人而心與志皆見天符同也符道也同
合也聖人之相知豈待言哉白公問於孔子曰人可與
微言乎孔子不應白公楚平王之孫太子建之子勝也白楚縣也楚僭稱王守縣大夫
皆稱公子建為費無極所譖出奔鄭與晉通謀欲反鄭於晉鄭人殺之勝與燕父令尹子西司馬子期伐
鄭報父之仇許而未行晉人伐鄭子西子期率師救鄭勝怒曰鄭人在此讎不遠矣欲殺子西子期故問
微言微言陰謀密事也孔子知之故不應之白公曰若以石投水奚若喻微
言若石沉沒水中人不知孔子曰沒人能取之沒行水中之人能取之白公

曰若以水投水奚若孔子曰淄澠之合者易牙嘗而知
之淄澠齊之兩水名也易牙齊桓公識味臣也能別淄澠之味也白公曰然則人不
可與微言乎孔子曰胡爲不可唯知言之謂者爲可
耳知言言仁言義言忠信仁義大行於民民欣而戴之別可用也白公弗得也弗得不得
知言之言知謂則不以言矣不欲白公以微言言言者謂之屬也謂不
仁不義之言求魚者濡爭獸者趨非樂之也故至言去言
去不仁不義之言至爲無爲至德之人爲乃無爲無爲因天無必待天無爲而萬物成乃有爲
也故至德之人能體之也淺智者之所爭則末矣此白公之所以
死於法室末小也白公不能蹈無爲遂行其志殺子西子期而有楚國葉公子高率方城外衆
攻白公九日而殺之法室法室司寇也一曰浴室澡浴之室也齊桓公合諸侯合會也

衛人後至公朝而與管仲謀伐衛退朝而入衛姬望見君下堂再拜請衛君之罪公曰吾於衛無故子曷爲請對曰妾望君之入也足高氣彊有伐國之志也見妾而有動色伐衛也明日君朝揖管仲而進之管仲曰君舍衛乎公曰仲父安識之管仲曰君之揖朝也恭而言也徐見臣而有慙色臣是以知之君曰善仲父治外夫人治內寡人知終不爲諸侯笑矣桓公之所以匿者不言也今管子乃以容貌音聲夫人乃以行步氣志桓公雖不言若暗夜而燭燎也晉襄使人於周曰弊邑寡君寢疾卜以守龜曰三塗爲祟弊

邑寡君使下臣願藉途而祈福焉三塗之山陸渾之南故假道於周也襄公文公之子驩也按春秋經襄公以魯僖三十三年即位至魯文公六年卒無卜三塗爲祟之言也魯昭十七年傳曰晉侯使屠蒯如周請事於洛與萇弘謂劉子容猛非祥也其伐戎乎陸渾二於楚必是故也君其備之乃儆戎九月丁卯晉曷帥師涉自棘津使祭吏先用牲于洛陸渾人不知師從之庚午遂滅陸渾數之以自二於楚也計襄公卒至此乃九十六年曆世亡矣按傳晉傾公[illegible]也此云襄公復妄言也

天子許之天子周景王子朝禮使者事畢客出萇弘謂劉康公曰夫祈福於三塗而受禮於天子此矛嘉之事也而客武色殆有他事願公備之也晉襄公周襄王時也萇弘乃景王敬王之大夫春秋之末也以世推之當爲晉頃公不得爲襄王明矣劉康公乃儆戎車卒士以待之晉果使祭事先因令楊子將卒十二萬

而隨之涉於棘津襲聊阮梁蠻氏滅三國焉此形名
不相當聖人之所察也萇弘則審矣故言不足以斷
小事唯知言之謂者可爲

精諭

四曰言者以諭意也言意相離凶也亂國之俗甚多
流言而不顧其實務以相毀務以相譽毀譽（一本作巧辭）
成黨衆口熏天（熏感動也）賢不肖不分以此治國賢主猶
惑之也（分別惑疑）又況乎不肖者乎惑者之患不自以爲
惑故惑惑之中有曉焉冥冥之中有昭焉亡國之主
不自以爲惑故與桀紂幽厲皆也然有亡者國無二

道矣鄭國多相縣以書者子產令無縣書鄧析致之
子產令無致書鄧析倚之令無窮則鄧析應之亦無
窮窒可不可無辨也（辨別）可不可無辨而以賞罰其罰
愈疾其亂愈疾此爲國之禁也（爲治禁法）故辨而不當理
則偽（偽巧也）知而不當理則詐詐偽之民先王之所誅
也理也者是非之宗也（宗本也）洧水甚大鄭之富人有
溺者人得其死者富人請贖之其人求金甚多以告
鄧析鄧析曰安之人必莫之賣矣得死者患之以告
鄧析鄧析又荅之曰安之此必無所更買矣夫傷忠
臣者有似於此也夫無功不得民則以其無功不得

民傷之有功得民則又以其有功得民傷之此鄧析之讒辨
所以車裂而死人主之無度者無以知此豈不悲哉比干萇
弘以此死以世詭辯反白為黑而主不知故死箕子商容以此窮箕子紂之
庶父也商容紂時賢人老子所從學者也以主不知故窮周公召公以此疑以管蔡流
言故疑也論語曰雖有周親不如仁人此言謂也范蠡子胥以此流流放死生
存亡安危從此生矣此讒辨無理若鄧析子產治鄭鄧析務難
之與民之有獄者約大獄一衣小獄襦袴一作䘹下同民
之獻衣襦袴而學訟者不可勝數以非為是以是為
非是非無度而可與不可日一作因變所欲勝因勝所
欲罪因罪鄭國大亂民口讙譁子產患之於是殺鄧

析而戮之民心乃服是非乃定法律乃行今世之人多欲治其國而莫之誅鄧析之類有如鄧析者無能誅此所以欲治而愈亂也齊有事人者所事有難而弗死也遇故人於塗故人曰固不死乎對曰然凡事人以為利也死不利故不死故人曰子尚可以見人乎對曰子以死為顧可以見人乎顏頭石八是者數傳不死於其君長大不義也其辭猶不可服辭之不足以斷事也明矣夫辭者意之表也鑒其表而棄其意悖悖惑故古之人得其意則舍其言矣聽言者以言觀意也聽言而意不可知其與橋言無擇橋戾也擇猶異齊人有淳于髡者以

從說魏王魏王辯之關東六國爲從也魏王以爲辯達約車十乘將

使之荆辭而行有以橫說魏王魏王乃止其行關西爲橫

旣以合關東從以爲未足復說欲連關西之橫王多其言故輟不使行之也失從之意又失

橫之事夫其多能不若寡能寡少其有辯不若無辯周

鼎著倕而齕其指先生有以見大巧之不可爲也倕堯之巧工也以巧闘天下周家鑄鼎著倕於鼎使自齧其指明不當大巧僞也一說周鑄鼎象百物投巧絕殊假令倕見之則自銜齧其指不能復爲故言大巧之不可爲也

離謂

五曰非辭無以相期從辭則亂亂辭之中又有辭焉

心之謂也言不欺心則近之矣凡言者以諭心也言

心相離而上無以參之則下多所言非所行也非所言也言行相詭不祥莫大焉空雄之遇秦趙相與約（空雄地名遇會也約盟）約曰自今以來秦之所欲爲趙助之趙之所欲爲秦助之居無幾何秦興兵攻魏趙欲救之秦王不說使人讓趙王曰約曰秦之所欲爲趙助之趙之所欲爲秦助之今秦欲攻魏而趙因欲救之此非約也趙王以告平原君（趙王趙惠王也平原君趙公子勝孫也）平原君以告公孫龍公孫龍曰亦可以發使而讓秦王曰趙欲救之今秦王獨不助趙此非約也孔穿公孫龍相與論於平原君所深而辯至於藏三牙公孫龍言

藏之三牙甚辯公孫龍孔穿皆辯士也論相易奪也龍言藏之三牙辯說也若乘白馬禁不得度關因言馬白非白馬此之類也故曰甚辯也孔穿不應少選辭而出少選須臾更明日孔穿朝朝見也平原君謂孔穿曰昔者公孫龍之言甚辯昔昨日也其辯謂藏三牙之說也孔穿曰然幾能令藏三牙矣雖然難言藏三牙之說之難成也顧得有問於君謂藏三牙甚難而實非也謂藏兩牙甚易而實是也難易之說未聞不知君將從易而是也者乎將從難而非者乎平原君不應明日謂公孫龍曰公無與孔穿辯辯相易奪也荆柱國莊伯荆國官名若秦之有相國令其父視曰日在天視其奚如曰正圜視其時日當今令謁者駕曰無馬令涓人取

冠進上問馬齒圉人曰齒十二與牙三十（馬上下齒十二牙上下十八合爲三十謂若公孫龍滅去其三牙多而偏不可均故難也藏去其二少而均故易）人有任臣不亡者臣亡莊伯決之任者無罪（斷之便無罪折言破律之刑）宋有澄子者亡緇衣求之塗（塗道也）見婦人衣緇衣援而弗舍欲取其衣曰今者我亡緇衣婦人曰公雖亡緇衣此實（一作眞）吾所自爲也澄子曰子不如速與我衣昔吾所亡者紡緇也今子之衣禪緇也以禪緇當紡緇子豈不得哉（得猶便也澄子橫認路婦緇衣計其禪與紡以爲便非其理也）（言宋亂無法也）宋王謂其相唐鞅曰寡人所殺戮者衆矣而羣臣愈不畏其故何也（宋王康王也言何故不畏我）唐鞅對曰王

之所罪盡不善者也罪不善善者故爲不畏王欲羣臣之畏也不若無辨其善與不善而時罪之若此則羣臣畏矣居無幾何宋君殺唐鞅唐鞅之對也不若無對（鞅令宋王善與不善皆罪之以立威王是以從唐鞅故曰唐鞅之對不若無對）

惠子爲魏惠王爲法爲法已成以示諸民人（一作良人）民人皆善之（惠子惠施宋人也仕魏爲惠王相也孟子所見梁惠王也）獻之惠王惠王善之以示翟翦翟翦曰善也（翟翦翟黄之後也）惠王曰可行耶翟翦曰不可惠王曰善而不可行何故翟翦對曰今舉大木者前呼輿謣後亦應之此其於舉大木者善矣與（謣或作邪謣前人倡後人和舉重勸力之歌聲也）豈無鄭衛之音哉然不若

此其宜也（鄭衛之音皆新聲非雅樂凡人所說也不如呼輿謣宜於舉大木也）夫國亦木之大者也（言惠子之法若鄭衛之音宜於衆人之耳於治國之法未可用也故曰善而不可行也）

淫辭

六曰察士以爲得道則未也雖然其應物也辭難窮矣辭雖（一作難）窮其爲禍福猶未可知（猶向也）察而以達理明義則察爲福矣察而以飾非惑愚則察爲禍矣（惑誤）古者之貴善御也以逐暴禁邪也魏惠王謂惠子曰上世之有國必賢者也今寡人實不若先生願得傳國（傳授）惠子辭（謝不受之）王又固請曰寡人莫有之國於

此者也而傳之賢者民之貪爭之心止矣欲先生之以此聽寡人也聽從惠子曰若王之言則施不可而聽矣王固萬乘之主也以國與人猶尚可今施布衣也可以有萬乘之國而辭之此其止貪爭之心愈甚也惠王謂惠子曰古之有國者必賢者也夫受而賢者舜也是欲惠子之爲舜也夫辭而賢者許由也是惠子欲爲許由也傳而賢者堯也是惠王欲爲堯也堯舜許由之作非獨傳舜而由辭也他行稱此今無其他而欲爲堯舜許由故惠王布冠而拘于鄄也鄄邑名也自拘於鄄將服於齊也齊威王幾弗受威王田和之孫孟子所見宣王之父幾危危不受魏

惠王也惠子易衣變冠乘輿而走幾不出乎魏境言幾不免難於魏境內也凡自行不可以幸為必誠言惠王幸享傳國之名惠子幸享以不受之名以為必誠也匡章謂惠子於魏王之前曰蝗螟農夫得而殺之奚故為其害稼也匡章孟子弟子也蝗螽也食心曰螟食葉曰螣今兗州謂蝗為螣諭王與惠子擅相禪受害於義者也今公行多者數百乘步者數百人少者數十乘步者數十人此無耕而食者其害稼亦甚矣甚於蝗螟惠王曰惠子施也難以辭與公相應公謂匡章雖然請言其志惠子曰今之城者或者操大築乎城上或負畚而赴乎城下或操表掇以善睎望若施者其操表掇者也施惠子名也表掇儀變使工女化而

爲絲不能治絲使大匠化而爲木不能治木使聖人化而爲農夫不能治農夫施而治農夫之者也（而能也）公何事比施於螣螟乎惠子之治魏爲本其治不治當惠王之時五十戰而二十敗所殺者不可勝數大將愛子有禽者也（言惠王用惠子之謀爲土地之故麋爛其民而戰之大敗又將復之恐不勝用勝驅其所愛子弟以殉之此謂以其所不愛反其所愛故曰大將愛子有禽者矣）大術之愚爲天下笑得舉其諱（天下人笑之得舉其諱惡）乃請令周太史更著其名（言惠王比惠子於管夷吾欲更著其名仲父之名也）圍邯鄲三年而弗能取士民罷潞（潞羸也）國家空虛（府藏竭也）天下之兵四至（救邯鄲之兵從四方來至也）衆庶誹謗（怨望多也）諸侯不譽

一作舉皆道其惡也謝於翟翦而更聽其謀社稷乃存翟翦言惠子之法善而不可行又爲惠王說舉大不前呼輿謣後亦和之豈無鄭衛之音不若此其口宜也嘗謝過於翟翦而從其謀社稷乃存之名寶散出土地四削魏國從此衰矣名寶散出以賂隣國也七地爲四方所侵削故曰魏國從此衰仲父大名也讓國大實也說以不聽不信聽而若此不可謂工矣不工而治賊天下莫大焉賊害幸而獨聽於魏也言惠子之言獨見聽用於魏者幸也以賊天下爲實以治之爲名匡章之非不亦可乎匡章之非惠子不亦可也白圭新與惠子相見也惠子說之以彊以彊力也白圭無以應惠子出白圭告人曰人有新取婦者婦至宜安矜煙視媚行媚行徐行豎子操蕉火而鉅新

婦曰蕉火大鉅入於門門中有斂陷（陷一作塪斂讀曰脅口）新
婦曰塞之將傷人之足此非不便之家氏也（家氏婦氏）然
而有大甚者今惠子之遇我尚新（新遇見）其說我有大甚
者惠子聞之曰不然詩曰愷悌君子民之父母愷者
大也悌者長也君子之德長且大者則爲民父母父
母之教子也豈待久哉何事比我於新婦乎詩豈曰
愷悌新婦哉誹汙因汙誹辟因辟是誹者與所非同
也白圭曰惠子之遇我尚新其說我有大甚者惠子
聞而誹之因自以爲爲之父母其非有甚於白圭亦
有大甚者

不屈

七曰白圭謂魏王曰市丘之鼎以烹雞多洎之則淡而不可食（市丘魏邑也鼎大鼎不宜烹小也能知五味也肉汁曰洎淡者洎多無味故不可食之也）少洎之則焦而不熟（焦燥雞難腯熟）然而視之蝺焉美無所可用（蝺讀齲齒之齲齲鼎好貌）惠子之言有似於此（似此鼎好而不可用）惠子聞之曰不然使三軍饑而居鼎旁適爲之甑則莫宜之此鼎矣白圭聞之曰無所可用者意者徒加其甗耶白圭之論自悖其少魏王大甚以惠子之言蝺焉美無所可用是魏王以言無所可用者爲仲父也是以言無所用者爲美也公孫龍說燕昭王以偃兵

龍魏人也昭王燕王噲之子也偃止也昭王曰甚善寡人願與客計之
公孫龍曰竊意大王之弗爲也王曰何故公孫龍曰
日者大王欲破齊諸天下之士其欲破齊者大王盡
養之知齊之險阻要塞君臣之際者大王盡養之雖
知而弗欲破者大王猶若弗養其卒果破齊以爲功
今大王曰我甚取偃兵諸侯之士在大王之本朝者
盡善用兵者也臣是以知大王之弗爲也王無以應
司馬喜難墨者師於中山王前以非攻司馬喜趙之相國也曰先
生之所術非攻夫墨者師曰然然如是曰今王興兵而
攻燕先生將非王乎墨者師對曰然則相國是攻之

乎司馬喜曰然墨者師曰今趙興兵而攻中山相國將是之乎司馬喜無以應路說謂周頗曰公不愛趙天下必從周頗曰固欲天下之從也天下從則秦利也路說應之曰然則公欲秦之利夫周頗曰欲之路說曰公欲之則胡不爲從矣魏令孟卯割絳窌安邑之地以與秦王王喜令起賈爲孟卯求司徒於魏王魏王不說應起賈曰卯寡人之臣也寡人寧以滅爲司徒無用卯（滅亦魏臣）顧大王之吏以他人詔之也（詔告）起賈出遇孟卯於廷曰公之事何如起賈曰公甚賤於公之主（公之主甚賤公）公之主曰寧用滅爲司徒無用公（公謂

卯

孟卯入見謂魏王曰秦客何言王曰求以女爲司徒孟卯曰王應之謂何王曰寧以臧無用卯也孟卯太息曰宜矣王之制於秦也王何疑秦之善臣也以絳窌安邑令負牛書與秦猶乃之一作善牛也言丁寧使負牛持絳窌安邑之書致之於秦秦猶善牛卯雖不肖獨不如牛乎且王令三將軍爲臣先曰視卯如身王身是重臣也令二輕臣也二疑也臣見疑則不重矣令臣責令秦責臣卯雖賢固能乎言不能也居三曰魏王乃聽起賈聽起賈卯爲司徒言用凡人主之與其大官也爲有益也今割國之錙錘矣而因得大官割分也錙錘銖兩也謂分絳窌安邑而得大官大官司徒也且何地以給之給足大官人臣

之所欲也孟卯令秦得其所欲所欲田邑秦亦令孟卯得其所欲所欲司徒責以償矣尚有何責魏雖彊猶不能責無責又況於弱魏王之令乎孟卯爲司徒以棄其責則拙也秦王立帝宜陽令許綰誕魏王誕詐也許綰秦臣也秦實未爲帝也詐魏王言帝欲令魏王入朝也魏王將入秦魏敬謂王曰以河内孰與梁重王曰梁重又曰梁孰與身重王曰身重又曰若使秦求河内則王將與之乎王曰弗與也魏敬曰河内三論之下也三論謂河内與梁及身也身三論之上也秦索其下而王弗聽索其上而王聽之臣竊不取也王曰甚甚善然乃輟行輟止不入秦秦雖大勝於長平三

年然後決（秦將白起攻趙三年坑其卒四十萬衆於長平故曰大勝也）士民倦糧食當此時也兩周全其北存魏舉陶削衛地方六百有之勢是（有之勢是有是之勢）而入大蚤（入秦大蚤）奚待於魏敬之說也（言何必待魏敬之說乃不入秦耶）夫未可以入而入其患有將（將大）可以入而入其患有將（將大）可以入而不入入與不入之時不可不熟論也（論辯也）

應言

八曰今有羿逢蠭蒙繁弱於此而（一作向）無弦則必不能中也（羿夏之諸侯有窮之君也善射百發百中逢蠭蒙羿弟子也亦能百中繁弱良弓所出地也因以爲弓名）中非獨弦也而弦爲弓中之具也夫立功名亦

有其不得其具賢雖過湯武則勞而無功矣湯嘗約於郼薄矣（薄或作亳）武王嘗窮於畢裎矣（畢裎畢豐）伊尹嘗居於庖廚矣太公嘗隱於釣魚矣賢非衰也知非愚也皆無其具也故凡立功名雖賢必有其具然後可成

宓子賤治亶父恐魯君之聽說人而令已不得行其術也（子賤孔子弟子宓不齊）將辭而行請近吏二人於魯君與之俱至於亶父邑吏皆朝宓子賤令吏二人書吏方將書宓子賤從旁時掣搖其肘吏書云不善則宓子賤爲之怒吏甚患之辭而請歸宓子賤曰子之書甚不善子勉歸矣（勉猶趣也）二吏歸報於君（報魯君也）曰宓子不

可爲書君曰何故吏對曰宓子使臣書而時掣搖臣之肘書惡而有甚怒吏皆笑宓子（吏邑吏也）此臣所以辭而去也魯君太息而歎曰宓子以此諫寡人之不肖也寡人之亂子而令宓子不得行其術必數有之矣微二人寡人幾過遂發所愛（發遣）而令之亶父告宓子曰自今以來亶父非寡人之有也子之有也有便於亶父者子決爲之矣五歲而言其要（要約最簿書）宓子敬諾乃得行其術於亶父三年巫馬旗短褐衣弊裘而往觀化於亶父見夜漁者得則舍之巫馬旗問焉曰漁爲得也今子得而舍之何也對曰宓子不欲人之

取小魚也古者魚不尺不升于俎宓子體聖人之化爲盡類也故不欲人取小魚所舍者小魚也巫馬旗歸告孔子曰宓子之德至矣使民闇行闇夜若有嚴刑於旁敢問宓子何以至於此孔子曰丘嘗與之言曰誠乎此者刑乎彼施至誠於近以化之使刑行於遠宓子必行此術於亶父也夫宓子之得行此術也魯君後得之也魯君後得之者宓子先有其備也先有其備豈遽必哉此魯君之賢也三月嬰兒軒冕在前弗知欲也斧鉞在後弗知惡也慈母之愛諭焉誠也故誠有誠乃合於情精有精乃通於天乃通於天水木石之性皆可動也又況於有血氣者乎故凡

說與治之務莫若誠（以誠說則信著之以誠治則化行之）聽言哀者不若見其哭也聽言怒者不若見其鬬也說與治不誠其動人心不神（動感神化言不誠不能行其化也）

具備

呂氏春秋卷第十八

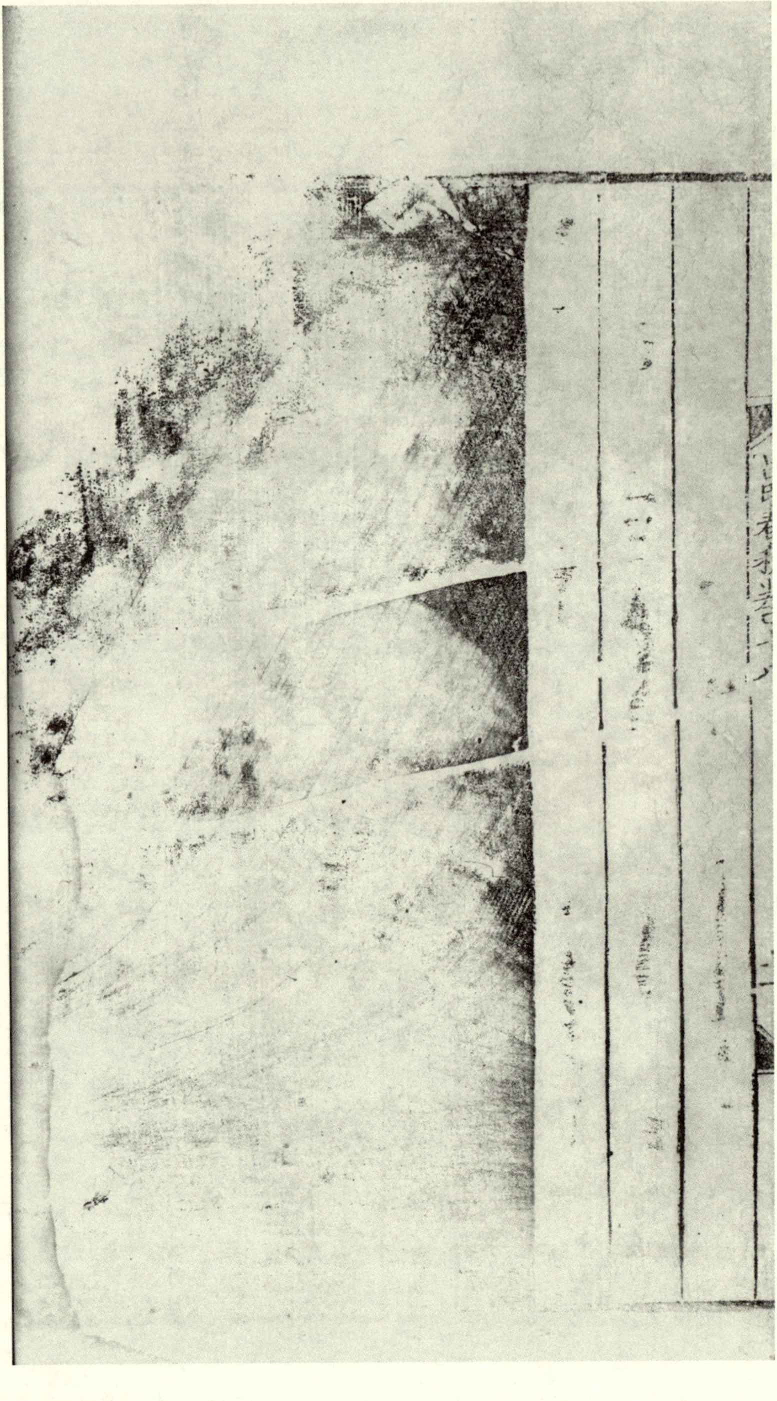

呂氏春秋卷第十九

離俗覽第七

高義　上德　用民　適威　爲欲

貴信　舉難

呂氏春秋訓解　　高氏

一曰世之所不足者理義也人能蹈之者少故曰不足所有餘者妄苟也妄作苟爲不尊理義君子少小人多故有餘也民之情貴所不足賤所有餘所不足者理與義也故貴之所有餘者妄與苟也故賤之故布衣人臣之行潔白清廉中繩愈窮愈榮繩正也行如此者益窮困益有榮名雖死天下愈高之所不足也高貴也所潔白中正若周時伯夷衛之弘演身雖死亡天

下聞之而益貴然而以理義斵削神農黃帝猶有可非微獨舜湯微亦非也舜有俾父之謗湯有放弒之事然以通義斵削神農黃帝之行猶有可苛者非獨舜與湯也言雖聖不能無闕況賢者乎飛兔要褭古之駿馬也材猶有短飛兔要褭皆馬名也日行萬里馳若兔之飛因以爲名也材猶有短力有所不足褭字讀如曲撓之撓也故以繩墨取木則宮室不成矣正材難得故宮室不成也舜讓其友石户之農石户之農曰棬棬乎后之爲人也葆力之士也以舜之德爲未至也於是乎夫負妻妻攜子以入於海去之終身不反舜又讓其友北人無擇北人無擇曰異哉后之爲人也居於畎畝之中而游入於堯之門不若是而已已止也又欲以其辱行漫我我

羞之漫汙也而自投於蒼領之淵投猶沈也蒼領或作青令湯將伐桀因卞隨而謀卞隨辭曰非吾事也湯曰孰可卞隨曰吾不知也湯又因務光而謀務光曰非吾事也湯曰孰可務光曰吾不知也湯曰伊尹何如務光曰彊力忍詬詬辱也吾不知其他也湯遂與伊尹謀夏伐桀克之以讓卞隨卞隨辭曰后之伐桀也謀乎我必以我爲賊也勝桀而讓我必以我爲貪也吾生乎亂世而無道之人再來詬我吾不忍數聞也乃自投於潁水而死以湯伐桀故謂之無道之人也以受湯之讓爲貪辱也不忍聞之故投水而死潁出於潁川陽城西山中也湯又讓於務光曰智者謀之圖之也武一作賢

者遂之也遂成也仁者居之也居處也古之道也吾子胡不位
之請相吾子胡何何不位天下之位也言已請爲吾子爲相務光辭曰廢上
非義也上天子謂桀廢之非禮義也殺民非仁也戰伐殺民非仁心人犯
其難我享其利非廉也吾聞之非其義不受其利無
道之世不踐其土況於尊我乎吾不忍久見也乃負
石而沈於募水募水名募音千伯之陌故如石户之農北人無
擇卞隨務光者其視天下若六合之外人之所不能察
察見也其視貴富也苟可得已則必不之賴不之賴不賴之也賴利也
一曰善也高節厲行獨樂其意而物莫之害不欲於物故物無能害不
漫於利不牽於埶漫汙牽拘也而羞居濁世惟此四士者之

節四士謂石户之農北人無擇卞隨務光蓋居亂世皆遠引而去或自投而死此四人介之大者若

夫舜湯則苞裹覆容緣不得已而動因時而爲以愛

利爲本以萬民爲義譬之若釣者魚有小大餌有宜

適羽有動靜羽釣浮也齊晉相與戰平阿之餘子亡戟得

矛失戟得矛心不平平阿齊邑也餘子官氏也與晉人戰亡其所執戟而得晉人之矛也却一作

退而去不自快失戟得矛心不自安謂路之人曰亡戟得矛可

以歸乎路之人曰戟亦兵也矛亦兵也亡兵得兵何

爲不可以歸去行心猶不自快遇高唐之孤叔無孫

當其馬前曰今者戰亡戟得矛可以歸乎高唐齊邑也孫孤特

位尊叔姓無孫名守高唐之大夫也餘子當其馬前而問之叔無孫曰矛非戟也

戟非矛也亡戟得矛豈亢責也哉亢當也平阿之餘子曰嘻還反戰趨尚及之遂戰而死叔無孫曰吾聞之君子濟人於患必離其難濟入也疾驅而從之亦死而不反反還也令此將衆亦必不北矣北走也令此處人主之旁亦必死義矣今死矣而無大功其任小故也任小者不知大也今焉知天下之無平阿餘子與叔無孫也故人主之欲得廉士者不可不務求齊莊公之時莊公名光頃公之孫靈公之子景公之兄有士曰賓卑聚夢有壯子白縞之冠丹績之袧袧纓也東布之衣新素履墨劍室從而叱之唾其面惕然而寤徒夢也寤覺徒但

終夜坐不自快明日召其友而告之曰吾少好勇年六十而無所挫辱今夜辱吾將索其形期得之則可不得將死之每朝與其友俱立乎衢三日不得却（一作退）而自殁謂此當務則未也（一作殁）然其心之不辱也有可以加乎（加上也）

離俗

二曰君子之自（一作爲）行也動必緣義行必誠義（所行誠義也）俗雖謂之窮通也（通達也）行不誠義動不緣義俗雖謂之通窮也然則君子之窮通有異乎俗者也故當功以受賞當罪以受罰賞不當雖與之必辭（辭不敢受也）

罰誠當雖赦之不外不敢遠也度之於國必利長久長久之於主必宜內及於心不慚然後動孔子見齊景公景公名杵臼莊公光之弟靈公環之子景公致廩丘以爲養孔子辭不受入謂弟子曰吾聞君子當功以受祿今說景公景公未之行而賜之廩丘其不知丘亦甚矣令弟子趣駕辭而行行去也孔子布衣也官在魯司寇爲魯定公之司寇萬乘難與比行三王之佐不顯焉取舍不苟也夫一不苟且也子墨子游公上過於越公上過子墨子弟子也公上過語墨子之義義道越王說之謂公上過曰子之師苟肯至越苟誠也請以故吳之地陰江之浦書社三百以封夫

子社二十五家也三百社七千五百家也公上過往復於子墨子復白也

墨子曰子之觀越王也能聽吾言用吾道乎公上過

曰殆未能也殆近也墨子曰不唯越王不知翟之意雖

子亦不知翟之意若越王聽吾言用吾道翟度身而

衣量一作裹腹而食比於賓萌未敢求仕賓客也萌民也越王

不聽吾言不用吾道雖全越以與我吾無所用之無用

越爲之也越王不聽吾言不用吾道而受一作愛其國是一作

退以義翟也義翟何必越雖於中國亦可凡人不可

不熟論秦之野人以小利之故弟兄相獄親戚相忍

今可得其國恐虧其義而辭之可謂能守行矣其與

秦之野人相去亦遠矣荊人與吳人將戰荊師寡吳師衆荊將軍子囊曰我與吳人戰必敗敗王師辱王名虧壤土忠臣不忍爲也不復於王而遁遁復白也遁走也至於郊使人復於王曰臣請死王曰將軍之遁也以其爲利也今誠利將軍何死子囊曰遁者無罪則後世之爲王者將皆依不利之名而效臣遁若是則荊國終爲天下撓也撓撊遂伏劍而死王曰請成將軍義乃爲之桐棺三寸加斧鑕其上人主之患存而不知所以存亡而不知所以亡此存亡之所以數至也鄣歧之廣也鄣湯所居也歧武王所居也萬國之順也從此生至一作矣

喟從荊之爲四十二世矣嘗有乾谿白公之亂矣靈王爲乾谿之臺百姓愁怨公子棄疾弒之而立是爲平王白公勝平王太子建之子也出犇鄭鄭人殺報令尹子西司馬子旗伐鄭復讎許而未行晉人伐鄭子西子旗率師救鄭勝怒殺令尹子西司馬子旗故曰乾谿白公之亂也嘗有鄭襄州侯之避矣鄭襄州侯事晉而伐楚楚人避之也而今猶爲萬乘之大國其時有臣如子囊與子囊之節非獨厲一世之人臣也言子囊之忠雖百世猶不可忘故曰非獨厲一世之人臣

荊昭王之時有士焉曰石渚其爲人也公直無私王使爲政昭王楚平王棄疾之子熊軫廷有殺人者石渚追之則其父也還車而反立於廷曰殺人者僕之父也以父行法不忍不忍行刑於父孝也阿有罪廢國法不可阿私也失法伏

罪人臣之義也於是乎伏斧鑕請死於王免父殺身忠孝之義王曰追而不及豈必伏罪哉子復事矣事職事也石渚辭曰不私其親不可謂孝子事君枉法不可謂忠臣君令一作令吏赦之上之惠也不敢廢法臣之行也不去斧鑕殁頭乎王廷正法枉必死父犯法而不忍王赦之而不肯石渚之爲人臣也可謂忠且孝矣

高義

三曰爲天下及國爲治也莫如以德莫如行義以德以義不賞而民勸勸善也不罰而邪止此神農黄帝之政也以德以義則四海之大江河之水不能亢矣太華

之高西岳也會稽之險山名在吳郡不能障矣障防也闔廬之
教孫吳之兵不能當矣孫吳吳起孫武也吳王闔廬之將也兵法五千年是也
故古之王者德迵乎天地迵通澹乎四海澹之也東西南
北極日月之所燭天覆地載愛惡一作思不臧臧匿也虛
素以公素質也惡其質以奉公王之實也小民皆之皆公己也其之敵而
不知其所以然此之謂順天教變容改俗而莫得其
所受之得繼知也此之謂順情情性也順其天性也故古之人身隱
而功著形息而名彰身沒於前名明於後世説通而化奮利行
乎天下利民之化行滿天下而民不識識知也堯時民不知堯德以季世視之則覩也
豈必以嚴罰厚賞哉嚴罰厚賞此衰世之政也三苗

不服禹請攻之三苗遠國在豫章之彭蠡也舜曰以德可也行德三年而三苗服孔子聞之曰通乎德之情則孟門太行不爲險矣孟門太行之險也太行塞在河內野王之北上黨關也故曰德之速疾乎以郵傳命周明堂金在其後有以見先德後武也作樂金鎛在後故曰先德後武舜其猶此上一作乎其臧武通於周矣晉獻公爲麗姬遠太子太子申生居新城公子重耳居蒲公子夷吾居屈麗姬謂太子曰往昔君夢見姜氏太子祠而膳于公姜氏申生母也膳胙之也麗姬易之易猶毒也公將嘗膳姬曰所由遠請使人嘗之太子自曲沃歸膳故曰所由遠姬施酖于酒寘毒乎肉故先使人嘗之嘗人人死食犬犬死故誅太

子太子不肯自釋釋理也曰君非麗姬居不安食不甘遂以劒死公子夷吾自屈奔梁公子重耳自蒲奔翟去翟過衛衛文公無禮焉文公名燬宣公庶子頑烝宣姜而生之無禮不禮重耳也過五鹿如齊齊桓公死去齊之曹曹共公視其駢脅使袒而捕池魚共公名襄昭公之子去曹過宋宋襄公加禮焉襄公名茲文桓公御說之子之鄭鄭文公不敬文公名捷鄭厲公之子被瞻諫一作曰曰臣聞賢主不窮窮今晉公子之從者皆賢者也君不禮也不如殺之鄭君不聽去鄭之荊荊成王慢焉慢易不敬也傳曰及楚楚子饗之曰公子若反晉國則何以報不穀對曰子女玉帛則君有之羽毛齒革則君地生焉其波及晉國者君之餘也其何以報君曰雖然則何以報我對曰共以

君之靈得反晉國晉楚治兵遇于中原其避君三舍
若不獲命其左執鞭弭右屬櫜鞬以與君周還子玉
請殺之楚子曰晉公子廣而儉文而有禮其從者肅
而寬忠而能力晉侯無親外內惡之吾聞姬姓唐叔
之後其後衰者也其將由晉公子乎天將興之
誰能廢之違天必有大咎乃送諸秦推此言之不得
爲慢之也去荊之秦秦繆公入之入晉納也晉既定興師攻鄭
求被瞻被瞻謂鄭君曰不若以臣與之鄭君曰此孤
之過也被瞻曰殺臣以免國臣願之被瞻入晉軍文
公將烹之被瞻據鑊而呼曰三軍之士皆聽瞻也自
今以來無有忠於其君忠於其君者將烹文公謝焉
罷師歸之於鄭且被瞻忠於其君而君免於晉患也
行義於鄭而見說於文公也故義之爲利博矣博大也

墨者鉅子孟勝善荆之陽城君（鉅子孟勝二人學墨道者也爲陽城君所善）陽城君令守於國毁璜以爲符約曰符合聽之荆王薨羣臣攻吳起兵於喪所陽城君與焉荆罪之陽城君走荆收其國孟勝曰受人之國與之有符今不見符而力不能禁不能死不可其弟子徐弱諫孟勝曰死而有益陽城君死之可矣無益也而絶墨者於世不可孟勝曰不然吾於陽城君也非師則友也非友則臣也不死自今以來求嚴師必不於墨者矣求賢友必不於墨者矣求良臣必不於墨者矣死之所以行墨者之義而繼其業者也（義道繼續也）我將屬鉅子

於宋之田襄子（我謂孟勝也屬託也）田襄子賢者也何患墨者之絕世也（田襄子亦墨者也）徐弱曰若夫子之言弱請先死以除路還歿頭前於孟勝因使二人傳鉅子於田襄子（二人孟勝之弟子也傳送也）孟勝死弟子死之者百八十三人以致令於田襄子欲反死孟勝於荆田襄子止之曰孟子已傳鉅子於我矣當聽遂反死之（反死孟勝於荆）墨者以爲不聽鉅子不察嚴罰厚賞（一作停當）不足以致此今世之言治多以嚴罰厚賞此上世之若客也（一作君客也）

上德

四曰凡用民太上以義其次以賞罰其義則不足死

賞罰則不足云就若是而能用其民者古今無有民無常用也無常不用也唯得其道爲可可用也闔廬之用兵也不過三萬闔廬吳王光也吳起之用兵也不過五萬吳起衛人爲楚將萬乘之國其爲三萬五萬尚多今外之則不可以拒敵內之則不可以守國其民非不可用也不得所以用之也不得所以用之國雖大勢雖便卒雖衆何益不知用之何益於不能以尅敵也古者多有天下而亡者矣其民不爲用也自古以來有天下者多而多無遺民不爲之用故滅亡用民之論不可不熟劒不徒斷車不自行或使之也夫種麥而得麥種稷而得稷人不怪也用民亦有種不審

其穜而祈民之用惑莫大焉祈求當禹之時天下萬國
至於湯而三千餘國今無存者矣皆不能用其民也
民之不用賞罰不充也當賞不賞當罰不罰則民不懷不勸故不爲之用也湯
武因夏商之民也得所以用之也管商亦因齊秦之
民也得所以用之也管管仲商商鞅民之用也有故故事也得
其故民無所不用用民有紀有綱壹引其紀萬目皆
起壹引其綱萬目皆張爲民紀綱者何也欲也惡也
何欲何惡欲榮利惡辱害辱害所以爲罰充也榮利
所以爲賞實也賞罰皆有充實則民無不用矣無不可用
也闔廬試其民於五湖劍皆加於肩地流血幾不可

止試用習辠之也句踐試其民於寢宮民爭入水火死者千
餘矣遽擊金而卻之卻一作退退止也賞罰有充也莫邪不
為勇者興一作與懼者變莫邪良劍也不為勇者利怯者鈍也勇者以工
懼者以拙能與不能也夙沙之民自攻其君而歸神
農夙沙大庭氏之末世也其君無道故自攻之神農文帝密須之民自縛其主
而與文王詩云密人不共敢距大邦此之謂也湯武非徒能用其民也
又能用非己之民能用非己之民國雖小卒雖少一作
年少蹜功名猶可立立成也古昔多由布衣定一世者矣
終一人之身為世皆能用非其有也用非其有之心不可察
之本本始也三代之道無二以信為管管準法宋人有取

道者其馬不進倒而投之鸂水倒殺投棄之又復取道其馬不進又倒而投之鸂水如此者三雖造父之所以威馬不過此矣不得造父之道而徒得其威無益於御無益於不知御之道人主之不肖者有似於此不得其道而徒多其威威愈多民愈不用民不爲之用亡國之主多以多威使其民矣故威不可無有而不足專恃譬之若鹽之於味凡鹽之用有所託也不適則敗託而不可食威亦然必有所託然後可行行之也惡乎託託於愛利愛利之心諭威乃可行威大甚則愛利之心息愛利之心息而徒疾行威身必咎矣咎一作兇此殷夏之所

以絕也君利勢也次官也處次官執利勢不可而不察於此夫不禁而禁者其唯深見此論邪

用民

五曰先王之使其民若御良馬輕任新節（節節也）欲走不得故致千里善用其民者亦然民日夜祈用而不可得（祈求也）苟得爲上用民之走之也若決積水於千仞之谿（七尺曰仞）其誰能當之周書曰民善之則畜也不善則讎也（周書周公所作畜好）有讎而衆不若無有厲王天子也（厲王名胡謚法殺戮不辜曰厲周夷王之子宣王之父）有讎而衆故流于彘禍及子孫（流故也彘地名今河東永安是也）微召公虎而絕無後嗣

〔微無也虎臣宣王詩云王命召虎式辟四方徹我疆土此之謂也〕今世之人主多欲衆之而不知善此多其難也不善則不有〔不得有其位〕有必緣其心愛之謂也〔緣其仁心故曰心愛之謂也〕有其形不可謂有之〔形體也不可謂有天下之位也〕舜布衣而有天下桀天子也而不得息由此生矣〔息安也不得安其位由此多其難生矣〕有無之論不可不熟〔熟猶知〕湯武通於此論故功名立〔立猶身也〕古之君民者仁義以治之愛利以安之忠信以導之〔導猶先也〕務除其災思致其福故民之於上也若璽之於塗也抑之以方則方抑之以圜則圜若五種之於地也必應其類而蕃息於百陪此五帝三王之所以無敵也〔無能

（敵之也如神）身已終矣而後世化之如神（從其化有如神也）其人事審也（其所施行皆可爲人法式故曰審也）魏武侯之居中山也問於李克曰吳之所以亡者何也（武侯文侯之子也樂羊伐中山得中山故武侯居之也）李克對曰驟戰而驟勝（驟數也）武侯曰驟戰而驟勝國家之福也其獨以亡何故對曰驟戰則民罷驟勝則主驕以驕主使罷民然而國不亡者天下少矣驕則恣恣則極物（極盡可欲之物）罷則怨怨則極慮（極其巧欺不臣之慮）上下俱極吳之亡猶晚（猶尚）此夫差之所以自殁於干隧也（爲越所破自剄於干隧）東野稷以御見莊公進退（一作却）中繩左右旋中規（東野姓稷其名）莊公曰善以爲造父不過

也過猶勝也使之鉤百而少及焉不達也顔闔入見見謁也莊

公曰子遇東野稷乎對曰然臣遇之按魯世家莊公栢公之子同也

顔闔在春秋後蓋魯穆公時人也在莊公後十二世矣若實莊公顔闔爲妄矣若實顔闔莊公爲妄矣由

此觀之咸陽市門之金固得載而歸之也其馬必敗莊公曰將何敗少頃

東野之馬敗而至莊公召顔闔而問之曰子何以知

其敗也顔闔對曰夫進退一作却中繩左右旋中規造

父之御無以過焉鄉臣遇之猶求其馬臣是以知其

敗也善當自求於心而反求於御馬速疾故知其敗也故亂國之使其民不

論人之性不反人之情煩爲教而過不識過責識知數爲

令而非不從令不可從而非人[illegible]從之也巨爲危而罪不敢不敢登其

危者而罪之也重為任而罰不勝不能勝其所任者而罪之也民進則欲其賞退一作知則畏其罪知其能力之不足也則以為繼矣以為繼知則上又從而罪之罪之罪其為也是以罪召罪召致也上下之相讎也由是起矣故禮煩則不莊業煩則無功一作准令苛則不聽禁多則不行設禁而不禁為不行也桀紂之禁不可勝數故民因一作用而身為戮極也不能用威適也適宜也子陽極也好嚴有過而折弓者恐必死遂應猘狗而弒子陽極也子陽鄭君也一曰鄭相也好嚴猛於罪刑無所赦家人有折弓者恐誅因國人有遂猘狗之擾而殺子陽極於刑之故也周鼎有竊一作窮曲狀甚長上下皆曲以見極之敗也未聞

適威

六曰使民無欲上雖賢猶不能用民無欲不爲物動雖有賢君不能得用之也夫無欲者其視爲天子也與爲輿隸同輿衆也其視有天下也與無立錐之地同同等也其視爲彭祖也與爲殤子同彭祖殷賢大夫也蓋壽七百餘歲九歲以下爲下殤七歲以下爲無服殤天子至貴也天下至富也彭祖至壽也誠無欲則是三者不足以勸勸樂也輿隸至賤也無立錐之地至貧也殤子至夭也誠無欲則是三者不足以禁會有一欲則北至大夏南至北戶西至三危東至扶木不敢亂矣亂猶難也犯白刃冒流矢趣趣一作赴水火不敢却也却猶止也

晨寤興務耕疾庸𢎠（𢎠古撰字）爲煩辱不敢休矣故人之欲多者其可得用亦多人之欲少者其得用亦少無欲者不可得用也人之欲雖多而上無以令之人雖得其欲人猶不可用也令人得欲之道不可不審矣善爲上者能令人得欲無窮故人之可得用亦無窮也蠻夷反舌殊俗異習之國（反舌夷語與中國相反故曰反舌也）其衣服冠帶宮室居處舟車器械聲色滋味皆異其爲欲使一也（一同也）三王不能革不能革而功成者順其天也（天身也）桀紂不能離不能離而國亡者逆其天也逆而不知其逆也湛於俗也久湛而不去則若性性異非

性不可不熟不聞道者何以去非性哉無以去非性則欲未嘗正矣欲不正以治身則夭以治國則亡故古之聖王審順其天而以行欲則民無不令矣功無不立矣聖王執一四夷皆至者其此之謂也執一者至貴也至貴者無敵聖王託於無敵故民命敵焉群狗相與居皆靜無爭投以炙雞則相與爭矣炙雞猶所欲之故鬬爭之或折其骨或絕其筋爭術存也爭術存因爭不爭之術存因不爭取爭之術而相與爭萬國無一凡治國令其民爭行義也亂國令其民爭爲不義也彊國令其民爭樂用也弱國令其民爭競不用也夫爭

行義樂用與爭爲不義競不用此其爲禍福也天不能覆地不能載（言其大也）晉文公伐原（原晉邑文公復國原不從故伐之今河內軹縣北原城是也）與士期七日七日而原不下（下降）命去之謀士言曰原將下矣師吏請待之公曰信國之寶也得原失寶吾不爲也遂去之明年復伐之與士期必得原然後反原人聞之乃下衛人聞之以文公之信爲至矣乃歸文公故曰攻原得衛者此之謂也文公非不欲得原也以不信得原不若勿得也必誠信以得之歸之者非獨衛也文公可謂知求欲矣

爲欲

七曰凡人主必信信而又信誰人不親誰猶何也故周書曰允哉允哉以言非信則百事不滿也周書逸書滿猶成也故信之為功大矣信立則虛言可以賞矣虛言可以賞則六合之內皆為己府矣信之所及盡制之矣制之而不用人之有也人之有他人之有也制之而用之己之有也己有之則天地之物畢為用矣畢盡也人主有見此論者其王不久矣人臣有知此論者可以為王者佐矣

天行不信不能成歲地行安一作不信草木不大不信氣節陰陽皆不交故不成歲也春之德風風不信其華不盛華不盛則果實不生在木曰果在地曰蓏夏之德暑暑不信其土不肥土

不肥則長遂不精（遂成也）秋之德雨雨不信其穀不堅穀不堅則五種不成（堅好成熟也）冬之德寒寒不信其地不剛地不剛則凍閉不開（不開氣不通也）天地之大四時之化而猶不能以不信成物又況乎人事（乎於也）君臣不信則百姓誹謗社稷不寧處官不信則少不畏長貴賤相輕賞罰不信則民易犯法不可使令（易輕也）交友不信則離散鬱怨不能相親（親比也）百工不信則器械苦僞丹漆染色不貞（貞正也）夫可與爲始可與爲終可與尊通可與卑窮者其唯信乎信而又信重襲於身乃通於天以此治人則膏雨甘露降矣寒暑四時當

矣（當猶應也）齊桓公伐魯魯人不敢輕戰去魯國五十里而封之魯請比關內侯以聽桓公許之曹劌謂魯莊公曰君寧死而又死乎其寧生而又生乎莊公曰何謂也曹劌曰聽臣之言國必廣大身必安樂是生而又生也不聽臣之言國必滅亡身必危辱是死而又死也莊公曰請從於是明日將盟莊公與曹劌皆懷劍至於壇上莊公左搏桓公右抽劍以自承（承佐也）曰魯國去境數百里今去境五十里亦無生矣鈞其死也戮於君前（鈞等也戮亦死也）管仲鮑叔進曹劌按劍當兩陛之間曰且二君將改圖毋或進者莊公曰封於汶

則可不則請死管仲曰以地衛君非以君衛地君其許之乃遂封於汶南與之盟歸而欲勿予管仲曰不可人特劫君而不盟君不知不可謂智臨難而不能勿聽不可謂勇許之而不予不可謂信不智不勇不信有此三者不可以立功名予之雖亡地亦得信以四百里之地見信於天下君猶得也莊公仇也曹翽賊也信於仇賊又況於非仇賊者乎公羊傳曰莊公升壇曹子手劍而從之請復汶陽之田管子曰君許之桓公曰諾曹子請盟桓公下與之盟要盟可犯而桓公不欺曹子可讎而桓公不怨桓公之信著乎天下自柯之盟始焉此之謂也夫九合之而合壹匡之而聽從此生矣管仲可謂能因物矣以辱爲榮

以窮爲通雖失乎前可謂後得之矣物固不可全也
貴信
八曰以全舉人固難物之情也物事事難全也人傷堯以不
慈之名舜以卑父之號禹以貪位之意湯武以放弒
之謀五伯以侵奪之事傷毀也由此觀之物豈可全哉
故君子責人則以人自責則以義責人以人則易足
易足則得人自責以義則難爲非難爲非則行飾飾讀
曰勑勑正也故任天地而有餘德饒也不肖者則不然責人
則以義自責則以人責人以義則難贍難贍則失親
難贍則恐恐則離叛故失所親之也自責以人則易爲易爲則行苟苟且

不從禮義也故天下之大而不容也身取危國取亡焉此桀紂幽厲之行也尺之木必有節目寸之玉必有瑕瓋先王知物之不可全也故擇務而貴取一也二分季孫氏刼公家孔子欲諭一作論術則見外季孫氏武子季子子也刼奪公家政事而自專之也孔子欲以道而見遠外於是受養而便說孔子受其養而季氏便之魯國以訾訾毀也毀孔子也孔子曰龍食乎清而游乎清螭食乎清而游乎濁魚食乎濁而游乎濁螭龍之別也今丘上不及龍下不若魚丘其螭邪夫欲立功者豈得中繩哉救溺者濡追逃者趨趨走也魏文侯弟曰季成友曰翟璜文侯欲相之而未能決以問季充季

充對曰君欲置相（置立）則問樂騰與王孫苟端孰賢（孰誰）文侯曰善以王孫苟端而不肖翟璜進之以樂騰爲貴季成進之故相季成故聽於主言人不可不慎季成弟也翟璜友也而猶不能知何由知樂騰與王孫苟端哉踈賤者知親習者親習者不知理無自然自然而斷相過季充之對曰文侯也亦過（過長也論語曰過猶不及）（言俱不得其適）雖皆過譬之若金之與木金雖柔猶堅於木孟嘗君問於白圭曰魏文侯名過桓公而功不及五伯何也（孟嘗君齊公子田嬰之子田文也白圭周人問文侯功何以不及五伯也）白圭對曰文侯師子夏友田子方敬叚干木此名之所以過

桓公也卜相曰成與璜孰可此功之所以不及五伯也卜擇也成季成璜翟璜也相也以治百官之長也擇者欲其博也今擇而不去二人與用其讎亦遠矣且師友也者公可也戚愛也者私安也以私勝公衰國之政也然而名號顯榮者三士羽之也翼羽佐之窮戚欲干齊桓公窮困無以自進於是為商旅將任車以至齊任亦將也暮宿於郭門之外桓公郊迎客夜開門辟任車爝火甚盛從者甚衆甯戚飯牛居車下望桓公而悲擊牛角疾歌歌碩鼠也其詩曰碩鼠碩鼠無食我黍三歲貫女莫我肯顧逝將去女適彼樂土樂土樂土爰得我所碩鼠碩鼠無食我麥三歲貫女莫我肯得逝將去女適彼樂國樂國樂國爰得我直碩鼠碩鼠無食我

苗三歲貫女莫我肯逝將去汝適彼樂郊樂郊樂郊誰之永號者是也桓公聞之撫其
僕之手曰異哉之歌者非常人也命後車載之桓公
反至從者以請請所置桓公賜之衣冠將見之甯戚見
說桓公以治境內明日復見說桓公以爲天下爲治桓
公大說將任之任用也群臣爭之曰客衛人也衛之去
齊不遠君不若使人問之而固賢者也用之未晚也
桓公曰不然問之患其有小惡以人之小惡亡人之
大美此人主之所以失天下之士也已凡聽必有以
矣今聽而不復問合其所以也且人固難全權而用
其長者當舉也桓公得之矣

舉難

呂氏春秋卷第十九

呂氏春秋卷第二十

恃君覽第八

長利　知分　召類　達鬱　行論

驕恣　觀表

呂氏春秋訓解　高氏

一曰凡人之性爪牙不足以自守衛（衛扞也）肌膚不足以扞寒暑（扞禦也）筋骨不足以從利辟害（從隨也）勇敢不足以却猛禁悍（禁止也）然且猶裁萬物制禽獸服狡蟲（狡蟲蟲之狡害者）寒暑燥濕弗能害（古人知為之備）不唯先有其備而以羣聚邪羣之可聚也相與利之也利之出於羣

也君道立也衆之所奉戴故道立故君道立則利出於羣羣衆也
而人備可完矣昔太古嘗無君矣太古上古兩儀之始未有君臣之制
其民聚生羣處知母不知父無親戚兄弟夫妻男女
之別無上下長幼之道無進退揖讓之禮無衣服履
帶宮室畜積之便無器械舟車城郭險阻之備此無
君之患上苟所無者無以化下故以無君爲患故君臣之義不可不明
也明知也自上世以來天下亡國多矣而君道不廢者
天下之利也君施以慶賞威刑以正之故天下之利也故廢其非君而立
其行君道者行奉下也君道何如利而物利章熊羆爲旗章明識也
非濱之東朝鮮樂浪之縣箕子所封濱於東海也夷穢之鄉東方曰夷穢夷國名

大解陵魚其鹿野搖山揚島大人之居多無君東方之夷無有君長揚漢之南揚州漢水南百越之際越有百種敝凱諸夫風餘靡之地縛婁陽禺驩兜之國多無君皆南越之夷無君者氐羌呼唐離水之西僰人野人僰讀如匍匐之匐篇笮之川舟人送龍突人之鄉多無君西方之戎無君者先言氐羌後言突人自近及遠也鴈門之北鷹隼所鷙須窺之國饕餮窮奇之地叔逆之所儋耳之居多無君北方狄無君者也孔子曰夷狄之有君不如諸夏之亡也曰多無君也此四方之無君者也其民麋鹿禽獸不知禮義無長幼之別如麋鹿禽獸也少者使長長者畏壯有力者賢賢豪暴者也驕尊日夜相殘無時休息以盡其類類種也聖人深

是此患也故爲天下長慮慮計也莫如置天子也置立也
爲一國長慮莫如置君也置君非以阿君也阿猶私爲也
置天子非以阿天子也置官長非以阿官長也德衰
世亂然後天子利天下長幼奉長卑事尊疆不得陵弱衆不得暴寡以此利之
國君利國官長利官此國所以遞興遞廢也亂難之
所以時作也不得嘗施時盗作耳故忠臣廉士内之則諫其君
之過也諫止也外之則死人臣之義義重於身也豫讓欲殺趙
襄子欲爲智伯殺趙襄子也已說在上篇滅鬚去眉自刑以變其容爲
乞人而往乞於其妻之所其妻曰狀貌無似吾夫者
其音何類吾夫之甚也又吞炭以變其音其友謂之

曰子之所道甚難而無功謂子有志則然矣謂子智則不然以子之材而索事襄子（索求也）襄子必近子子得近而行所欲此甚易而功必成豫讓笑而應之曰是先知報後知也爲故君賊新君矣大亂君臣之義者無此失吾所爲爲之矣凡吾所爲爲此者所以明君臣之義也非從易也柱厲叔事莒敖公（莒子國也敖公謚公君也）自以爲不知而去居於海上（柱厲叔自以不爲敖公之所知而遠去居於海上也）夏日則食蔆芡（蔆芰也芡雞頭也一名鴈頭生水中）冬日則食橡栗（橡皂斗也其狀似栗）莒敖公有難柱厲叔辭其友而往死之（往死敖公之難也）其友曰子自以爲不知故去今又往死之

是知與不知無異別也言叔爲不見知於敖公而舍之去今復往死其難是與見知不見知無別異也柱厲叔曰不然自以爲不知故去今死而弗往死是果知我也今不死其難是爲使敖公果知我爲不良臣也吾將死之以醜後世人主之不知其臣者也醜愧也唯明君能知忠臣耳敖公弗及也死其難可以使後世不知良臣之君慚於不知人也所以激君人者之行而厲人主之節也激發也所以發起君人之行厲高也人君務在知人知人則將所以厲人主之志節也行激節厲忠臣幸於得察察知也忠臣察則君道固矣臣見知則盡忠以衛上故君道安固不危殆也

恃君

二曰天下之士也者慮天下之長利而固處之以身

若也利雖倍於今而不便於後弗爲也爲施也安雖長久而以私其子孫弗行也私利也自此觀之陳無宇之可醜亦重矣陳無宇齊大夫陳須無之子桓子也醜謂其貪也與鮑文子伐欒高氏戰于穫欒高氏敗又敗於莊國人追之又敗於鹿門欒施疆出奔陳鮑分其室是其貪祿也其與伯成子高周公旦戎夷也形雖同取舍之殊豈不遠哉伯成子高辭諸侯而耕周公旦股肱周室輔翼成王而致太平戎夷齊之仁人也陳無宇雖身形與之同然其行貪欲相去絕遠也堯治天下伯成子高立爲諸侯堯授舜舜授禹伯成子高辭諸侯而耕禹往見之則耕在野禹趨就下風而問曰堯理天下吾子立爲諸侯今至於我而辭之故何也伯成子高曰當堯之時未賞而

民懽未詶而民畏民不知怨不知說愉愉其如赤子今賞罰甚數而民爭利且不服德自此衰利自此作（作起也）後世之亂自此始（始首也）夫子盍行乎無慮吾農事（盍何不也行去也慮猶亂也）協而穫遂不顧（協和悅也穫覆種也顧視也）夫爲諸侯名顯榮實佚樂繼嗣皆得其澤伯成子高不待問而知之然而辭爲諸侯者以禁後世之亂也（以止後世爭榮之亂也）辛寬見魯繆公曰臣而今而後知吾先君周公之不若太公望封之知也昔者太公望封於營丘之渚海阻山高險固之地也是故地日廣子孫彌隆（廣大也隆盛也）吾先君周公封於魯無山林谿谷之險諸

侯四面以達（達通也）是故地日削子孫彌殺（削小也殺衰也）辛寬出南宮括入見公曰今者寬也非周公其辭若是也南宮括對曰寬少者弗識也（少小也不知也）君獨不聞成王之定成周之說乎其辭曰惟余一人營居于成周惟余一人有善易得而見也有不善易得而誅也（言恃德不恃險也）故曰善者得之不善者失之古之道也（得之者若湯武也失之者若桀紂故曰古之道也）夫賢者豈欲其子孫之阻山林之險以長爲無道哉小人哉寬也今使燕爵爲鴻鵠鳳凰慮則必不得矣（燕爵論辛寬也言寬亦不能爲賢者慮也）其所求者瓦之間隟屋之翳蔚也（燕爵志小而近也）與一舉則有千里

之志德不盛義不大則不至其郊爲聖德之君至其郊也愚庳之民其爲賢者慮亦猶此也固妄誹訾豈不悲哉亦如燕爵爲鴻鵠鳳皇慮何時能得既不得又妄誹謗訾毀之故曰豈不悲哉痛傷之也戎夷違齊如魯天大寒而後門違去去齊至魯也後門日夕門已閉也與弟子一人宿於郭外寒愈甚謂其弟子曰子與我衣我活也我與子衣子活也我國士也爲天下惜死也惜愛子不肖人也不足愛也愛亦惜也子與我子之衣弟子曰夫不肖人也又惡能與國士之衣哉惡安也不肖人亦自愛其死安能與則士之衣哉戎夷太息歎曰嗟乎道其不濟夫死之道其不濟也解衣與弟子夜半而死弟子遂活謂戎夷其能必定一

世則未之識識知也若夫欲利人之心不可以加矣加上也達乎分仁愛之心識也故能以必死見其義誘以我夷不義之義耳欲求弟子之衣以惜其死是不義也弟子拒之以不肖人惡能與國士之衣計不能兩生窮乃解衣是不義之義也淮南記曰楚有賣其母者而謂其買者曰此母老矣幸善食之不亦不義也

長利

三曰達士者達乎死生之分君子死義不求苟生不義而生弗爲也故曰達乎死生之分淮南記曰左手攫天下之圖右手刎其喉愚夫弗爲生貴於天下也死君親之難者則當視死如歸蓋義重於身也此之謂達於死生之分者也達乎死生之分則利害存亡弗能惑矣不爲利存而遂苟生不爲害亡而辭死故曰利害存亡弗能惑移也故晏子與崔杼盟而不變其義崔子盟國人曰所不與崔慶者晏子晏子仰天曰盟

所以殺忘於君利社稷者是與故曰不變其義延陵季子吳人願以爲王而
不肯季子吳壽夢[illegible][illegible]也不肯爲王去之延陵不入吳國故曰延陵季子也孫叔敖三
爲令尹而不喜叔敖蔿賈伯盈之子三去令尹而不憂令尹楚卿也論
語云令尹子文不云叔敖皆有所達也達於高位疾顛厚味腊毒者也有所達則
物弗能惑惑動也荆有次非者得寶劒于干遂干遂吳邑還
反涉江涉度也至於中流有兩蛟夾繞其船魚滿二十斤爲蛟
次非謂舟人曰子甞見兩蛟繞船能兩活者乎船人
曰未之見也次非攘臂袪衣拔寶劒曰此江中之腐
肉朽骨也棄劒以全己余奚愛焉於是赴江刺蛟赴入
也殺之而復上船舟中之人皆得活荆王聞之仕之

執圭周禮侯執信圭楚以次非勇武而侯之孔子聞之曰夫善哉不以
腐肉朽骨而棄劍者其次非之謂乎禹南省方濟乎
江黃龍負舟舟中之人五色無主禹仰視天而歎曰
吾受命於天竭力以養人生性也死命也余何憂於
龍焉憂懼也龍俛耳低尾而逝逝去也則禹達乎死生之
分利害之經也經道也凡人物者陰陽之化也陰陽者造
乎天而成者也天固有衰嗛廢伏有盛盈坌息人亦
有困窮屈匱有充實達遂達通遂成此皆天之容物理也
而不得不然之數也古聖人不以感私傷神感念私邪傷神
性也俞然而以待耳俞安晏子與崔杼盟其辭曰不與崔

氏而與公孫氏者受其不祥（公孫氏齊羣公子之子故曰公孫氏公黨之不與崔杼同者也故曰不祥也）晏子俛而飲血仰而呼天曰不與公孫氏而與崔氏者受此不祥（反其盟也）崔杼不說直兵造胷句兵鉤頸（直矛也句戟也）謂晏子曰子變子言（變更）則齊國吾與子共之子不變子言則今是已（已竟也言今竟子）晏子曰崔子子獨不爲夫詩乎詩曰莫莫葛藟延于條枚豈弟君子求福不回（詩大雅旱麓之卒章莫莫葛藟之蘽延蔓于條枚之上得其性也樂易之君子求福不以邪道順於天性以正道受大福）嬰且可以回而求福乎子惟之矣[illegible]崔杼曰此賢者不可殺也罷兵而去晏子授綏而乘其僕將馳晏子撫其僕之手曰安

之毋失節疾不必生徐不必死鹿生於山而命懸於廚今嬰之命有所懸矣晏子可謂知命矣命也者不知所以然而然者也人事智巧以舉錯者不得與焉故命也者就之未得去之未失（蹈義就死未必死也故曰就之未得苟從不義以去死求生未必生故曰去之未失也）國士知其若此也故以義爲之決而安處之（處居也）白圭問於鄒公子夏后啓曰（夏后啓鄒公子之名）踐繩之節四上之志三晉之事此天下之豪英（踐繩之節正直也四上謂君也卿大夫士與君爲四四者之中君處其上故曰四上之志晉之三卿韓魏趙氏皆以豪英之才專制晉國三分之爲諸侯卒皆稱王故曰三晉之事此天下之豪英萬人爲英百人爲豪）以處於晉而迭（一作亟）聞晉事未嘗聞踐繩之節

四上之志（處居居於晉數聞三晉之事）願得而聞之（願聞踐繩之節四上之志）也夏后啓曰鄙人也焉足以問（言不足問）白圭曰願公子之毋讓也夏后啓曰以爲可爲故爲之爲之天下弗能禁矣（禁止也）以爲不可爲故釋之釋之天下弗能使矣（釋舍）白圭曰利弗能使乎威弗能禁乎夏后啓曰生不足以使之則利曷足以使之矣（生重生利輕言令必生猶[illegible]不可使也但以所利諭之何足以使之）死不足以禁之則害曷足以禁之矣（死重害輕也言爲義者雖死爲之故曰不足以禁之死且猶弗禁何況害也何足以禁之也）白圭無以應夏后啓辭而出（出去）凡使賢不肖異（使賢以義使不肖以利故曰異也）使不肖以賞罰（言賞必生罰必死不肖者喜生惡死則可使矣）使賢以

義（賢者不畏義死不好不義生唯義之所在死生一也）故賢主之使其下也必義審賞罰然後賢不肖盡爲用矣（盡可得使爲已用也）

知分

四曰類同相召（召致也）氣同則合（合會也）聲比則應（應知也）故鼓宮而宮應（鼓大宮小宮應）鼓角而角動（擊大角小角動）以龍致雨以形逐影（龍水物也故致雨影出於形形行日中則影隨之故曰以形逐影）禍福之所自來衆人以爲命焉不知其所由故國亂非獨亂有必召寇（召致）獨亂未必亡也召寇則無以存矣凡兵之用也用於利用於義（傳曰利義之和也）攻亂則服服則攻者利（得其利）攻亂則義義則攻者榮（得榮名也）榮且利中主

猶且爲之有況於賢主乎故割地寶器戈劍卑辭屈服不足以止攻唯治爲足（足以止人攻）治則爲利者不攻矣（爲利動者不來攻已）爲名者不伐矣（爲武移者不來伐）凡人之攻伐也非爲利則固爲名也名實不得國雖彊大則無爲攻矣（無名實之国雖彊大則無爲往攻之矣傳曰取亂侮亡此是也）兵所自來者久矣堯戰於丹水之浦以服南蠻（丹水在南陽浦岸也一曰崖也）舜却苗民更易其俗（苗民有苗也却猶止更改）禹攻曹魏（攻伐）屈驁有扈以行其教（春秋傳曰啓伐有扈言屈驁不知出何書也）三王以上固皆用兵也亂則用治則止治而攻之不祥莫大焉亂而弗討害民莫長焉此治亂之化也（化變也）文武之所由起

也文者愛之徵也武者惡之表也愛惡循義文武有常聖人之元也元寶譬之若寒暑之序時至而事生之聖人不能爲時而能以事適時事適於時者其功大事之適得其時則無不成故功大士尹池爲荊使於宋司城子罕觴之司城司空卿官宋武公名司空故故爲司城觴爵飲尹池酒也南家之牆犨於前而不直犨猶出曲出子罕堂前也西家之潦徑一作注其宮而不止西家地高潦東流經子罕之宮而不禁士尹池問其故問不直牆不止潦之故司城子罕曰南家工人也爲鞔百也鞔屨也作履之工也一曰鞔鞹也作車鞹之工也一吾將徙之其父曰吾恃爲鞔以食三世矣作鞔以云食今徙之是宋國之求鞔者不知吾處也吾將不

食（鞔不售無以自食）願相國之憂吾不食也，爲是故吾弗徙也。西家高，吾宮庳，潦之經吾宮也利，故弗禁也。士尹池歸荊，荊王適興兵而攻宋，士尹池諫於荊王曰：宋不可攻也。其主賢（主臣），其相仁（相子罕）。賢者能得民（得民歡心），仁者能用人（人爲之用也）。荊國攻之，其無功而爲天下笑乎！故釋宋而攻鄭。孔子聞之曰：夫修之於廟堂之上，而折衝乎千里之外者，其司城子罕之謂乎（衝車所以衝突敵之軍能陷破之也。有道之國不可攻，代使欲攻已者折還其衝車於千里之外，不敢來也）！宋在三大萬乘之間（南有楚，北有晉，東有齊，故曰三大萬乘之間也），子罕之時無所相侵，邊境四益（四境不侵削則爲益），相平公、元公、景公以終

其身其唯仁且節與（也）節儉故仁節之爲功大矣（按春秋子

罕殺宋昭公不但相三君以終身）用明堂茅茨蒿柱土階三等以見

節儉（等級也茅可覆屋蒿非柱任也雖云儉節實所未聞）趙簡子將襲衛使史

默往睹之（睹視）期以一月六月而後反（反還也）趙簡子曰

何其久也史默曰謀利而得害猶弗察也（察知）今蘧伯

玉爲相史鰌佐焉（伯玉衛大夫蘧莊子無咎之子瑗謚曰成子史鰌亦衛之大夫字子

魚論語云直哉史魚）孔子爲客子貢使令於君前甚聽（君從其言）易

曰渙其群元吉渙者賢也群者衆也元者吉之始也

渙其群元吉者其佐多賢也（謂孔子子貢之客也吳公子札適衛說蘧瑗史

鰌公子荊公叔發公子暈曰衛多君子未有患也故其佐多賢也）趙簡子按兵而不

動凡謀者疑也疑則從義斷事從義斷事則謀不虧謀不虧則名實從之（既有美名又有其實故曰名實從之）賢主之舉也豈必旗僨將斃而乃知勝敗哉察其理而得失榮辱定矣故三代之所貴無若賢也（若如也）

召類

五曰凡人三百六十節九竅五藏六府肌膚欲其比也（比猶致也）血脈欲其通也（通利）筋骨欲其固也（固堅）心志欲其和也（和調也）精氣欲其行也（精氣以行血脈榮衛三百六十節故曰欲其行也）若此則病無所居而惡無由生矣病之留惡之生也精氣鬱也（鬱滯不通也）故水鬱則為污（水淺不流曰污）樹鬱則

爲蠹蠹蝎木中之虫也草鬱則爲蕡蕡穢國亦有鬱生德不通民欲不達此國之鬱也國鬱處久則百惡並起而萬災叢至矣叢聚也上下之相怨也由此出矣出生也故聖王之貴豪士與忠臣也爲其敢直言而決鬱塞也周厲王虐民國人皆謗謗怨召公以告曰民不堪命矣王使衛巫監謗者召公周大夫召公奭也監視得則殺之國莫敢言道路以目以目相視而已不敢失口也王喜以告召公曰吾能弭謗矣弭止召公曰是障之也非弭之也障防防民之口甚於防川川壅而潰敗人必多夫民猶是也是故治川者決之使導治民者宣之使言是故天子聽政使公卿列

士正諫好學博聞獻詩矇箴師誦（目不見曰矇師瞽師詩云矇史奏功）庶人傳語（庶人無官者不得見王故傳語因人以通）近臣盡規（規諫）親戚補察而後王斟酌焉（斟酌取其善而行）是以下無遺善（善皆達王所）上無過舉（過失）今王塞下之口而遂上之過恐爲社稷憂王弗聽也三年國人流王于彘（流放也彘河東永安是也）此鬱之敗也鬱者不陽也周鼎著鼠令馬履之爲其不陽也不陽者亡國之俗也管仲觴桓公曰暮矣桓公樂之而徵燭（觴饗也徵求也）管仲曰臣卜其晝未卜其夜君可以出矣（出罷）公不說曰仲父年老矣寡人與仲父爲樂將幾之請夜之（以夜繼晝）管仲曰君過矣夫厚於味者薄

於德沈於樂者反於憂壯而怠則失時（怠懈）老而解則無名（無愼終之始）臣乃今將為君勉之（勉勵勵君使不沈於夜樂）若何其沈於酒也管仲可謂能立行矣凡行之墮（墮壞）也於樂（酣樂）今樂而益飭（飭正也）行之壞也於貴（貴則驕）今主欲留而不許仲志行理貴樂弗為變以事其主此桓公之所以霸也（管仲不與桓公燭不留桓公夜樂所以能致桓公於霸也）列精子高聽行乎齊湣王（列精子高六國時賢人也聽行其道行見敬於齊王也湣王宣王之子）善衣東布衣白縞冠顙推之履特會朝雨袪步堂下謂其侍者曰我何若（顙推之履弊履也扶步舉衣而步也列精子高自謂其從者曰我好醜如何也）侍者曰公姣且麗（姣麗皆好貌也）列精子高因步而

窺於井粲然惡丈夫之狀也臨井自照見不好故曰惡丈夫之狀也喟
然歎曰侍者為吾聽行於齊王也夫何阿哉阿曲媚也列精
子高言侍者我為齊王所聽而敬謂我美麗不言惡故曰阿我也又況於所聽行乎
萬乘之主人之阿之亦甚矣萬乘之主謂齊王從者且猶阿也而云美且麗
也人之阿齊王齊王實不良而言其良甚於已侍者之言也而無所鏡其殘亡無
日矣言齊王無所用自見其殘暴也亡無期日矣孰當可而鏡孰誰鏡照其唯
士乎獨士履禮蹈正不阿於俗而能鏡之也人皆知說鏡之明已也而
惡士之明已也鏡明見人之首而人不推鏡破之而抗以玄錫摩以白旃是說鏡之明已
也士有明已者陳已之短欲令長之以陰其病而不德之反欲殺之是惡士之明已也鏡之明
已也功細細小士之明已也功大正已之服而以匡君致治安定社稷故功

之大也得其細失其大不知類耳類事趙簡子曰厥也愛我鐸也不愛我厥趙厥趙簡子家臣也鐸尹鐸亦家臣也傳曰季孫之愛我疾疹也孟孫之惡我藥石也美疹不如惡石此之謂也厥之諫我也必於無人之所所處鐸之諫我也喜質我於人中質正必使我醜醜惡尹鐸對曰厥也愛君之醜也愛惜而不愛君之過也過明也鐸也愛君之過也而不愛君之醜也臣嘗聞相人於師敦顏而土色者忍醜敦厚也土色黃色也土爲四時五行之主多所戴愛故能辱忍醜也謂簡子之色也不質君於人中恐君之不變也變改此簡子之賢也人主賢則人臣之言刻刻盡簡子不賢鐸也卒不居趙地居處有況乎在簡子之側哉側猶在左右也

達鬱

六曰人主之行與布衣異（布衣匹夫）勢不便時不利事讎以求存（存一作全讎周也）執民之命執民之命重任也不得以快志爲故（故事也）故布衣行此指於國不容鄉曲（指猶志布衣之人行此志於國不能自容於鄉曲）堯以天下讓舜（讓猶予也）鮌爲諸侯怒於堯曰得天之道者爲帝得地之道者爲三公今我得地之道而不以我爲三公以堯爲失論（論猶理也）欲得三公怒甚猛獸欲以爲亂比獸之角能以爲城（以爲城池之固）舉其尾能以爲旌（以爲旌旗之表也）召之不來仿佯於野以患帝舜於是殛之於羽山副之以吳刀（羽山東極

之山也書云鯀乃殛死先殛後死也禹不敢怨而反事之官爲司空禹鯀子也不敢怨舜而還事舜治水土者也以通水潦顏色黎黑步不相過竅氣不通以中帝心中猶得昔者紂爲無道殺梅伯而醢之殺鬼侯而脯之以禮諸侯於廟肉醬爲醢肉熟爲脯梅伯鬼侯皆紂之諸侯也梅伯說鬼侯之女美令紂取之紂聽妲己之譖曰以爲不好故醢梅伯脯鬼侯以其脯燕諸侯於廟中文王流涕而咨之咨嗟歎辭紂恐其畔欲殺文王而滅周文王曰父雖無道子敢不事父乎君雖不惠臣敢不事君乎孰王而可畔也紂乃赦之天下聞之以文王爲畏上而哀下也詩曰惟此文王小心翼翼昭事上帝聿懷多福詩大雅文明之三章言文王小心翼翼然敬愼明於事上不敢

焉貳所以得衆福也齊攻宋燕王使張魁將燕兵以從焉齊王
殺之燕王聞之泣數行而下召有司而告之曰余與
事而齊殺我使請令舉兵以攻齊也使受命矣凡繇
進見爭之曰賢王故願爲臣今王非賢主也願辭不
爲臣辭去也昭王曰是何也對曰松下亂先君以不安
棄群臣也王苦痛之而事齊者力不足也昭王燕王噲之子
先君謂子噲也松下地名也齊伐燕子噲與松下殺爲齊所獲故曰棄群臣也王苦傷之而奉事齊者盡
力不足以伐齊今魁死而王攻齊是視魁而賢於先君王曰
諾從凡繇諫也請王止兵請王出令止兵也王曰然則若何凡繇
對曰請王縞素辟舍於郊遣使於齊客而謝焉曰此

盡寡人之罪也大王賢主也豈盡殺諸侯之使者哉
然而燕之使者獨死此弊邑之擇人不謹也願得變
更請罪更改更也使者行至齊行還也齊王方大飲左右官
實御者甚衆因令使者進報使其使者進報燕使之至也使者報
言燕王之甚恐懼而請罪也畢又復之以矜左右官
實說燕王謂伏罪訖又復使說之以自矜大於左右官實官長也使聞知也因乃發小吏
以反令燕王復舍小使微者也反燕王使復告也此濟上之所以敗
此齊所以為燕軍所敗於濟上也齊國以虛也七十城微田單固幾
不及虛弱也燕昭王使樂毅伐齊得七十餘城事未訖使騎劫代之田單率即墨市民擊騎劫軍盡
破之悉反其城故曰無田單幾不及免矣湣王以大齊驕而殘田單以即

墨城而立功湣王驕暴淖齒殺之擢其筋懸之東廟故曰而殘也田單以即墨市民大破燕
軍故曰而立功也詩曰將欲毀之必重累之將欲踣之必高
舉之其此之謂乎詩逸詩也累矣而不毀舉矣而不踣累之
重乃易毀也踣破也舉之高乃易破也以喻湣王驕亂甚乃易破也燕軍攻高亦易破使田單序其名也
其唯有道者乎有道者能滿而不溢高而不危故曰其唯有道者乎也楚莊王
使文無畏於齊過於宋不先假道莊王楚穆王商臣之子恭王之父也
無畏申周楚大夫也使如齊不假道於宋也還反華元言於宋昭公曰往
不假道來不假道是以宋爲野鄙也昭公宋成公王臣之子杵臼也
來不假道欲以宋爲鄙邑楚之會田也故鞭君之僕於孟諸言往日與
楚會田於孟諸無畏撻宋公之僕請誅之乃殺文無畏於揚梁之隄

莊王方削袂聞之曰嘻（嘻怒貌也）投袂而起屨及諸庭（傳曰屨及於經皇也）劍及諸門（傳曰劍及寢門）車及之蒲疏之市遂舍於郊（邑外曰郊）興師圍宋九月（圍宋在魯宣公十五年）宋人易子而食之析骨而爨之宋公肉袒執犧（犧牲也）委服告病（病困）曰大國若肯圖之唯命是聽莊王曰情（一作殆）矣宋公之言也乃為却四十里而舍於廬門之闔（廬門宋城門闔扉也）所以為成而歸也（成平）凡事之本在人主之患人主之患在先事而簡人簡人則事窮矣今人臣死而不當親帥士民以討其故（討伐也）可謂不簡人矣宋公服以病告而還師（還反也）可謂不窮矣夫舍諸侯於漢陽（水北曰陽）

而飲至者其以義進退邪叛而討之以義進也服而舍之以義退也彊不足以成此也傳曰彊而不義其弊必速唯義以濟故曰彊不足以成也

行論

七曰亡國之主必自驕必自智必輕物自謂有過人之智故曰輕物自驕則簡士簡傲也自智則專獨不咨忠臣輕物則無備傳曰無備而官猶拾瀋也此之謂也無備召禍專獨位危簡士壅塞士不盡規故壅塞無聞知欲無壅塞必禮士欲位無危必得眾欲無召禍必完備三者人君之大經也經道也晉厲公侈淫好聽讒人欲盡去其大臣而立其左右胥童謂厲公曰必先殺三郤三郤錡犨至也族大多怨去大族不偪不偪迫公

室公曰諾乃使長魚矯殺郤犨郤錡郤至于朝而陳其尸於是厲公遊于匠麗氏欒書中行偃刼而幽之（欒書武子也中行偃荀偃荀伯游獻子也幽囚也）諸侯莫之救百姓莫之哀（言厲公之惡）三月而殺之人主之患患在知能害人而不知害人之不當而反自及也（不當謂害賢近不肖自及死於匠麗氏）是何也智短也智短則不知化不知化者舉自危（危敗）魏武侯謀事而當攘臂疾言於庭曰大夫之慮莫如寡人矣（武侯文侯之子也疾言於庭伐智自大也）立有間再三言（言自多也）李悝趨進曰昔者楚莊王謀事而當有大功退朝而有憂色左右曰王有大功退朝而有憂〔色〕敢問其說王曰

仲虺有言不穀說之仲虺湯左相也不穀自謂也曰諸侯之德能自爲取師者王能自取友者存其所擇而莫如己者亡擇取也孔子曰無友不如己者過則勿憚改故曰取無如己者亡今以不穀之不肖也羣臣之謀又莫吾及也我其亡乎今以不穀之名不肖羣臣之謀又無如吾無能相匡以濟道故曰我其亡乎曰此霸王之所憂也而君獨伐之其可乎霸王唯此之憂憂不得友而自存也而獨自務伐言不可武侯曰善人主之患也不在於自少而在於自多自多則辭受辭受當受辭不受言而不受辭受則原竭不受謀臣之言而自謀之則謀慮之言竭盡也李悝可謂能諫其君矣壹稱而令武侯益知君人之道齊宣王爲太室大益百畝堂上三百户以齊之大具

之三年而未能成宣王威王之子孟子所見易釁鍾之牛者也成立之群臣
莫敢諫王莫無春居問於宣王曰荆王釋先王之禮樂
而樂爲輕語曰君子不重則不威而自反樂何以爲賢也敢問荆國爲有主
乎王曰爲無主爲無賢主賢臣以千數而莫敢諫敢問荆
國爲有臣乎王曰爲無民爲無賢臣今王爲太室其大益
百畝堂上三百户以齊國之大具之三年而弗能成
群臣莫敢諫敢問王爲有臣乎王曰爲無春居曰臣
請辟矣趨而出出去也王曰春子春子反何諫寡人之
晚也寡人請今止之遽召掌書曰書之寡人不肖而
好爲太室春子止寡人箴諫不可不熟莫敢諫若非

弗欲也春居之所以欲之與人同其所以入之與人異宣王微春居幾爲天下笑矣微無幾近由是論之失國之主多如宣王然患在乎無春居故忠臣之諫者亦從入之不可不慎此得失之本也本原也趙簡子沈鸞徼於河曰吾嘗好聲色矣而鸞徼致之吾嘗好宮室臺榭矣而鸞徼爲之吾嘗好良馬善御矣而鸞徼來之今吾好士六年矣而鸞徼未嘗進一人也是長吾過而絀善也所得者皆過所不進者乃善故曰長吾過而絀善也故若簡子者能後以理督責於其臣矣以理督責於其臣則人主可與爲善而不可與爲非可與爲直而不可與爲枉

此三代之盛數

驕恣

八曰凡論人心觀事傳不可不熟不可不深天爲高矣而日月星辰雲氣雨露未嘗休矣（休止也）地爲大矣而水泉草木毛羽裸鱗未嘗息也（毛蟲虎狼之屬也羽蟲鳳凰鴻鵠鶴鶖之屬也裸蟲麒麟麋鹿牛羊之屬也蹄角裸見皆爲裸蟲鱗蟲蛟蛇鱗之屬）凡居於天地之間六合之内者其務爲相安利也夫爲相害危者不可勝數人事皆然事隨心心隨欲欲無度者其心無度（[illegible]）者則其所爲不可知矣人之心隱匿難見淵深難測（測猶知也）故聖人於事志焉聖人之所以過人以先

知先知必審徵表徵應表異一曰奇表無徵表而欲先知堯舜
與衆人同等聖人以徵表爲異也徵雖易表雖難聖人則不可
以飄矣飄疾也必翔而後集故不可以疾也衆人則無道至焉徵無表以道以
至先也無道至則以爲神以爲幸無表之道能過絕於人以先知若則以爲
有神有幸非神非幸其數不得不然言非有神非有幸者必須表故曰其數不
得不然郈成子吳起近一作有之矣郈成子爲魯聘於晉
過衛郈成子魯大夫也郈敬子國之子郈青孫也適晉道經衛右宰穀臣止而觴
之陳樂而不樂酒酣而送之以璧右宰穀臣衛大夫也以璧送郈成子
顧反過而弗辭反還也自晉還過衛不辭右宰穀臣其僕曰嚮者右宰
穀臣之觴吾子也甚懽嚮曩也甚尊也今侯渫過而弗辭侯何

也重遝爲渫過何爲不辭右宰郈成子曰夫止而觴我與我懽也陳樂而不樂告我憂也酒酣而送之我以璧寄之我也若由是觀之衛其有亂乎倍衛三十里聞甯喜之難作右宰穀臣死之甯喜衛大夫甯惠子殖之子悼子也惠子與孫林父共逐獻公出之惠子疾臨終謂悼子曰吾得罪於君名載諸侯之策君入則掩君君能掩之則吾子也悼子許諾魯襄二十六年殺衛侯剽而納獻公故曰甯喜之難作也還車而臨三舉而歸臨哭也右宰息如是者三故曰三舉至使人迎其妻子隔宅而異之分祿而食之其子長而反其璧返還也孔子聞之曰夫智可以微謀仁可以託財者其郈成子之謂乎郈成子之觀右宰穀臣也深矣妙矣不觀其事而觀其志可謂能

觀人矣吳起治西河之外（吳起衛人仕於魏侯爲治西河）王錯譖之於魏武侯武侯使人召之吳起至於岸門止車而休望西河泣數行而下其僕謂之曰竊觀公之志視舍天下若舍屣（屣躧履）今去西河而泣何也吳起雪泣而應之（雪拭也）曰子弗識也君誠知我而使我畢能（畢盡）秦必可亡而西河可以王（可以亡王政也）今君聽讒人之議而不知我西河之爲秦也不久矣（言西河畔魏入於秦也）魏國從此削矣（削弱也）吳起果去魏入荆而西河畢入秦魏日以削秦日益大此吳起之所以先見而泣也古之善相馬者寒風是相口齒麻朝相頰子女厲相目衛忌

相髭許鄙相尻尻後竅也尻字讀如窮窖之窖投伐褐相膺脅管青相䐈肳陳悲相股脚秦牙相前贊君相後凡此十人者皆天下之良工也其所以相者不同見馬之一以用徵也徵驗也而知節之高卑足之滑易材之堅脆能之長短非獨相馬然也人亦有徵事與國清有徵聖人上知千歲下知千歲非意之也蓋有自云也綠圖幡薄從此生矣幡亦薄也繁作[illegible]物言薄令薄薄也

觀表

呂氏春秋卷第二十

呂氏春秋卷第二十一

開春論第一

察賢　期賢　審爲　愛類　貴卒

一曰開春始雷則蟄蟲動矣動蘇也時雨降則草木育矣育長也飲食居處適則九竅百節千脉皆通利矣通利不壅閉無疾病矣王者厚其德積衆善而鳳凰聖人皆來至矣雄曰鳳雌曰凰三代來至門庭周室至於山澤詩云鳳凰鳴矣于彼高岡此之謂也聖人皆來至謂堯得夔龍稷契舜得益湯得伊尹武丁得傅說之屬是也共伯和脩其行好賢仁而海内皆以來爲稽矣共國伯爵夏時諸侯也以在賢仁而人歸之皆以來附爲稽遲也周厲之難天子曠絶難厲王流于彘也周無天子十一年故曰曠絶也

而天下皆來謂矣（請天子也）以此言物之相應也故曰行也成也善說者亦然言盡理而得失利害定矣豈爲一人言哉（善說者大言天下之事得其分理愛之不動情之不枉故曰豈爲一人言哉）魏惠王死葬有日矣（孟子所見梁惠王也秦伐魏魏從都大梁梁在陳留浚儀西大梁城是也）天大雨雪至於牛目群臣多諫於太子者曰雪甚如此而行葬民必甚疾之官費又恐不給（給足也）請弛期更日（弛改也）太子曰爲人子者以民勞與官費用之故而不行先王之葬不義也子勿復言群臣皆莫敢諫而以告犀首（犀首魏人公孫衍也佩五國相印能合從連橫號爲犀首）犀首曰吾未有以言之（未猶無也）是其唯惠公乎請告惠公（言唯惠公

能諫之也惠公惠王相惠施也惠公曰諾駕而見太子曰葬有日矣
太子曰然惠公曰昔王季歷葬於渦山之尾欒水齧
其墓見棺之前和棺頭曰和文王曰譆先君必欲一見羣
臣百姓也夫故使欒水見之見猶出也於是出而爲之張
朝百姓皆見之三日而後更葬此文王之義也今葬
有日矣而雪甚及牛目難以行太子爲及日之故得
無嫌於欲亟葬乎願太子易日先王必欲少留而撫
社稷安黔首也故使雨雪甚因弛期而更爲日此文
王之義也若此而不爲意者羞法文王也太子曰甚
善敬弛期更擇葬日惠子不徒行說也又令魏太子

未葬其先君而因有說文王之義說文王之義以示
天下豈小功也哉韓氏城新城期十五日而成韓氏子都
弘農宜陽其後都潁川陽翟新城今河南新城是也故戎蠻子之國也段喬爲司空有
一縣後二日段喬執其吏而囚之囚者之子走告封
人子高曰唯先生能活臣父之死子高賢者也封人田大夫職在封疆
故謂之封人周禮亦有封人之官傳曰潁考叔爲潁國封人也顏委之先生封人子
高曰諾乃見段喬自扶而上城封人子高左右望曰
美哉城乎一大功矣子必有厚賞矣自古及今功若
此其大也而能無有罪戮者未嘗有也封人子高出出去也
段喬使人夜解其吏之束縛也而出之故曰封

人子高爲之言也而匿己之爲而爲也叚喬聽而行之也匿己之行而行也説之行若此其精也封人子高可謂善説矣叔嚮之弟羊舌虎善欒盈（欒盈晉大夫欒書之孫欒黶之子懷子也）欒盈有罪於晉晉誅羊舌虎叔嚮爲之奴而朡（奴戮也律坐父兄沒入爲奴周禮曰其奴男子入于罪隷此之謂也朡繫也）祈奚曰吾聞小人得位不爭不祥（當諫君退之故不爭不祥也）君子在憂不救不祥（憂阸也當諫君免之故不救不祥也）乃往見范宣子而説也（祈奚高梁伯之子祈黃羊也爲范宣子説叔嚮也范宣子范文子之子丐也）曰聞善爲國者賞不過而刑不慢賞或過則懼及滛人刑慢則懼及君子與其不幸而過寧過而賞滛人毋過而刑君子

故堯之刑也殛鯀於虞而用禹殛誅也於舜用禹禹鯀之子也周之刑也戮管蔡而相周公管叔周公弟蔡叔其兄也二人流言欲亂周室而戮之周公相成王而尹天下也不慢刑也宣子乃命吏出叔嚮赦人之患者行危苦不避煩辱猶不能免今祈奚論先王之德而叔向得免焉學豈可以已哉類多若此

開春

二曰今有良醫於此治十人而起九人所以求之萬也以術之良故人多求之也故賢者之致功名也必乎良醫而君人者不知疾求豈不過哉人皆知求良醫以治病人君不知求賢臣以治國故曰豈不過哉今夫塞者勇力時日卜筮禱祠無事焉善者

必勝立功名亦然要在得賢要約也魏文侯師卜子夏
友田子方禮段干木禮軾其閭也國治身逸逸不勞也天下之
賢主豈必苦形愁慮哉執其要而已矣要謂師賢友明徹有德而
已也雪霜雨露時則萬物育矣育成也人民修矣疾病妖
厲去矣妖怪厲惡去猶除也故曰堯之容若委衣裘以言少事
也宓子賤治單父子賤孔子弟子宓不齊也彈鳴琴身不下堂而
單父治巫馬期以星出以星入日夜不居以身親之
而單父亦治巫馬期問其故於宓子宓子曰我之謂
任人子之謂任力任力者故勞任人者故逸宓子則
君子矣逸四肢全耳目平心氣而百官以治義矣任

其數而已矣數術也巫馬期則不然弊生事精勞手足

煩教詔雖治猶未至也

察賢

三曰今夫爚蟬者務在乎明其火振其樹而已火不明雖振其樹何益雖振樹蟬飛去不能得之故曰何益也明火不獨在乎火在於闇闇冥無所見火乃光耳故曰在於闇也當今之時世闇甚矣人主有能明其德者天下之士其歸之也若蟬之走明火也走趨也凡國不徒安名不徒顯必得賢士傳曰不有君子其能國乎故曰必得賢士趙簡子晝居喟然太息曰異哉吾欲伐衛十年矣而衛不伐不伐不用伐也待者曰以趙之大

而伐衛之細君若不欲則可也君若欲之請令伐之簡子曰不如而言也（而汝）衛有士十人於吾所（於猶在也）吾乃且伐之十人者其言不義也而我伐之是我爲不義也故簡子之時衛以十人者按趙之兵（按止也）歿簡子之身衛可謂知用人矣遊十士而國家得安簡子可謂好從諫矣聽十士而無侵小奪弱之名魏文侯過段干木之閭而軾之（閭里也周禮二十五家爲閭軾伏軾也禮國君軾馬尾兵車不軾尚威武也）其僕曰君胡爲軾曰此非段干木之閭歟段干木蓋賢者也吾安敢不軾且吾聞段干木未嘗肯以己易寡人也（謂以己之德易寡人之勢不肯也）吾安敢驕之（驕慢）

之也段干木光乎德寡人光乎地段干木富乎義寡人富乎財其僕曰然則君何不相之何不以段干木爲輔相也於是君請相之段干木不肯受則君乃致祿百萬而時往館之時往詣其館也於是國人皆喜相與誦之曰吾君好正段干木之敬吾君好忠段干木之隆隆高也居無幾何秦興兵欲攻魏司馬唐諫秦君曰段干木賢者也而魏禮之天下莫不聞無乃不可加兵乎秦君以爲然乃按兵輟不敢攻之輟止也魏文侯可謂善用兵矣嘗聞君子之用兵莫見其形其功已成其此之謂也野人之用兵也鼓聲則似雷號呼則動地塵氣充天流

矣如雨扶傷輿死履腸涉血無罪之民其死者量〔量猶滿也〕於澤矣而國之存亡主之死生猶不可知也其離仁義亦遠矣

期賢

四曰身者所爲也天下者所以爲也審所以爲而輕重得矣〔身所重天下所輕也得猶知也〕今有人於此斷首以易冠殺身以易衣世必惑之〔惑怪也〕是何也冠所以飾首也衣所以飾身也殺所飾要所以飾則不知所爲矣〔爲謂相爲之爲〕世之走利有似於此危身傷生刈頸斷頭以徇利則亦不知所爲也太王亶父居邠狄人攻之〔太王亶父公祖〕

之子王季之父文王之祖號曰古公亶父來朝走馬率西水滸至于岐下避狄難也狄人獫狁今之匈奴
也事以皮帛而不受事以珠玉而不肯狄人之所求
者地也太王亶父曰與人之兄居而殺其弟與人之
父處而殺其子吾不忍爲也言忍事土地與狄人戰鬬殺人之子弟也皆
勉處矣爲吾臣與狄人臣奚以異勉務處居也敎邪人務安居爲臣等
耳故曰奚以異且吾聞之不以所以養害所養杖策而去所以
養者土地也所養者謂民人也策箠也民相連而從之遂成國於岐山
之下連結也民相與結憺隨之衆多復成爲國也岐山在右扶風美陽之北其下有周地周家因之
以爲天下號也太王亶父可謂能尊生矣尊重也能尊生雖貴
富不以養傷身雖貧賤不以利累形今受其先人之

爵禄則必重失之生之所自來者多矣而輕失之豈不惑哉言今人重失其先人之爵禄爭土地而失其生命故曰豈不惑哉韓魏相與爭侵地子華子見昭釐侯昭釐侯有憂色子華子體道人也昭釐侯諡也韓武子五世之孫哀侯之子也子華子曰今使天下書銘於君之前書之曰左手攫之則右手廢右手攫之則左手廢然而攫之必有天下君將攫之乎亡其不與昭釐侯曰寡人不攫也子華子曰甚善自是觀之兩臂重於天下也身又重於兩臂韓之輕於天下遠今之所爭者其輕於韓又遠遠猶多也君固愁身傷生以憂之臧不得也臧近也昭釐侯曰善教寡人者衆矣未嘗得聞

此言也子華子可謂知輕重矣知輕重故論不過過失
也中山公子牟謂詹子曰身在江海之上心居乎魏
闕之下奈何子牟魏公子也作書四篇魏伐得中山公以封子牟因曰中山公子牟也詹子
故得道者也身在江海之上言志放也魏闕心下巨闕也心下巨闕言神內守也一說魏闕象魏也懸教
象之法浹日而收之魏魏高大故曰魏闕言身雖在江海之上心存王室故在天子門闕之下也詹
子曰重生重生則輕利言不以利傷生也中山公子牟曰雖
知之猶不能自勝也言人雖知重生當輕利猶不能自勝其情欲也詹子曰
不能自勝則縱之神無惡乎言人不能自勝其情欲則放之放之神無所憎
惡言當寧神以保性也不能自勝而強不縱者此之謂重傷重
傷之人無壽類矣言人不能自勝其情欲而不放之則重傷其神也神傷則夭殞札瘥

故曰無譸類也重讀復重之重

審爲

五曰仁於他物不仁於人不得爲仁不仁於他物獨仁於人猶若爲仁仁也者仁乎其類者也故仁人之於民也可以便之無不行也便利也行爲也神農之教曰神農炎帝也士有當年而不耕者則天下或受其飢矣當其丁壯之年故不耕植則穀不豐故有受其飢者也女有當年而不績者則天下或受其寒矣詩云不績其麻布也衣服不供有受其寒者故身親耕要親績自神農之身也所以見致民利也賢人之不遠海内之路而時往來乎王公之朝非以要利也要徼也以民爲務

故也（以利民爲務）人主有能以民爲務者則天下歸之矣王也者非必堅甲利兵選卒練士也非必隳人之城郭殺人之士民也上世之王者衆矣而事皆不同其當世之急憂民之利除民之害同（同等也）公輸般爲高雲梯欲以攻宋（公輸般魯般之號也在楚爲楚王設攻宋之具也）墨子聞之自魯往裂裳裹足日夜不休十日十夜而至於郢（郢楚都也）見荆王曰臣北方之鄙人也（鄙小也）聞大王將攻宋信有之乎王曰然墨子曰必得宋乃攻之乎亡其不得宋且不義猶攻之乎（猶尚也）王曰必（必一作既）不得宋且有不義則曷爲攻之墨子曰甚善臣以宋必不可得（臣以

爲攻宋必不可得也王曰公輸般天下之巧工也已爲攻宋之械矣械器也墨子曰請令公輸般試攻之臣請試守之於是公輸般設攻宋之械墨子設守宋之備九攻之墨子九卻之不能入入猶下也故荆輟不攻宋墨子能以術禦荆免宋之難者此之謂也聖王通士不出於利民者無有言皆欲利民也昔上古龍門未開呂梁未發龍門河之阨在左馮翊夏陽之北呂梁在彭城呂縣大石在水中禹決而通之號曰呂梁發通也河出孟門大溢逆流昔龍門呂梁未通河水稸積其深乃出於孟門山之上入溢逆流無有涯畔也無有丘陵沃衍平原高阜盡皆滅之滅沒也名曰鴻水鴻大也禹於是疏河決江爲彭蠡之障彭蠡澤在豫章隄防也乾

東土所活者千八百國（乾燥也禹致群臣於會稽執玉帛者萬国此曰千八百者）

（位謂被水災之國耳言使民得居燥土不溺死故曰活之也）此禹之功也（功活水之功也）

勤勞為民無苦乎禹者矣（事功曰勞其治水鑿龍門辟伊闕決江疏河其勤苦無如禹於也）

匡章謂惠子曰公之學去尊今又王齊王何其到也（去尊棄尊位也今王事齊王居其尊位謂惠子言行何其到逆相違背也）

惠子曰今有人於此欲必擊其愛子之頭石可以代之（愛子所愛之子也舍愛子頭而擊石也故曰石可以代之也）

匡章曰公取之代乎其不與（言公取石以代子頭乎其不與耶）

施取代之子頭所重也石所輕也擊其所輕以免其所重豈不可哉（言其可也）

匡章曰齊王之所以用兵而不休攻擊人而不止者其故何也

（爲何等故也）惠子曰大者可以王其次可以霸也今可以王齊王而壽黔首之命免民之死是以石代愛子頭也何爲不爲（言何爲不用兵也）民寒則欲火暑則欲冰燥則欲濕濕則欲燥寒暑燥濕相反其於利民一也利民豈一道哉當其時而已矣（冬寒欲溫夏暑欲涼故曰當其時而已矣）

愛類

六曰力貴突智貴卒得之同則遬爲上勝之同則溼爲下（溼猶遲久之也）所爲貴驥者爲其一日千里也（貴其疾也）旬日取之與駑駘同（十日爲旬駑駘十日亦至千里故曰與駑駘同也）所爲貴鏃矢者爲其應聲而至（鏃矢輕利也小曰鏃矢大曰鎬矢）終日而至

則與無至矢一作同射三百步終一日乃至是爲與無所至同也吳起謂荊王曰荊所有餘者地也所不足者民也今君王以所不足益所有餘臣不得而爲也臣無所得爲君計耳於是令貴人往實廣虛之地皆甚苦之貴人貴臣也皆不欲往實廣虛之地苦病之也荊王死貴人皆來尸在堂上貴人相與射吳起吳起號呼曰吾示子吾用兵也拔矢而走伏尸插矢而疾言曰羣臣亂王吳起死矣吳起拔人所射之矢以插王尸因言曰羣臣謂王爲亂而射王尸欲令羣臣被誅以自爲報也且荊國之法麗兵於王尸者盡加重罪逮三族吳起之智可謂捷矣捷疾也言發謀以報其讎之速疾也齊襄公即位憎公孫無知收其祿齊襄公莊公購之孫僖公祿父

之子諸兒也公孫無知僖公之弟夷仲年之子故曰孫於襄公爲從弟無知不說殺襄公公子糾走魯公子小白奔莒既而國殺無知未有君公孫無知自立爲君故國人殺之未有其君也公子糾與公子小白皆歸俱至爭先入公家公家公之朝也管仲扞弓射公子小白中鉤鉤帶鉤也鮑叔御公子小白僵御猶使也僵猶偃也管子以爲小白死告公子糾曰安之公子小白已死矣鮑叔因疾驅先入故公子小白得以爲君鮑叔之智應射而令公子小白僵也其智若鏃矢也鏃矢言其捷疾也周武君使人刺伶悝於東周伶悝僵周武君西周之君伶悝東周之臣也僵斃也令其子速哭曰以誰刺我父也刺者聞以爲死也刺者聞伶

悝已死因報西周武君曰伶悝已死矣周以爲不信因厚罪之報所使刺伶悝者也趙氏攻中山中山之人多力者曰吾丘鴆衣鐵甲操鐵杖以戰而所擊無不碎所衝無不陷以車投車以人投人也幾至將所而後死將趙氏之將也近至其將所然後死言吾丘鴆力有餘也

貴卒

呂氏春秋卷第二十一

呂氏春秋卷第二十二

慎行論第二

無義　疑似　壹行　求人　察傳

呂氏春秋訓解　高氏

一曰行不可不孰不孰如赴深谿雖悔無及孰猶思也有水曰澗無水曰谿不可不思行仁如入深谿不可使蒲而平也雖悔行不純淑陷入刑辟無所復及也君子計行慮義慮度也度義而後行之也小人計行其利乃不利傳曰蘊利生孽故曰乃不利也有知不利之利者則可與言理矣理道也

荊平王有臣曰費無極害太子建欲去之平王楚恭王之子棄疾也王爲建取妻於秦而美美好也無極勸王奪奪取也王

已奪之而踈太子踈遠也無極說王曰晉之霸也近於
諸夏而荆僻也僻遠也故不能與爭爭霸不若大城城
父而置太子焉以求北方城父楚北境之邑今屬沛國北方宋鄭魯衛也王
收南方是得天下也南方謂吳越也王說使太子居于城父
居一年乃惡之曰建與連尹將以方城外反連尹伍奢子胥
之父也方城楚之阨塞也反叛也王曰已爲我子矣又尚奚求子太子也
對曰以妻事怨且自以爲猶宋也猶如也齊晉又輔之
輔助也將以害荆其事已集矣集合也王信之使執連尹
執囚也太子建出犇出犇鄭也左尹郄宛國人說之無極又
欲殺之謂令尹子常曰郄宛欲飲令尹酒子常名囊瓦令尹子

臺之孫（郄尹光唐之子也宛字也）又謂郄宛曰令尹欲飲酒於子之
家郄宛曰我賤人也不足以辱令尹令尹必來辱（辱屈
辱也）我且何以給待之無極曰令尹好甲兵（甲鎧也兵戟也）子
出而寘之門（寘置也）令尹至必觀之巳因以爲酬（酬執也詩
云獻酬交錯此之謂也）及饗日帷門左右而寘甲兵馬無極因
謂令尹曰吾幾禍令尹郄宛將殺令尹甲在門矣令
尹使人視之信（信有甲也）遂攻郄宛殺之國人大怨動作
者莫不非令尹（非咎也）沈尹戌謂令尹曰夫無極荆之
讒人也（沈尹戌莊王之孫沈諸梁葉公子高之父也）亡夫太子建殺連尹
奢屛王之耳目也（屛蔽也）今令尹又用之殺衆不辜以興

大謗患幾及令尹（幾近也）令尹子常曰是吾罪也敢不良圖乃殺費無極盡滅其族以說其國動而不論其義知害人而不知人害巳也以滅其族費無極之謂乎（以讒邪害人人以公近害之故族滅也）崔杼與慶封謀殺齊莊公莊公死更立景公崔杼相之（莊公名先靈公之子也景公名杵臼莊公之弟也）慶封又欲殺崔杼而代之相於是㨯崔杼之子令之爭後崔杼之子相與私閧（閧門也閧讀近鴻緩氣言之）崔杼往見慶封而告之慶封謂崔杼曰且留吾將興甲以殺之因令盧蒲嫳興甲以誅之盡殺崔杼之妻子及枝屬燒其室屋報崔杼曰吾巳誅之矣崔杼歸無歸因而

自絞也絞縊也慶封相景公景公苦之慶封出獵景公與陳無宇公孫竈公孫蠆誅封無宇陳須無之子桓子也公孫竈惠公之孫公子欒堅之子子射也蠆惠公之孫公子高祈之子子尾也與共誅慶封也慶封以其屬鬬不勝走如魯齊人以爲讓責讓魯爲其受慶封又去魯而如吳王予之朱方朱方吳邑以封慶封也荆靈王聞之率諸侯以攻吳圍朱方拔之靈王楚王麇子圍也覆取之曰拔得慶封負之斧質以徇於諸侯軍令之因呼其曰毋或如齊慶封弑其君而弱其孤以亡其大夫乃殺之亡其大夫謂崔杼強而死帝之貴而死黃帝得道仙而可貴然徼歸於死堯舜之賢而死孟賁之勇而死人固皆死若慶封者可謂重死矣身爲僇

支屬不可以見行忮之故也忮惡也凡亂人之動也其
始相助後必相惡爲義者則不然始而相與久而相信卒而相
親後世以爲法程程度也

慎行

二曰先王之於論也極之矣極盡也故義者百事之始
也始首也萬利之本也本原也傳曰義利之和也故曰利之本也中智之所
不及也不能及知之也不及則不知不知趨利趨利固不可
必也公孫鞅鄭平續經公孫竭是已公孫鞅商鞅也鄭平秦臣也續
經趙人也公孫竭亦秦之臣也並不自解以義動則無曠事矣曠廢也人臣
與人臣謀爲姦猶或與之又況乎人主與其臣謀爲

義其孰不與者非獨其臣也天下皆且與之公孫鞅之於秦非父兄也非有故也以能用也欲堙之責非攻無以（堙塞也鞅欲報塞相秦之責非攻伐無以塞責）於是爲秦將而攻魏魏使公子卬將而當之（當應也）公孫鞅之居魏也固善公子卬使人謂公子卬曰凡所爲游而欲貴者以公子之故也今秦令鞅將魏令公子當之豈且忍相與戰哉公子言之公子之主鞅請亦言之主而皆罷軍於是將歸矣使人謂公子曰歸未有時相見（言歸相見無有時也）願與公子坐而相去別也公子曰諾魏吏爭之曰不可公子不聽遂相與坐公孫鞅因伏卒與車騎以

取公子卬秦孝公薨惠王立以此疑公孫鞅之行故加罪焉公孫鞅以其私屬與母歸魏襄疵不受曰以君之反公子卬也吾無道知君故士自行不可不審也惠王殺鞅車裂之何得以其私族與母歸魏而不見受乎公子卬家何以不取而殺之鞅執公子卬有罪於魏推此言之復歸魏妄矣戰國策曰鞅欲歸魏秦人曰商君之法急不得出也惠王得而車裂之襄疵魏人也

鄭平於秦王臣也其於應侯交也欺交反主爲利故也方其爲秦將也天下於之也遺無不以者重也重以得之輕必失之去秦將入趙魏天下所賤之無不以也所以羞無不以也行方可賤可羞而無秦將之重不窮奚待待恃也趙急求李欬李言續經與之

俱如衛抵公孫與公孫與見而與入抵至也入猶納也續經因告衛吏使捕之捕李劾也續經以任趙五大夫五大夫爵也人莫與同朝賤續經之行也子孫不可以交友人不交友之也公孫竭與陰君之事而反告之樗里相國樗里疾也以仕秦五大夫功非不大也然而不得入三都三都趙衛魏也又況乎無此其功而有行乎無有交友受寄託之功而有其相輸告之行也

無義

三曰使人大迷惑者必物之相似也玉人之所患患石之似玉者相劍者之所患患劍之似吳干者吳干吳之干將者也賢主之所患患人之博聞辯言而似通者通達也

亡國之主似智，亡國之臣似忠。相似之物，此愚者之所大惑，而聖人之所加慮也。慮則知之也 故墨子見岐道而哭之。為其可以南可以北，言乖別也 周宅酆鎬近戎人，與諸侯約，為高葆禱於王路，置鼓其上，遠近相聞。即戎寇至，傳鼓相告，諸侯之兵皆至救天子。戎寇當至，幽王擊鼓，諸侯之兵皆至，褒姒大說，喜之。幽王欲褒姒之笑也，因數擊鼓，諸侯之兵數至而無寇。至於後戎寇真至，幽王擊鼓，諸侯兵不至，幽王之身乃死於麗山之下，為天下笑。此夫以無寇失真寇者也。賢者行小惡以致大惡。惡積足以滅身，故曰以致大惡 褒姒之敗，乃令幽王好小說以致大滅。詩云赫赫宗周，褒姒滅之也故形骸相離三公九卿出走此褒姒之所用死而平王所以東徙也平王幽王之太子宜臼也東徙於洛邑今河南縣秦襄晉文之所以勞王勞而賜地也秦襄公秦仲之孫莊公之子也幽王爲犬戎所敗平王東徙襄公將兵救周有功受周故地酆鎬列爲諸侯晉文侯仇穆侯之子也傳曰平王東遷晉鄭依焉此之謂也梁北有黎丘部有奇鬼焉喜效人之子姪昆弟之狀邑丈人有之市而醉歸者黎丘之鬼效其子之狀扶而道苦之丈人歸酒醒而誚其子誚讓曰吾爲汝父也豈謂不慈哉我醉汝道苦我何故其子泣而觸地曰孽矣無此事也昔也往責於東邑人可問也其父信之曰譆是必夫奇鬼也我固嘗聞之矣明日

端復飲於市欲遇而刺殺之明旦之市而醉其眞子恐其父之不能反也反還也遂逝迎之逝往也丈人望其眞子拔劒而刺之丈人智惑於似其子者而殺於眞子夫惑於似士者而失於眞士此黎丘丈人之智也疑似之迹不可不察察之必於其人也舜爲御堯爲左禹爲右入於澤而問牧童入於水而問漁師奚故也其知之審也夫人子之相似者其母常識之知之審也

疑似

四曰先王所惡無惡於不可知不可知則君臣父子

兄弟朋友夫妻之際敗矣十際皆敗亂莫大焉凡人倫以十際爲安者也釋十際則與麋鹿虎狼無以異多勇者則爲制耳矣不可知則知無安君無樂親矣無榮兄無親友無尊夫矣強大未必王也而王必強大王者之所藉以成也何藉其威與其利非強大則其威不威其利不利其威不威則不足以禁也（禁止也）其利不利則不足以勸也（勸進也）故賢主必使其威利無敵故以禁則必止以勸則必爲（爲治也）威利敵而憂苦民行可知者王威利無敵而以行不知者亡（無仁義之行見知敗亡也）小弱而不可知則強大疑之矣（小而不小弱而不弱故強

國大國疑之也人之情不能愛其所疑小弱而大不愛則無
以存小國弱國而爲強大者不爲大國所愛則無以自存故不可知之道王者
行之廢廢壞也強大行之危危傾隕也小弱行之滅滅破亡也今
行者見大樹必解衣懸冠倚劍而寢其下大樹非人
之情親知交也而安之若此者信也大樹不欺詐人故信之陵
上巨木人以爲期易知故也巨木人所同見也期會其下蔭休之也故曰易
知也故又況於士乎士義可知故也則期爲必矣衆人復期
會於其所而咨諏之又況彊大之國彊大之國誠可知則其王
不難矣孟子曰以齊王猶反手也故曰不難矣人之所乘船者爲其能
浮而不能沈也世之所以賢君子者爲其能行義而

不能行邪辟也孔子卜得賁孔子曰不吉賁色不純也詩云鶉之賁賁子貢曰夫賁亦好矣何謂不吉乎孔子曰夫白而白黑而黑夫賁又何好乎故賢者所惡於物無惡於無處惡物之無曰惡其無處可名之也夫天下之所以惡莫惡於不可知也夫不可知盜不與期賊一作賤不與謀盜賊大姦也而猶所得逆偶又況於欲成大功乎夫欲成大功令天下皆輕勸而助之勸進也必之士可知

壹行

五曰身定國安天下治必賢人身者國之本也詹子曰未聞身亂而國治者也故曰身定國安而治須賢人也古之有天下也者七十一聖觀於

春秋自魯隱公以至哀公十有二世其所以得之所以失之其術一也得賢人國無不安名無不榮失賢人國無不危名無不辱先王之索賢人無不以也以用也極卑極賤極遠極勞虞用宮之奇吳用伍子胥之言此二國者雖至於今存可也則是國可壽也有能益人之壽者則人莫不願一作事之今壽國有道而君人者而不求過矣堯傳天下於舜禮之諸侯妻以二女臣以十子身請北面朝之至卑也舜布衣也故曰至卑伊尹庖廚之臣也傅說殷之胥靡也胥靡刑罪之名也皆上相天子至賤也禹東至榑木之地日出九津青羌之野榑木

大木之津崖也淮南子曰日出陽谷青羌東方之野也攢樹之所揩天之山山高至天

也鳥谷青丘之鄉黑齒之國東方其人齒黑因曰齒黑之國也南至

交阯孫樸續樠之國丹粟漆樹沸水漂漂九陽之山

南方積陽陽數極於九故曰九陽之山也羽人裸民之處不死之鄉羽人鳥喙

背上有羽翼裸民不衣衣裳也鄉亦國也西至三危之國巫山之下飲露

吸氣之民積金之山飲露吸氣養形人也西方剛氣所在故曰積金之山也共

肱一臂三面之鄉北至人正之國夏海之窮衡山之

上今正北極之國也夏海大冥也北方純陰故曰大冥之中處衡山之北極之山也犬戎之

國夸父之野禺彊之所積水積石之山不有懈墮犬戎

西戎之別也夸父獸名也禺彊天神也之所處也積水謂海也積石山名也經營行之不懈墮休息也

憂其黔首顏色黎黑竅藏不通(病也)步不相過(罷也)以求賢人欲盡地利至勞也(地利嘉穀也至大也事功曰勞)得陶化益真窺橫革之交五人佐禹故功績銘乎金石(金鐘鼎也石豐碑也)著於盤盂(盤盂之器皆銘其功)昔者堯朝許由於沛澤之中曰十日出而焦火不息不亦勞乎夫子為天子而天下已治矣(夫子謂許由也)請屬天下於夫子許由辭曰為天下之不治與而既已治矣自為與啁噍巢於林不過一枝(自為為已也與邪也啁噍小鳥也巢蔟也偃息也啁音超)偃鼠飲於河不過滿腹歸已君乎(滿腹不求餘也歸終也)惡用天下(惡安也)遂之箕山之下潁水之陽耕而食(箕山在潁川陽城之西水北曰陽也)終身無經

天下之色經橫理也故賢主之於賢者也物莫之妨不以物故妨害賢者戚愛習故戚親也不以害之故賢者聚焉賢者所聚天地不壞鬼神不害人事不謀人不以姦邪謀之也此五常之本事也皐子衆疑取國召南宮虔孔伯產而衆口止皐子賢者也其取國告虔產口乃止虔產其徒之賢者也其事不與許由相連也皐子衆疑許由欲取國也晉人欲攻鄭令叔嚮聘焉視其有人與無人視其有無賢人也子產爲之詩曰子惠思我褰裳涉洧子不我思豈無他士叔嚮歸曰鄭有人子產在焉不可攻也秦荊近其詩有異心不可攻也鄭近秦與荊也其詩云子不我思豈無他人將事秦荊故曰有異心不可攻也晉人乃輟攻鄭輟止也孔子曰詩云

無競惟人子產一稱而鄭國免詩大雅抑之二章也無競惟人四方其訓之無競競也國之強惟在得人故曰鄭國免其難也

求人

六曰夫得言不可以不察數傳而白爲黑黑爲白故狗似玃玃似母猴母猴似人人之與狗則遠矣玃假玃獸名也此愚者之所以大過也聞而審則爲福矣聞而不審不若無聞矣齊桓公聞管子於鮑叔楚莊聞孫叔敖於沈尹筮審之也故國霸諸侯也鮑叔牙說管仲於桓公沈尹筮說叔敖於莊王察其賢明審也吳王聞越王句踐於太宰嚭智伯聞趙襄子於張武不審也故國亡身死也太宰嚭吳王夫差臣也張

武智伯臣也不審句踐襄子之智能故越攻吳吳亡王夫差死於干遂智伯圍趙襄子於晉陽襄子與韓魏通謀殺智伯於高梁之東故曰國亡身死之也凡聞言必熟論其於人必驗之以理驗效也理道理也魯哀公問於孔子孔子曰樂正夔一足信乎孔子曰昔者舜欲以樂傳教於天下乃令重黎舉夔於草莽之中而進之舜以爲樂正樂官之正也夔於是正六律和五聲以通八風而天下大服六律六氣之律陽爲律陰爲呂合十二也五聲五行之聲宮商角徵羽也八風八卦之風也通和陰陽故天下大服也重黎又欲益求人益求如夔者也舜曰夫樂天地之精也得失之節也故唯聖人爲能和樂之本也夔能和之以平天下和調也若夔者一而足矣故曰夔一足非一足也

宋之丁氏家無井而出溉汲常一人居外及其家穿井告人曰吾穿井得一人有聞而傳之者曰丁氏穿井得一人國人道之聞之於宋君宋君令人問之於丁氏丁氏對曰得一人之使非得一人於井中也求能之若此不若無聞也（無聞則不妄言也）子夏之晉過衛（子夏孔子弟子卜商也）有讀史記者曰晉師三豕涉河子夏曰非也是已亥也夫已與三相近豕與亥相似至於晉而問之則曰晉師已亥涉河也辭多類非而是多類是而非是非之經不可不分（經理也分明也）此聖人之所慎也然則何以慎緣物之情及人之情以爲所聞則得之

矣物之所不得然者惟之毀之之謂則雙不得一尺穿地作井不得一人明矣[illegible][illegible]以爲所聞得之矣

察傳

呂氏春秋卷第二十二

小三十七

呂氏春秋卷第二十三

貴直論第三

貴直　知化　過理　壅塞　原亂

呂氏春秋訓解　高氏

一曰賢主所貴莫如士所以貴士爲其直言也言直則枉者見矣觀至之白別漆之黑也故曰者見矣人主之患欲聞枉而惡直言是障其源而欲其水也障塞也水奚自至奚何也自從也是賊其所欲而貴其所惡也所欲奚自來所欲欲聞已枉也貴其所惡惡聞直言則已枉何從來至淮南子曰塞其耳而欲聞五音掩其目而欲督青黄不可得也此之謂也能意見齊宣王宣王曰寡人聞子好直有之乎

能姓也意名也齊士也宣王威王之子也對曰意惡能直意聞好直之士家不處亂國身不見汚君身今得見王而家宅乎齊意惡能直宅居也惡安也宣王怒曰野士也言鄙野之士也將罪之能意曰臣少而好事長而行之王胡不能與野士乎將以彰其所好耶與猶用也章明也上有明君下乃有直臣王胡爲不能用意之好直也王乃舍之舍不誅也能意者使謹乎論於主之側亦必不阿主阿曲也不阿主之所得豈少哉此賢主之所求而不肖主之所惡也惡疾也狐援說齊湣王曰殷之鼎陳於周之廷狐援齊臣也湣王齊宣王之子也殷紂滅亡鼎遷於周故陳其庭也其社蓋於周之屏屏障也言周存殷社而屋其上屏之以爲戒也其干戚之音在人

之遊（干楯戚斧舞者所執以舞也遊舞也）亡國之音不得至於廟亡國之社不得見於天亡國之器陳於廷所以爲戒（戒懼）王必勉之其無使齊之大呂陳之廷（大呂齊之鐘律也陳陳列也）無使太公之社（太公田常之孫田和也始代呂氏爲齊侯田氏宗之號爲太公）蓋之屏無使齊音充人之遊齊王不受狐援（湣王不受狐援之言）出而哭國三日（狐援哭也）其辭曰先出也（出去也）衣絺紵後出也滿囹圄吾今見民之洋洋然東走而不知所處齊王問吏曰哭國之法若何吏曰斮（斮斬）王曰行法吏陳斧質於東閭不欲殺之而欲去之狐援聞而蹶往過之（蹶顛蹶走往也過猶見也）吏曰哭國之法斮先生之老歟昏歟（昏亂）

也狐援曰曷爲昏哉於是乃言曰有人自南方來鮒入而鯢居鮒小魚鯢大魚魚之賊也喻食小魚而鯢居人國喻爲人害使人之朝爲草而國爲墟墟丘墟也殷有比干吳有子胥齊有狐援已不用若言若猶直言也又斮之東閭每斮者以吾參夫二子者乎每猶當也斮狐援者比比干子胥而三之也故曰以參夫二子者狐援非樂斮也國已亂矣上已悖矣哀社稷與民人故出若言出若言非平論也將以救敗也固嫌於危固必也嫌猶近也此觸子之所以去之也達子之所以死之也樂毅爲燕昭王將伐齊齊使觸子應之齊湣王不禮觸子觸子欲齊軍敗觸子乘車而去故曰所以去之達子代觸子將又爲燕敗故曰達子之所以死也趙簡子攻衛附郭自將兵及戰

且遠立附郭近郭也遠立立於矢石所不及也又居於犀蔽屏櫓之下鼓之而士不起簡子投桴而歎曰投棄也嗚呼士之數弊一若此乎數猶化也一猶皆也言士之變化弊惡皆如此乎行人燭過免冑橫戈而進曰亦有君不能耳何獘之有簡子艴然作色曰寡人之無使汝身自將是衆也子親謂寡人之無能有說則可無說無說則死對曰昔吾先君獻公即位五年兼國十九用此士也惠公即位二年淫色恭慢身好玉女玉女美女也秦人襲我遜去絳七十用此士也隕於韓為秦所獲也文公即位二年底之以勇故三年而士盡果敢城濮之戰五敗荊人圍衛取曹拔石社定天子之位天子

（周襄王也避子帶之亂出居于鄭文公納之故曰定天子之位也）成尊名於天下（尊名霸諸侯之名也）用此士也亦有君不能取士何弊之有簡子乃去犀蔽屛櫓而立於矢石之所及（矢箭石礜也及至也）一鼓而士畢乘之（畢盡也乘後也）簡子曰與吾得革車千乘也不如聞行人燭過之一言行人燭過可謂能諫其君矣戰鬭之上抱鼓方用賞不加厚罰不加重一言而士皆樂爲其上死（燭過之諫簡子能行）

貴直

二曰言極則怒（極盡也人能受逆耳之盡言者少故怒之）怒則說者危非賢者孰肯犯危而非賢者也將以要利矣（要求也）要利

之人犯危何益故不肖主無賢者無賢則不聞極言不聞極言則姦人比周百邪悉起 起興也 若此則無以存矣凡國之存也主之安也必有以也 詩云何其久也必有以也此之謂也 不知所以雖存必亡雖安必危 書曰於安思危此之謂也 所以不可不論也 論猶知也 齊桓公管仲鮑叔甯戚相與飲酒酣 酣樂也 桓公謂鮑叔曰何不起爲壽鮑叔奉杯而進曰使公毋忘出奔在於莒也 桓公遭公孫無知殺襄公之亂也出奔莒 毋忘之者欲令其在上不驕也 使管仲毋忘束縛而在於魯也 不死公子紏之難出犇於魯魯人束縛之以歸於齊 使甯戚毋忘其飯牛而居於車下 甯戚衛人也爲商旅宿於齊郭門之外桓公夜出郊迎客甯戚於其車下飯牛疾商歌桓公知其賢

舉以爲大夫也桓公避席再拜曰寡人與大夫能皆毋忘夫子之言則齊國之社稷幸於不殆矣避席下席也殆危也當此時也桓公可與言極言矣可與言極言故可與爲霸

荆文王得茹黃之狗宛路之矰文王荆武王之子矰弋射短矢以畋於雲夢畋獵也雲夢楚澤在南郡華容也三月不反得丹之姬淫朞年不聽朝淫惑也朝政也葆申曰先王卜以臣爲葆吉今王得茹黃之狗宛路之矰畋三月不反得丹之姬淫朞年不聽朝葆太葆官也申名也王之罪當笞王曰不穀免衣繈緥而齒於諸侯繈褸格繩緥小兒被也齒列也願請變更而無笞葆申曰臣承先王之令不敢廢也王不受笞是廢先王

之令也臣寧抵罪楚王毋抵罪於先王王曰敬諾引席王伏葆申束細荊五十跪而加之于背如此者再謂王起矣王曰有笞之名一也遂致之（遂痛致之）申曰臣聞君子恥之小人痛之恥之不變痛之何益葆申趣出自流於淵請死罪文王曰此不穀之過也葆申何罪王乃變更召葆申殺茹黃之狗析宛路之矰放丹之姬後荊國兼國三十九令荊國廣大至於此者葆申之力也極言之功也

貞諫

三曰夫以勇事人者以死也未死而言死不論（詐言已死）

不可爲人論說以雖知之與勿知同詩云既明且哲以保其身傳曰生好物也死惡物也好物樂也惡物哀也事之以死事人是爲樂可哀也故與勿知同勿無也凡智之貴也貴知化也又至之惑者則不然不然不知化也化未至則不知化已至雖知之與勿知一貫也事有可以過者有不可以過者而身死國亡則胡可以過此賢主之所重惑主之所輕也所輕國惡得不危身惡得不困危困之道身死國亡在於不先知化也吳王夫差是也夫差吳王闔廬光之子也夫差不知勝越而爲越所滅也子胥非不先知化也諫而不聽故吳爲丘墟禍及闔廬越王句踐報[illegible][illegible]社稷故爲丘墟也宗廟毀滅不得血食[illegible][illegible]禍及闔廬也吳王夫差將伐齊子胥曰不可夫

齊之與吳也習俗不同言語不通我得其地不能處（處居也）得其民不得使（使役也）夫吳之與越也接土鄰境壤交通屬（屬連也）習俗同言語通我得其地能處之得其民能使之越於我亦然夫吳越之勢不兩立越之於吳也譬若心腹之疾也雖無作其傷深而在內也夫齊之於吳也疥癬之病也不苦其已也且其無傷也今釋越而伐齊譬之猶懼虎而刺猏（獸三歲曰猏也）雖勝之其後患未央（虎之患未巨央）太宰嚭曰不可君王之令所以不行於上國者齊晉也君王若伐齊而勝之徙其兵以臨晉晉必聽命矣是君王一舉而服兩國也君

王之令必行於上國上國中國也夫差以爲然不聽子胥之言而用太宰嚭之謀子胥曰天將亡吴矣則使君王戰而勝天將不亡吴矣則使君王戰而不勝夫差不聽子胥兩袪高蹶而出於廷兩手舉衣而行蹶蹈也傳曰曾人之高使我高蹈蹎貌此之謂也怒曰嗟乎吴朝必生荆棘矣嗟嘆辭也子胥謂太宰嚭勸王伐齊國必破亡故朝生荆棘也夫差興師伐齊戰於艾陵艾陵齊地也大敗齊師反而誅子胥子胥將死曰與吾安得一目以視越人之入吴也乃自殺夫差乃取其身而流之江傳曰子胥自殺吴王盛之鴟夷投之江故曰流扶其目著之東門曰女胡視越人之入我也居數年越報吴殘其國絶其世滅

其社稷夷其宗廟也（夷平）夫差身爲擒（爲越所擒也）夫差將死曰死者如有知也吾何面以見子胥於地下乃爲幎以冒面死（冒覆面也慙見於子胥也）夫患未至則不可告也患既至雖知之無及矣故夫差之知慙於子胥也不若勿知

知化

四曰亡國之主一貫（一道也貫同也其所以亡之道同於不仁且不知足也）天時雖異其事雖殊所以亡同者樂不適也樂不適則不可以存糟丘酒池肉圃爲格（格以銅爲之布火其下以人置上人爛墮火而死笑之以爲樂故謂之樂不適也）雕柱而桔諸侯不適也（雕畫高柱也桔

桿於其端舉諸侯而上下之故曰不適刑鬼侯之女而取其環聽妲己之諸殺鬼侯之女以爲脯而取其所服之環也截涉者脛而視其髓以其涉水能寒也故視其髓欲知其與人有異不也殺梅伯而遺文王其醢不適也梅伯紂之諸侯也說鬼侯之女美好紂受妲己之譖以爲不好故殺梅伯以爲醢醢肉遺以譬也文王恱曰不適也文王貌受以告諸侯貌受心不受也故曰告諸侯也作爲琁室築爲頃宮琁室以琁玉文飾其室也頃宮築作宮墻蒲一頃田中言博大也剖孕婦而觀其化化育也視其胞裏殺比干而視其心不適矣比干紂之諸父也數諫紂之非紂不能聽故視其心欲知其何以不與人同也孔子聞之曰其竅通則比干不死矣聖人心達性通紂臣不仁心不通安於爲惡比干故孔子言其一竅通則比干不見殺也夏商之所以亡也桀殺關龍逢紂殺比干故曰此夏商之所以亡也晉靈公

臺遊從上彈人而觀其避丸也（靈公襄公之子文公之卑也從高臺上引彈彈其走而避丸以爲樂也）使宰人臑熊蹯不熟殺之令婦人載而（過朝）以示威不適也趙盾驟諫而不聽公惡之乃使沮麛（盾趙襄子之子宣子也）沮麛見之不忍賊（賊殺也）曰不忘恭敬（民之主）也賊民之主不忠（大夫稱主因曰民之主也）棄君之命不信（違命不信）一於此不若死（不忠不信若行之必有其一也）乃觸廷槐而死（觸畜也）

齊湣王亡居衛（湣王宣王之子）謂公王丹曰我何如主也（公王丹湣王臣也）王丹對曰王賢主也臣聞古人有辭天下而無恨色容臣聞其聲（聲名也）於王而見其實（實所行實之實）王名稱東帝實其辨天下（辨治也）去國衛容貌充滿顏色發揚（發揚明也）無重國之

意言輕之也王曰甚善丹知寡人寡人自去國居衛世帶益三
副矣副或作倍度惛王之亡國宜也但湎涎無憂恥霥喜於王公丹巧佞之言因云丹知寡人也帶益三
倍苟活者肥令腹大耳宋王築爲蘖帝鴟夷血高懸之射著甲冑從
下血墜流地宋王康王也蘖當作轣帝當作臺蘖與轣其音同帝與臺字相似因蘖帝耳詩云奏[illegible]
轣高長類也言康王築爲臺華囊之大者爲鴟夷囊[illegible]於臺上高懸之以象天著甲冑自下射之血流墮地與之名
言中天神下其血也左右皆賀曰王之賢過湯武矣湯武勝人
今王勝天賢不可以加矣加上也宋王大說飲酒室中
有呼萬歲者堂上盡應堂上已應堂下盡應門外庭
中聞之莫敢不應不適也不僭不濫動中禮義之謂適今此畏無道不敢不應
耳故曰不適也

過理

五曰亡國之主不可以直言不可以直言則過無道聞不可以直言諫正也則其過成以無道遠聞人皆聞之而善無自至矣無自至則壅自從也傳曰言進善善亦蔑由至矣故曰壅秦繆公時戎彊大秦繆公遺之女樂二八與良宰焉戎王大喜以其故數飲食日夜不休左右有言秦寇之至者因扞弓而射之殺之也扞引也秦寇果至戎王醉而卧於樽下卒生縛而擒之未擒則不可知不知將見擒也已擒則又不知醉不自知知也一本作既擒則無及矣雖善說者猶若此何哉言說無如之何齊攻宋齊惛王攻宋滅之也宋王使人候齊寇之所至候視也使者還曰齊

寇近矣國人恐矣左右皆謂宋王曰此所謂肉自至蟲者也以宋之強齊兵之弱惡能如此（言宋強盛齊兵之弱安能來至此也）宋王因怒而詘殺之（詘枉也無罪而殺之曰枉）又使人往視齊寇使者報如前宋王又怒詘殺之如此者三其後又使人往視齊寇近矣國人恐矣使者遇其兄曰國危甚矣若將安適（適之也）其弟曰爲兄視齊寇不意其近而國人恐如此也今又私患鄉之先視齊寇者皆以寇之近也報而死今也報其情死（以齊寇至之情實告宋王必誅死也）不報其情又恐死（不以寇至之情報而設偽齊寇至殺人是又恐死）將若何其兄曰如報其情有且先夫死者死先夫亡者亡

於是報於王曰殊不知齊寇之所在國人甚安王大喜左右皆曰鄉之死者宜矣王多賜之金寇至王自投車上馳而走此人得以富於他國夫登山而視牛若羊視羊若豚牛之性不若羊羊之性不若豚性猶體也若猶如也所自視之勢過也而因怒於牛羊之小也此狂夫之大者狂而以行賞罰此戴氏之所以絶也戴氏子罕戴公子孫也別爲樂氏傳曰宋之樂其與宋升降乎宋國衰子罕後子孫亦衰賞罰失中故曰此戴氏之所以絶也一本戴氏作叔世齊王欲以淳于髡傅太子髡辭曰臣不肖不足以當此大任也王不若擇國之長者而使之齊王曰子無辭也寡人豈責子之令太子必如寡

人也哉寡人固生而有之也子爲寡人令太子如堯乎其如舜也凡說之行也道不智聽智從自非受是也今自以賢過（一作遠）於堯舜彼且胡可以開說哉說必不入不聞存君（不納忠言之說鮮不免亡故曰不聞存君也）齊宣王好射（好喜也）說人之謂已能則彊弓也（示有力也）其嘗所用不過三石以示左右左右皆試引之中關而止（關謂引弦正半而止也）皆曰此不下九石非王其孰能用是（言九石之弓獨王用之耳）宣王之情（情實也）所用不過三石而終身自以爲用九石豈不悲哉（傷其自輕而不知其實）非直士其孰能不阿主世之直士其寡不勝衆數也（數道數也）故亂國之主患存

毋用三石爲九石也力不足而自以爲有餘也功德其治理皆亦如之也其

壅塞

六曰亂必有第第次也大亂五小亂三訓亂三大亂五謂晉國廢長立少立而復殺之也小亂三謂殺里克之黨也訓亂三謂於朝欒盈以兵盡入于絳也故詩曰毋過亂門所以遠之也逸詩也慮福未及慮禍之所以兌之也武王以武得之以文持之倒戈弛弓示天下不用兵所以守之也晉獻公立驪姬以爲夫人以奚齊爲太子里克率國人以攻殺之殺奚齊也荀息立其弟公子卓已葬里克又率國人攻殺之復殺公子卓也於是晉無君公子夷吾重賂秦以地而求入地河外之城五求入爲君

（君也）秦繆公率師以納之晉人立以爲君是爲惠公惠公既定於晉背秦德而不予地（傳曰入而背秦賂此之謂也）秦繆公率師攻晉晉惠公逆之與秦人戰於韓原晉師大敗秦獲惠公以歸因之於靈臺十月乃與晉成（成平也）歸惠公而質太子圉太子圉逃歸也惠公死圉立爲君是爲懷公秦繆公怒其逃歸也起奉公子重耳以攻懷公殺之於高梁（高梁晉地）而立重耳是爲文公文公施舍振廢滯匡乏困救災患禁淫慝薄賦斂宥罪戾（宥寬也）節器用用民以時敗荆人于城濮（荆成王）定襄王（周襄王辟子帶之難出居于鄭文公納之故曰定也）釋宋出穀戍（楚子圍宋又使申公叔侯

守齊之穀邑晉文伐曹衛將平之楚受曹衛與晉俱成解宋之圍召穀戍而去之也外內皆服外諸侯內卿大夫也皆服文公之德也而後晉亂止故獻公聽驪姬近梁五優施殺太子申生而大難隨之者五三君死一君虜三君死申生奚齊公子卓也一君虜惠公為秦所執囚之靈臺也大臣卿士之死者以百數離咎二十年自上世以來亂未嘗一而亂人之患也皆曰一而已此事慮不同情也事慮不同情者心異也故凡作亂之人禍希不及身希鮮也

原亂

呂氏春秋卷第二十三

呂氏春秋卷第二十四

不苟論第四

贊能　自知　當賞　博志　貴當

呂氏春秋訓解　高氏

一曰賢者之事也雖貴不苟爲雖欲尊貴不苟爲也不如禮曰苟爲也雖聽不自阿雖言見聽當以忠正不自阿媚以取容也必中理然後動非理不移也必當義然後舉非義不行也此忠臣之行也賢主之所說說猶敬也而不肖主雖不肖其說非惡其聲也人主雖不肖其說忠臣之聲與賢主同同等也行其實則與賢主有異賢主能用忠臣之言不肖主能刑殺之故曰有異也異故其功名禍

福亦異賢主受大福不肖主獲大禍故亦異也異故見說於闔閭而惡乎夫差夫差惡子胥也比干生而惡於商商紂惡之也死而見說乎周周武王說其忠也武王至殷郊係墮五人御於前莫肯之爲曰吾所以事君者非也係武王左釋白羽右釋黃鉞勉而自爲係孔子聞之曰此五人者之所以爲王者佐也不肖主之所弗安也故天子有不勝細民者天下有不勝千乘者天下海内也千乘一國也秦繆公見戎由余說而欲留之由余不肯繆公以告蹇叔蹇叔曰君以告内史廖内史廖對曰戎人不達於五音與五味君不若遺之繆公以女樂二八人與良宰遺之宰謂膳宰

戎王喜迷惑大亂飲酒晝夜不休由余驟諫而不聽因怒而歸繆公也蹇叔非不能爲內史廖之所爲也其義不行也繆公能令人臣時立其正義故雪殽之恥而西至河雍也（雪除也）秦繆公相里奚（以百里奚爲相也）晉使叔虎齊使東郭蹇如秦公孫枝請見之（公孫枝秦大夫子桑也）公曰請見客子之事歟對曰非也相國使子乎（相國百里奚也）對曰不也公曰然則子事非子之事也（事見客事也）秦國僻陋戎夷事服其任人事其事猶懼爲諸侯笑今子爲非子之事退將論而罪（而汝也）公孫枝出自數於百里氏百里奚請之公曰此所聞於相國歟枝無

罪奚請有罪奚請焉奚何也百里奚歸辭公孫枝公孫枝徙自敷於街百里奚令吏行其罪定分官此古人之所以爲法也今繆公鄉之矣其霸西戎豈不宜哉

晉文公將伐鄴趙衰言所以勝鄴之術文公用之果勝還將行賞衰曰君將賞其本乎賞其末乎賞其末則騎乘者存賞其本則臣聞之郤子虎文公召郤子虎曰衰言所以勝鄴鄴既勝將賞之曰蓋聞之於子虎請賞子虎子虎曰言之易行之難臣言之者也公曰子無辭郤子虎不敢固辭乃受矣凡行賞欲其博也博則多助今虎非親言者也而賞猶及之此疏遠

者之所以盡能竭智者也晉文公亡久矣歸而因大亂之餘猶能以霸其由此歟（亡久謂避驪姬之亂秋狄十二年歷行諸侯五年凡十七年歸晉國因大亂之後能建霸功皆由用此術也）

不苟

二曰賢者善人以人中人以事（賢者以人以人之德也中人任人以人之力也）不肖者以財（不肖者任人以人之財賄也傳曰政以財賄成此之謂也）得十良馬不若得一伯樂（伯樂善得馬得伯樂則得良馬不但十也故曰不若得一伯樂也）得十良劍不若得一歐冶（歐冶善爲劍工也義爲伯樂也）得地千里不若得一聖人（義與歐冶同）舜得皐陶而舜受之（授用也）湯得伊尹而有夏民（有夏桀之民也王天下也）文王得呂望而服殷

商殷紂之衆服從文王之德也夫德聖人豈有里數哉言得其用多不可數也故曰豈有里數哉管子束縛在魯爲魯所束縛也桓公欲相鮑叔欲以鮑叔爲齊相也鮑叔曰吾君欲霸王則管夷吾在彼彼魯也臣弗若也桓公曰夷吾寡人之賊也射我者也不可傳曰乾時之役申孫之矢射于桓公中鉤故曰不可鮑叔曰夷吾爲其君射人者也其君公子糺也君若得而臣之則彼亦將爲君射人桓公不聽不從鮑叔之言強相鮑叔固辭讓而相固必也桓公果聽之於是乎使人告魯曰管夷吾寡人之讎也願得之而親加手焉言欲得管仲親手自殺之以爲辭也魯君許諾乃使吏鞹其拳鞹韋也以韋囊其手也膠其目盛之以鴟夷置之車中至

迎之

齊境（境界也）桓公使人以朝車之迎祓以爟火釁以犧豭焉（火所以祓除不祥也周禮司爟掌行火之政令故以爟火殺之也殺牲以血塗之爲釁豭小事不用大牲故以豭也傳曰鄭伯使卒出豭行出犬雞此之謂也爟讀如權字）生與之如國（如至也）命有司除廟筵几而薦之（薦進也）曰自孤之聞夷吾之言也目益明耳益聰孤弗敢專敢以告于先君（告白也）因顧而命管子曰夷吾佐予（予我也）管仲還走再拜稽首受令而出（出於廟也）管子治齊國舉事有功桓公必先賞鮑叔曰使齊國得管子者鮑叔也桓公可謂知行賞矣凡行賞欲其本也本則過無由生矣（過失也）

孫叔敖沈尹莖相與友叔敖遊於郢三年聲問（一作晦〻）

不知修行不聞郢楚都也沈尹莖謂孫叔敖曰說義以聽
方術信行能令人主上至於王下至於霸我不若子
也耦世接俗說義調均以適主心子不如我也子何
以不歸耕乎吾將爲子游欲令孫叔敖隱也沈尹莖遊於郢
五年荆王欲以爲令尹沈尹莖辭曰期思之鄙人有
孫叔敖者聖人也王必用之臣不若也荆王於是使
人以王輿迎叔敖以爲令尹十二年而莊王霸此沈
尹莖之力也功無大乎進賢

贊能

三曰欲知平直則必准繩唯平繩直也欲知方圓則必規

矩規圓矩方也人主欲自知則必直士唯直士能正言也故天子
立輔弼設師保所以舉過也舉猶正也夫人故不能自知
人主猶其存亡安危勿求於外言皆在已也務在自知堯
有欲諫之鼓欲諫者擊其鼓也舜有誹謗之木書其過失以表木也湯
有司過之士司主也主正其過闕也武王有戒慎之鞀欲戒者搖
其鞀鼓之猶恐不能自知猶尚恐之不能自知其過失也今賢非堯舜湯
武也而有掩蔽之道奚繇自知哉荆成齊莊不自知
而殺荆成王爲公子商臣所殺齊莊公爲崔杼所殺皆不自知之咎也吳王智伯不
自知而亡吳王夫差也智伯晉卿智襄子也夫差爲越所破死于干隧智伯爲趙襄子所破死
于高梁之東故曰所亡也宋中山不自知而滅宋康王無道爲齊所滅中山亂男女

之別爲魏所滅也晉惠公趙括不自知而虜惠公爲秦所虜趙括以軍降秦坑其兵四十萬於長平也鑽荼龐涓太子申不自知而死鑽荼龐涓魏惠王之將申魏惠王之太子也與龐涓東伐齊戰於馬陵齊人盡殺之故惠王謂孟子曰晉國天下莫強焉叟之所知也及寡人身東敗於齊長子死此之謂也敗莫大於不自知莫無也范氏之亡也范氏晉卿范武子之後也謂簡子率師逐范吉射也一曰智伯伐范氏而滅之故曰亡也百姓有得鐘者欲負而走則鐘大不可負以椎毀之鐘況然有音恐人聞之而奪己也遽揜其耳遽疾也惡人聞之可也惡己自聞之悖矣爲人主而惡聞其過非猶此也此自揜其耳也惡人聞其過尚猶可魏文侯燕飲皆令諸大夫論己或言君之智也至於任座任座

曰君不肖君也得中山不以封君之弟而以封君之子是以知君之不肖也文侯不説知於顔色（知猶見也）任座趨而出次及翟黄翟黄曰君賢君也臣聞其主賢者其臣之言直今者任座之言直是以知君之賢也文侯喜曰可反歟（歟耶也謂任座可反耶）翟黄對曰奚爲不可臣聞忠臣畢其忠（畢盡也）而不敢遠其死座殆尚在於門（殆猶必也）翟黄往視之任座在於門以君令召之任座入文侯下階而迎之終座以爲上客（客敬也）文侯微翟黄則幾失忠臣矣（微無也幾近也）上順乎主心以顯賢者其唯翟黄乎

自知

四曰民無道知天民以四時寒暑日月星辰之行知天以用也四時寒暑日月星辰之行當則諸生有血氣之類皆爲得其處而安其產產生也人臣亦無道知主主君也人臣以賞罰爵祿之所加知主加施也主之賞罰爵祿之所加者宜宜猶當也則親疏遠近賢不肖皆盡其力而以爲用矣爲君用也晉文公反國賞從亡者而陶狐不與賞不及之也左右曰君反國家爵祿三出而陶狐不與敢問其說欲知之也文公曰輔我以義導我以禮者吾以爲上賞教我以善彊我以賢者吾以爲次賞拂吾

所欲數舉吾過者吾以爲末賞三者所以賞有功之
臣也若賞唐國之勞徒則陶狐將爲首矣唐國晉國也勤勞之
徒則陶狐也欲不與三賞中也周內史興聞之曰晉公其霸乎內史興周
大夫也奉使來賜文公命聞之昔者聖王先德而後力晉公其當之
矣當先德而後力也秦小主夫人用奄變群賢不說自匿百
姓鬱怨非上小主秦君也秦厲公曾孫惠公之子也夫人用奄變爲惑亂也公子連
亡在魏聞之欲入因群臣與民從鄭所之塞公子連一名元
秦厲公曾孫靈公之子也於小主爲從父昆弟也右主然守塞弗入右主然秦守塞
吏也弗內公子連也曰有義不兩主公子勉去矣內公子連則兩主矣勸之
使去疾公子連去入翟從焉氏塞塞在安定將之比翟菌改入之

菌改亦守塞吏也入之內公子連也夫人聞之大駭小主夫人也駭驚也令吏興卒奉命曰寇在邊卒與吏其始發也發行也皆曰往擊寇中道因變曰非擊寇也迎主君也主君謂公子連公子連因與卒俱來至雍圍夫人夫人自殺雍秦都也公子連立是為獻公怨右主然而將重罪之怨其不入己也德菌改而欲厚賞之德其入己也監突爭之曰不可監突秦大夫也秦公子之在外者衆衆多也若此則人臣爭入亡公子矣此不便主如此則諸臣爭內亡公子亡公子得入則爭為君故於主不便也獻公以為然故復右主然之罪復除也反其罪不復罪也而賜菌改官大夫官大夫秦爵也賜守塞者人米二十石獻公可謂能用賞罰矣

凡賞非以愛之也罰非以惡之也用觀歸也所歸善雖惡之賞所歸不善雖愛之罰傳曰善有章雖賤賞也惡有釁雖貴罰也此之謂也此先王之所以治亂安危也亂者能治之也危者能安之也

當賞

五曰先王有大務去其害之者故所欲以必得所惡以必除此功名之所以立也立成也俗主則不然有大務而不能去其害之者此所以無能成也夫去害務與不能去害務此賢不肖之所以分也分別也使獐疾走馬弗及至已而得者其時顧也反顧猶其行故見得也驥一日千里車輕也以重載則不能數里任重也任載也賢

者之舉事也不聞無功（言有功也）然而名不大立利不及世者愚不肖爲之任也（愚不肖之人爲之任玫事故使其君賢名不立福利不及後世子孫也）冬與夏不能兩刑（傳曰火中而寒暑退故曰不能兩刑）草與稼不能兩成新穀熟而陳穀虧凡有角者無上齒果實繁者木必庳（有殼曰果物莫能兩大故戴角者無上齒果實繁者木爲之庳小也）用智褊者無遂功天之數也（遂成也）故天子不處全不處極不處盈全則必缺極則必反盈則必虧先王知物之不可兩大故擇務當而處之孔墨甯越皆布衣之士也慮於天下以爲無若先王之術者（孔子墨翟也甯越中牟人也知道術之士也）故日夜學之有便於學者無不爲也有不便於

學者無肯爲也蓋聞孔丘墨翟晝日諷誦習業夜親見文王周公旦而問焉（夜則夢見文王周公而問其道也論語曰吾衰久矣吾不復夢見周公）用志如此其精也（精微密也）何事而不達何爲而不成故曰精而熟之鬼將告之非鬼告之也精而熟之也（史曰日精學所致無鬼神故曰有鬼告之也）今有寶劒良馬於此玩之不厭視之無倦寶行良道一而弗復欲身之安也名之章也不亦難乎甯越中牟之鄙人也苦耕稼之勞謂其友曰何爲而可以免此苦也其友曰莫如學學三十歲則可以達矣甯越曰請以十歲人將休吾將不敢休人將臥吾將不敢臥十五歲而周威公師

之（威公，西周君也。師之者，以齊越爲師也。）矢之速也，而不過二里止也；步之遲也，而百舍不止也。今以齊越之材而又不止，其爲諸侯師，豈不宜哉！養由基、尹儒，皆文藝之人也。荆廷嘗有神白猨，荆之善射者莫之能中，荆王請養由基射之。養由基矯弓操矢而往，未之射而括中之矣，發之則猨應矢而下，則養由基有先中中之者矣。（幽通記曰：養由基睇而猨號，此之謂也。）尹儒學御，三年而不得焉，苦痛之（痛悼也），夜夢受秋駕於其師。明日往朝其師，望而謂之曰：「吾非愛道也，恐子之未可與也。今日將教子以秋駕（秋駕，御法也）。」尹儒反走，北面再拜曰：「今昔臣夢受之

先爲其師言所夢所夢固秋駕已上二士者可謂能學矣可謂無害之矣此其所以觀後世已（二士[illegible]）

博志

六曰名號大顯不可彊求必繇其道（繇用也）治物者不於物於人治人者不於事於君（[illegible]言也[illegible]接也）治君者不於君於天子治天子者不於天子於欲（欲貪欲也不貪欲則天子安樂也）治欲者不於欲於性性者萬物之本也不可長不可短因其固然而然之此天地之數也窺赤肉而烏鵲聚貍處堂而衆鼠散（窺見也散走也）衰絰陳而民知喪竽瑟陳而民知樂湯武脩其行而天下從（脩其仁義之行故天下順從之）

也桀紂慢其行而天下畔慢易也豈待其言哉君子審
在已者而已矣荆有善相人者所言無遺策遺猶失也聞
於國國人聞之也莊王見而問焉對曰臣非能相人也能
觀人之友也觀布衣也其友皆孝悌純謹畏令如此
者其家必日益益富也身必日榮矣所謂吉人也觀事
君者也其友皆誠信有行好善如此者事君日益官
職日進此所謂吉臣也吉善也觀人主也其朝臣多賢
左右多忠主有失皆交爭證諫交俱也如此者國日安
主日尊天下日服服共德也此所謂吉主也臣非能相人
也能觀人之友也莊王善之於是疾收士日夜不懈

遂霸天下故賢主之時見文藝之人也非特具之而已也所以就大務也（就成也）夫事無大小固相與通田獵馳騁弋射走狗賢者非不爲也爲之而智日得焉不肖主爲之而智日惑焉志曰驕惑之事不亡奚待（志古記也）君有好獵者曠日持久而不得獸入則媿其家室出則媿其知友州里惟其所以不得之故則狗惡也欲得良狗則家貧無以（無以買狗）於是還疾耕疾耕則家富家富則有以求良狗狗良則數得獸矣田獵之獲常過人矣（過猶多也）非獨獵也百事也盡然霸王有不先耕而成霸王者古今無有此賢者不肖之所以殊

也殊也異賢不肖之所欲與人同堯桀幽厲皆然所以
為之異故賢主察之以為不可弗為以為可故為之
為之必繇其道物莫之能害此功之所以相萬也萬倍
也

貴當

呂氏春秋卷第二十四

呂氏春秋卷第二十五

似順論第五

別類　有度　分職　處方　愼小

呂氏春秋訓解　高氏

一曰事多似倒而順多似順而倒倒逆也有知順之爲倒倒之爲順者則可與言化矣化道也至長反短至短反長天之道也夏至極長過至則短故曰至長反短冬至極短過至則長故曰至短反長也天道有盈縮之數故曰天之道也荊莊王莊王楚穆王之子也欲伐陳使人視之使者曰陳不可伐也莊王曰何故對曰城郭高溝洫深蓄積多也寧國曰陳可伐也寧國楚臣夫陳小國也

而畜積多賦斂重也則民怨上矣城郭高溝洫深則民力罷矣興兵伐之陳可取也莊王聽之遂取陳焉陳曰伐而言取易也田成子之所以得有國至今者有兄曰完子仁且有勇成子田常也有國齊國也越人興師誅田成子曰奚故殺君而取國殺君殺齊簡公而取其國也田成子患之完子請率士大夫以逆越師請必戰戰請必敗敗請必死田成子曰夫必與越戰可也戰必敗敗必死寡人疑焉疑焉不欲其死也完子曰君之有國也百姓怨上賢良又有死之臣蒙耻以完觀之也國已懼矣今越人起師臣與之戰戰而敗賢良盡死不死者不敢入於國君與

諸孤處於國以臣觀之國必安矣完子行田成子泣而遺之夫死敗人之所惡也而反以爲安豈一道哉故人主之聽若與士之學者不可不博聽博則達義學博則達道也尹鐸爲晉陽下有請於趙簡子尹鐸者趙簡子家臣也晉陽則子邑爲治也簡子曰往而夷夫壘我將往往而見壘是中行寅與范吉射也夷平也中行文子與范昭子專晉君權伐趙簡子圍之晉陽所作壘壁培堙也簡子不欲見之故使尹鐸平除之也鐸往而增之增益其壘壁令高大也簡子上之晉陽望見壘而怒曰譆鐸也欺我於是乃舍於郊將使人誅鐸也孫明進諫曰以臣私之鐸可賞也孫明簡子臣孫無政郄良也私惟也鐸之言固曰見樂則淫侈見憂則

諍治此人之道也今君見罍念憂患而況群臣與民乎夫便國而利於主雖兼於罪鐸爲之（兼或作謙）夫順令以取容者衆能之而況鐸歟（容說也況鐸爲賢人也）君其圖之（圖議之也）簡子曰微子之言寡人幾過（過失也）於是乃以免難之賞賞尹鐸人主太上喜怒必循理（太上上德之君）其次不循理必數更雖未至大賢猶足以蓋濁世矣（更變革也不循危亡之迹雖未至大賢尚足以蓋圖世事欲之人也）簡子當此（簡子之行此相值也）與世主之患恥不知而矜自用好愎過而惡聽諫（鄙恥於不知而矜大於自用愎過惡諫固敗是世主之大病也）以至於危恥無大乎危者（危敗則滅亡恥但慙辱耳故無大於危者也）

似順

三田知不知上矣過者之患不知而自以爲知物多類然而不然故亡國僇民無已夫草有莘有藟獨食之則殺人合而食之則益壽（合藥而服愈人病故曰益人壽也）萬菫不殺漆淖水合兩淖則爲蹇（蹇彊也言水漆相得則彊而堅也）溼之則爲乾（乾燥也）金柔錫柔合兩柔則爲剛燔之則爲淖（火鑠金流爲淖也）或溼而乾或燔而淖類固不必可推知也（漆得溼而乾燥金遇燔而流淖皆非其類也故曰不必可推知也）小方大方之類也小馬大馬之類也小智非大智之類也（大智知人所不知見人所不見則以三隅反小智聞十裁通其一故不可以爲類也）魯人有公孫綽者告人曰

我能起死人淮南記曰王孫綽人問其故對曰我固能治作爲爲亦治也偏枯今吾倍所以爲偏枯之藥則可以起死人矣物固有可以爲小不可以爲大可以爲半不可以爲全者也半謂偏枯全謂死人也相一作持劍者曰白所以爲堅也黃所以爲牣也黃白雜則堅且牣良劍也難者曰白所以爲不牣也黃所以爲不堅也黃白雜則不堅且不牣也又柔則錈堅則折劍折且錈焉得爲利劍劍之情未革而或以爲良或以爲惡說使之也故有以聰明聽說則妄說者止無以聰明聽說則堯桀無別矣無聰明以聽說不能知賢不肖故堯桀無有所別也此忠臣之所患也

患也憂賢者之所以廢也不見別白黑故廢棄也義小為之則小有福大為之則大有福於禍則不然小有之不若其亡也禍雖微小積小成大以危身亡國故曰小有之不若無也射招者欲其中小也射獸者欲其中大也物固不必安可推招埻藝也中小謂的纖不失毫分射之工也射獸欲其中大者得肉多故以中為工也射則同也中之小大異故曰物固不必安可推也高陽應將為室家匠對曰未可也木尚生加塗其上必將撓高陽宋邑因以為氏應名也或作高闔宋大夫也家匠家臣也撓弱曲也故曰未可也以生以室今雖善後將必敗家匠所謂直於聲而合事實者也高陽應曰緣子之言則室不敗也木益枯則勁勁遠也塗益乾則輕以益勁任益輕則不敗此倪於辭而後必敗其言不合

事實者也匠人無辭而對受令而爲之室之始成也善其

後果敗高陽應好小察而不通乎大理也驥驁綠耳

背日而西走至乎夕則日在其前矣（日東行天西旋日行遲天旋疾）

（及夕日入於虞淵之汜驥不能及故曰在前矣）目固有不見也智固有不知

也數固有不及也不知其說所以然而然聖人因而

興制不事心焉

別類

三曰賢主有度而聽故不過（度法也）有度而以聽則不

可欺矣（欺誤也）不可惶矣不可恐矣不可喜矣以凡人

之知不昏乎其所已知而昏乎其所未不知（昏闇也）則人

之易欺矣可惶矣可恐矣可喜矣知之不審也客有問季子曰奚以知舜之能也（季子户季子堯時諸侯也）季子曰堯固已治天下矣舜言治天下而合己之符（已堯也）是以知其能也若雖知之奚道知其不爲私（私邪也）季子曰諸能治天下者固必通乎性命之情者當無私矣夏不衣裘非愛裘也煖有餘也冬不用箑（箑扇也）非愛箑也清有餘也（清寒也）聖人之不爲私也非愛費也節乎己也節已雖貪汙之心猶若止又況乎聖人許由非彊也有所乎通也（通於無爲也）有所通則貪汙之利外矣（外棄也）也孔墨之弟子徒屬充滿天下皆以仁義之術教導

於天下然而無所行教者術猶不能行又況乎所教（所教謂孔墨弟子之弟子也）是何也仁義之術外也夫以外勝內匹夫徒步不能行又況乎人主（人主謂俗主又不能行也）唯通乎性命之情而仁義之術自行矣先王不能盡知執一而萬物治（不能盡知萬物也執守一道而萬物治理矣）使人不能執一者物感之也（感惑也）故曰通意之悖解心之繆去德之累通道之塞（悖繆累塞四者所以為人病也唯執一者能解去道之塞不壅閉也）貴富顯嚴名利六者悖意者也（此六者人情所欲也孔子曰富與貴人之所欲也不以其道得之不居故曰悖意悖亂也）容動色理氣意六者繆心者也（此六者不動所以惑人心者也）惡欲喜怒哀樂六者累德者也（此六者不節所以為

德累者也智能去就取舍六者塞道者也此六者宜適[illegible]中所以窒塞道度不通者也此四六者不蕩乎胸中則正蕩動也此四六者皆得其適不傾邪蕩動於胸臆之中則正矣詩云靜恭爾位正直是與此之謂也正則靜靜則清明清明則虛虛則無為而無不為也虛者道也道尚空虛無為而無不為人能行之亦無不為也

有度

四曰先王用非其有如已有之通乎君道者也桀紂有天下非湯武之有也而湯武有之此之類也故曰通乎君道者也夫君也者處虛素服而無智故能使眾智也智反無能故能使眾能也能執無為故能使眾為也無智無能無為此君之所執

也君執一以爲化之也人主之所惑者則不然以其智彊智以其能彊能以其爲彊爲此處人臣之職也處人臣之職而欲無壅塞雖舜不能爲若此者雖舜之聖不能無壅塞況惑主乎武王之佐五人五人者周公旦召公奭太公望畢公高蘇公忿生也武王之於五人者之事無能也然而世皆曰取天下者武王也故武王取非其有如己有之通乎君道也通乎君道則能令智者謀矣能令勇者怒矣能令辯者語矣夫馬者伯樂相之造父御之伯樂善相馬秦繆公臣也造父嬴姓飛廉之子善御周穆王臣也賢主乘之一日千里無御相之勞而有其功則知所乘矣功千里之功也故曰知乘也今召客者酒酣召請也歆酒合樂爲

酣歌舞鼓瑟吹竽（一作歌舞鼓瑟吹竽）明日不拜樂已者（拜謝樂已者謂倡優也）而拜主人主人使之也先王之立功名有似於此（有似於主人使之者也）使衆能與衆賢功名大立於世不予佐之者而予其主使之也譬之若為宮室必任巧匠奚故（奚何也）曰匠不巧則宮室不善夫國重物也其不善也豈特宮室哉（特猶直也）巧匠為宮室為圓必以規為方必以矩為平直必以準繩功已就（就成也）不知規矩繩墨而賞匠巧匠之宮室已成不知巧匠而皆曰善此某君某王之宮室也此不可不察也（察猶知也）人主之不通主道者則不然自為人則不能任賢者則惡

之與不肖者議之此功名之所以傷傷敗也國家之所以危也危亡也棗棘之有裘狐之有也食棘之棗衣狐之皮先王固用非其有而已有之湯武一日而盡有夏商之民盡有夏商之地盡有夏商之財以其民安而天下莫敢之危以其地封而天下莫敢不說以其財賞而天下皆競競進也無費乎鄗與岐周而天下稱大仁稱大義通乎用非其有通達也白公勝得荊國殺令尹子西司馬子期而得荊國也不能以其府庫分人七日石乞曰患至矣石乞白公臣也不能分人則焚之毋令人以害我白公又不能不能焚之也九日葉公入乃發太府之貨予衆葉公楚[illegible]

縣大夫沈諸梁子高也出高庫之兵以賦民賦予也因攻之十有

九日而白公死國非其有也而欲有之可謂至貪矣

不能爲人又不能自爲可謂至愚矣譬白公之嗇若

梟之愛其子也梟愛養其子子長而食其母也白公愛荆國之財而殺其身也衛靈

公天寒鑿池靈公衛襄公之子宛春諫曰天寒起役恐傷民傷病

也公曰天寒乎宛春曰公衣狐裘坐熊席陬隅有竈

是以不寒今民衣弊不補履決不組君則不寒矣民

則寒矣公曰善令罷役左右以諫曰君鑿池不知天

之寒也而春也知之以春之知之也而令罷之福將

歸於春也而怨將歸於君公曰不然夫春也魯國之

匹夫也，而我舉之（舉，用也），夫民未有見焉（未見其德）。今將令民以此見之，曰春也有善於寡人有也，春之善非寡人之善歟。靈公之論宛春，可謂知君道矣。君者固無任，而以職受任。工拙，下也；賞罰，法也；君奚事哉？若是則受賞者無德，而抵誅者無怨矣，人自反而已。此治之至也（抵，當也）。

分職

五曰：凡爲治必先定分，君臣父子夫婦。君臣父子夫婦六者當位，則下不踰節而上不苟爲矣，少不悍辟而長不簡慢矣（悍，凶也；辟，邪也；簡，惰也；慢，易也）。金木異任，水火殊事，陰陽不同其爲民利一也六者皆所以爲民用故曰爲民利一也故異所以安同也同所以危異也言同異更相成同異之分貴賤之別長少之義此先王之所愼而治亂之紀也聖人以治亂人以亂在所以由之也今夫射者儀毫而失牆儀望也睎望毫毛之微而不視堵牆之大故能中也畫者儀髮而易貌畫者睎毫髮寫人貌儀之於象不失其形故曰易貌也言審本也射必能中畫必象人故曰審本本不審雖堯舜不能以治本身審正也身不正而欲治者堯舜且猶不能况凡人乎故凡亂也者必始乎近而後及遠必始乎本而後及末近喻小遠喻大也爲亂之君先小後大也本謂身末謂國也詹何曰未聞身亂而國治也故曰始乎本而後及末治亦然未聞身治而國亂也故曰亦然故百里奚處乎虞而虞亡處乎秦而秦

大二万六十七

霸（虞公貪璧馬之賂不從其言爲晉所滅故亡也秦繆公用其謀而兼西戎故霸也）向摯處乎商而商滅處乎周而周王（向摯紂之太史令也紂不從其言而犇周暮年而滅紂周武王用其謀而王天下也）百里奚之處乎虞智非愚也向摯之處乎商典非惡也無其本也（本謂虞商之君身不治自取滅亡也）其處於秦也智非加益也其處於周也典非加善也有其本也（有其本言秦周之君身正而治也）其本也者定分之謂也（言其爲君治理分定不悖惑也）齊令章子將而與韓魏攻荊荊令唐蔑將而拒之（拒一作應應擊也）軍相當六月而不戰齊令周最趣章子急戰其辭甚刻（趣督也刻亦急也）章子對周最曰殺之免之殘其家王能得此於臣不可以戰而戰可以

戰而不戰王不能得此於臣與荆人夾泜水而軍章子令人視水可絕者荆人射之水不可得近（近猶適也）有芻水旁者告齊候者（候視也）曰水淺深易知荆人所盛守盡其淺者也所簡守皆其深者也候者載芻者與見章子章子甚喜因練卒以夜奄荆人之所盛守果殺唐蔑章子可謂知將分矣韓昭釐侯出弋（弋獵也論語曰弋不射宿）靷偏緩昭釐侯居車上謂其僕靷不偏緩乎其僕曰然至舍昭釐侯射鳥其右攝其一靷適之（適猶等也）昭釐侯已射駕而歸上車選間（選間猶選頃也）曰鄉者靷偏緩今適何也其右從後對曰今者臣適之昭釐侯至

詰庫令詰讓也各避舍故擅爲妄意之道雖當賢主不由也由用也令有人於此擅矯行則免國家利輕重則若衡石爲方圜則若規矩此則工矣巧矣而不足法巧而不足法者以其不循規矩故也法也者衆之所同也賢不肖之所以其力也謀出乎不可用一作行事出乎不可同此爲先王之所舍也舍而不爲也

處方

六曰上尊下卑卑則不得以小觀上觀視也上君也尊則恣恣則輕小物小物凡小事也輕小物則上無道知下下無道知上上下不相知則上非下下怨上矣人臣之情不

能爲所怨（不能爲之竭力盡節也）人主之情不能愛所非（方非罪之何能愛也）此上下大相失道也故賢主謹小物以論好惡（好善也惡惡也）巨防容螻而漂邑殺人（巨大防隄也如隄有孔穴容螻蛄則潰漏穿決至於漂没閭邑溺殺人民也）突洩一熛而焚宮燒積（竈突煙洩出則火濫炎上燒人之宮室積委也）將失一令而軍破身死（教令不當爲失失令不從士無先登之心而懷北之志故軍破敗將見禽獲而身死也）主過一言而國殘名辱爲後世笑（主過一言猶將失一令故國殘亡惡名著聞以自汙辱乃爲後世之人所非笑也）衛獻公戒孫林父甯殖食（林父孫文子也甯殖惠子也）鴻集于囿虞人以告（畜禽獸大曰苑小曰囿虞人主囿之官也以告以鴻告也）公如囿射鴻二子待君日晏公不來至（晏暮也）來不釋皮冠而見二

子二子不說逐獻公立公子黚[傳曰衛人立孫剽孫林父甯殖相之此云立公子黚復誤矣按衛世家公子黚乃靈公之太子蒯聵之弟也是爲悼公於獻公爲曾孫也焉得立之乎]衛莊公立欲逐石圃[莊公靈公之子蒯聵也石圃衛卿石惡之名也蒯聵在外圃不欲納之故立而逐之也]登臺以望見戎州而問之曰是何爲者也侍者曰戎州也[戎州戎之邑也]莊公曰我姬姓也戎人安敢居國使奪之宅殘其州晉人適攻衛戎州人因與石圃殺莊公立公子起[公子起衛靈公子莊公之弟也]此小物不審也[審愼也]人之情不蹷於山[蹷蹪顛頓也]而蹷於垤[垤蟻封也蟻封卑小人輕之故蹪顛也]齊桓公即位三年三言而天下稱賢群臣皆說去肉食之獸去食粟之鳥去絲置之網[是三

言也吳起治西河欲諭其信於民吳起衛人也爲魏武侯西河守諭明也夜日置表於南門之外置立也表柱也令於邑中曰明日有人僨南門之外表者仕長大夫僨僵也長大夫上大夫也明日日晏矣莫有僨表者莫無也民相謂曰此必不信不信其有實也有一人曰試往僨表不得賞而已何傷言不敢必得其賞也往僨表來謁吳起謁告也吳起自見而出仕之長大夫夜日又復立表又令於邑中如前邑人守門爭表表加植不得所賞如前與前令同也邑人貪賞爭往僨表表深植而不能僨不得其所賞也自是之後民信吳起之賞罰吳起賞罰不欺民民信之也賞罰信乎民何事而不成豈獨兵乎一作非獨兵也言非獨信用兵以成功也亦信用賞

罰以成事故使秦人不敢東向犯盜西河也

愼小

呂氏春秋卷第二十五

呂氏春秋卷第二十六

士容論第六

務大　上農　任地　辯土　審時

呂氏春秋訓解　高氏

一曰士不偏不黨柔而堅虛而實而能也其狀朖然不儇若失其一一謂道也能柔堅虛實之士其狀貌朖然舒大不儇給巧僞爲之畏失其道也傲小物而志屬於大傲輕也輕略叢脞翳蔑之事而志屬連於有大成功也似無勇而未可恐未可恐以非義之事也狼執固橫敢而不可辱害狼貪獸也所搏執堅固橫猶勇敢之士若此者不可辱亦不可害也臨患涉難而處義不越越失也南面稱寡而不以侈大南面君位也孤寡謙稱也士之

如此者使即南面之君亦𤅢義而已不以奢侈廣大也 今日君民而欲服海外 海外四海之外而欲服之化廣大也節物事也行事甚高 節物甚高而細利弗賴 細小之利不恃賴之也 耳目遺俗而可與定世 耳目視聽禮義是則故能遺棄流俗可與大定於一世也 富貴弗就而貧賤弗朅 輕富貴甘貧賤 德行尊理而差用巧衛 尊重道理而行皆以巧媚自禁衛也 寬裕不訾而中心甚厲 不訾毀敗人也甚厲至高遠也 難動以物而必不妄折 不爲物動唯義所在不妄斲折也 此國士之容也 容猶法也 齊有善相狗者其鄰假以賢取鼠之狗 一本作其鄰借之買鼠狗借猶請也謂善相狗者買取鼠之狗也 朞年乃得之曰是良狗也其鄰畜之數年而不取鼠以告相者相者曰此良狗也其志在獐麋豕鹿不在

鼠欲其取鼠也則桎之其鄰桎其後足（桎械也著足曰桎著手曰梏）狗乃取鼠（一本作狗則取鼠矣）夫驥驁之氣鴻鵠之志有諭乎人心者誠也人亦然誠有之則神應乎人矣言豈足以諭之哉此謂不言之言也（不言之言以道化也）客有見田駢者（田駢齊人也作道書二十五篇）被服中法進退中度趨翔閑雅辭令遜敏（遜順也敏材也）田駢聽之畢而辭之（辭遣之）客出田駢送之以目（以目送而視之也）弟子謂田駢曰客士歟田駢曰殆乎非士也（殆近也）今者客所弇斂士所術施也士所弇斂客所術施也（術皆當作述刻者誤）客殆乎非士也故火燭一隅則室偏無光（燭照也偏半也）骨節蚤成空竅哭歷身必

不長也長大也衆無謀方乞謹視見多故不良良善也志必不公也公正也不能立功立成也好得惡予國雖大不爲王好得厚斂也惡予恡畜也多藏厚亡故必不爲王禍災日至故君子之容純乎其若鍾山之玉桔乎其若陵上之木純美也鍾山之玉燔以爐炭三日三夜色澤不變陵上之木鴻且大皆天性也君子天性純斆故以此爲喩也淳淳乎愼謹畏化而不肯自足化教也常畏而奉之不肯自足其智思以事必問詳而後行之也乾乾乎取舍不悦而心甚素樸乾乾進不倦也取舍不悦常敬慎也心甚素樸精潔專一情不散欲也唐尚敵年爲史史國史也其故人謂唐尚願之故人者唐尚知舊也以唐尚明習天文宿度審咎徵之應故爲願之也以謂唐尚唐尚曰吾非不得爲史也羞而不爲也其故人不

信也〔不信其蓋爲史〕及魏圍邯鄲唐尚說惠王而解之圍以與〔子一作〕伯陽〔惠王衛文侯之孫武侯之子孟子所見梁惠王也解邯鄲圍也以與伯陽以伯陽邑資之也〕其故人乃信其蓋爲史也居有閒其故人爲其兄請〔請於唐尚欲仕其兄〕唐尚曰衛君死吾將汝兄以代之其故人反興再拜而信之夫可信而不信不可信而信此愚者之患也〔可信謂唐尚蓋爲史不可信謂唐尚欲以其兄代衛君衛君不可得也而信爲可得故曰不可信而信也患者猶病也〕知人情不能自遺以此爲君雖有天下何益〔不能自遺忘其貪欲之情必危亡也故曰雖有天下何益〕故敗莫大於愚愚之患在必自用自用則戇陋之人從而賀之有國若此不若無有古之與賢從此生矣〔古人傳位〕

（子賢以子不肖不可子也）非惡其子孫也非徼而矜其名也反其實也（徼求也矜大也以國予賢則與子孫不肖予其國必滅亡故曰反其實也）

士容

二曰嘗試觀於上志（上志古記也）三王之佐其名無不榮者（榮顯也）其實無不安者功大故也（實猶終也）俗主之佐其欲名實也與三王之佐同（同等也）其名無不辱者其實無不危者無功故也（無大功效也）皆患其身不貴於其國也而不患其主之不貴於天下也此所以欲榮而逾辱也（愈益也）欲安而逾危也孔子曰鷰爵爭善處於一屋之下母子相哺也區區焉相樂也（區區得志貌也）自以爲

安矣竈突決上棟焚燕爵顏色不變是何也不知禍之將及之也不亦愚乎爲人臣而免於燕爵之智者寡矣夫爲人臣者進其爵禄富貴父子兄弟相與比周於一國區區焉相樂也而以危其社稷其爲竈突近矣而終不知也其與燕爵之智不異故曰天下大亂無有安國一國盡亂無有安家一家盡亂無有安身此之謂也故細之安（細小也）必待大大之安必待小（言相須也）細大賤貴交相爲贊（交更也贊助也）然後皆得其所樂（樂願也）薄疑説衛嗣君以王術（嗣君衛平侯之子也秦貶其號曰君）嗣君應之曰所有者千乘也願以受教（衛君國之賦兵車千乘耳王者萬乘）

故願以受教也薄疑對曰烏獲奉千鈞又況一斤千鈞三萬斤也喻衛君之賢爲王術若烏獲之力以舉一斤言其易也杜赫以安天下說周昭文君杜赫周人杜伯之後也周昭文君周分爲二東周之君也昭文君謂杜赫曰願學所以安周以用也杜赫對曰臣之所言者不可則不能安周矣臣之所言者可則周自安矣所言安行仁與義也此所謂以弗安而安者也當昭文君時人不安行仁義而仁義不行也然仁義必安之本也故曰以弗安而安者也鄭君問於被瞻曰聞先生之義不死君不亡君信有之乎鄭君穆公也被瞻事鄭文公故穆公即位問瞻所行之義信不乎被瞻對曰有之夫言不聽道不行則固不事君也若言聽道行又何死亡哉言從賢臣之言不死亡也故被瞻之不

死亡也賢乎其死亡者也史君無道臣不能正乃死亡耳被贈言聽道行不死不亡故曰賢乎死亡者也昔有舜欲服海外而不成既足以成帝矣禹欲帝而不成既足以王海內矣湯武欲繼禹而不成既足以王通達矣五伯欲繼湯武而不成既足以為諸侯長矣孔墨欲行大道於世而不成既足以成顯榮矣夫大義之不成既有成已故務事大

務大

三曰古先聖王之所以導其民者先務於農民農非徒為地利也貴其志也民農則樸樸則易用易則邊境安主位尊尊重也民農則重重則少私義少私義則

公法立力專一民農則其產復其產復則重徙重則死其處（處居也）而無二慮民舍本而事末則不令（令善）不令則不可以守不可以戰（戰攻）民舍本而事末則其產約其產約則輕遷徙輕遷徙則國家有患皆有遠志無有居心（安也）民舍本而事末則好智好智則多詐多詐則巧法令（巧讀如巧智之巧）以是為非以非為是后稷曰所以務耕織者以為本教也是故天子親率諸侯耕帝籍田大夫士皆有功業（傳曰王耕一發班三人庶人終于千畝故曰皆有功業也）是故當時之務農不見于國（當啓蟄耕農之務農民不見于國都也孟春紀曰王布農事命田舍東郊故農民不得見于國也）以教民尊地產也（地產

[illegible]也農后妃率九嬪蠶於郊桑於公田是以春秋冬夏皆有麻枲絲繭之功以力婦教也力任其力效其功也是故丈夫不織而衣婦人不耕而食男女貿功以長生貿易也此聖人之制也制法也故敬時愛日非老不休休止也非疾不息非死不舍舍置也上田夫食九人下田夫食五人可以益之可以損損減也一人治之十人食之六畜皆在其中矣此大任地之道也故當時之務不興土功不作師徒庶人不冠弁弁鹿皮冠詩云冠弁如星娶妻嫁女享祀不酒醴聚衆禮取婦之家三日不舉樂嫁女之家三日不絕燭故不以酒醴聚衆也農不上聞不敢私籍於庸爲害於時也然後制野禁

苟非同姓（苟誠也）農不出御（御妻也）女不外嫁，以安農也。（異姓之女不出閭邑而嫁也）野禁有五：地未辟易，不操麻，不出糞。（出猶捐也）齒年未長，不敢為園囿；量力不足，不敢渠地而耕（渠溝也）；農不敢行（守其疆畝也）賈；不敢為異事（異猶他也），為害於時也。然後制四時之禁：山不敢伐材下木（伐斫也），澤人不敢灰僇（燒灰不以時多僇），繯網罝罦不敢出於門，罛罟不敢入於淵（罝獸罟也詩云肅肅兔罝罛魚罟也詩云施罛濊濊鱣鮪發發），澤非舟虞不敢緣名，為害其時也。（舟虞主舟官也）若民不力田，墨乃家畜，國家難治，三疑乃極，是謂背本反則（則法也），失毀其國。凡民自七尺以上，屬諸三官（三官農工賈也）。農攻粟，工攻器賈攻貨攻治也時事不共是謂大凶奪之以土功是謂稽不絕憂唯必喪其粃奪之以水事是謂籥喪以繼樂繼續也四鄰來虛奪之以兵事是謂厲禍厲摩也因胥歲不舉銍艾數奪民時大饑乃來野有寢耒或談或歌旦則有昏喪粟甚多皆知其末莫知其本真不敏也

上農

四曰后稷曰子能以窐為突乎窐容汙下也突理出豐高也子能藏其惡而揖之以陰乎陰猶潤澤也子能使吾士靖而甽浴土乎士當作土子能使保溼安地而處乎子能使雚夷

毋淫乎（淫延生也）子能使子之野盡為冷風乎（冷風和風所以成穀也）子能使藁數節而莖堅乎子能使穗大而堅均乎（詩云實發實秀實堅實好此之謂也）子能使粟圜而薄糠乎子能使米多沃而食之彊乎無之若何凡耕之大方力者欲柔柔者欲力息者欲勞勞欲息棘者欲肥肥者欲棘（棘羸瘠也詩云棘人之欒欒言羸瘠也土亦有瘠土也）急者欲緩緩者欲急（急者謂彊壚剛土也故欲緩緩者謂沙堧弱土也故緩急和二者之中乃能殖穀）溼者欲燥燥者欲溼（溼謂下溼近汙泉故欲燥燥謂高垠曠乾故欲溼不燥不溼取其中適乃成黍稷也）上田棄畝下田棄甽五耕五耨必審以盡其深殖之度陰土必得大草不生（草穢也）又無螟蜮（蜮或作螣食心曰螟食葉曰蜮兗州

謂蝛爲螣音相近也今茲美禾來茲美麥茲年也是以六尺之耜所以成畝也其博八寸所以成甽也耜六尺其刃廣八寸古者以耜耕廣六尺爲畝五尺爲甽遼西之人謂之埢也耨柄尺此其度也度制也其耨六寸所以間稼也耨所以耘苗也刃廣六寸所以入苗間也地可使肥又可使棘人肥必以澤地耕熟則肥肥即得穀多不則瘠瘠則得穀少故曰可使也人肥則顏色潤澤使弓堅而地隙人耨必以旱使地肥而土緩緩柔也草諯大月大月孟冬月也冬至後五旬七日菖始生菖菖蒲水草也冬至後五十七日而挺生菖者百草之先生者也於是始耕耨曰土發而耕此之謂也孟夏之昔殺三葉而穫大麥昔終也三葉薺亭歷菥蓂也是月之季枯死大麥熟而可穫大麥旋麥也日至苦菜死而資生菜名也

而樹麻與菽樹種也菽豆也此告民地寶盡死凡草生藏日中出豨首生而麥無葉凡草庶草也日中春分也衆草生而出之豨首草名也至其生時麥無葉皆成熟也而從事於蓄藏藏之於倉也此告民究也究畢也我麥畢也五時見生而樹生見死而穫死五時五行生殺之時也見生謂春夏稼而生也見死謂秋冬獲刈收死者也天下時地生財不與民謀天降四時地出稼穡自然之道也故曰不與民謀有年瘞土無年瘞土祭土曰瘞年穀也有穀祭土報其功也無穀祭土禳其神也無失民時無使之治下知貧富利器皆時至而作渴時而止利用之器有其時而爲之無其時而止之是以老弱之力可盡起其用日半其功可使倍一辟曰治不知事者時來至而逆之時既往而慕之慕思也當

時而薄之（薄輕也言不重時也薄或作怠）使其民而郄之（郄逆之也）民既郄乃以良時慕此從事之下也操事則苦不知高下民乃逾處種稑禾不爲稑種重禾不爲重（晚種早熟爲稑早種晚熟爲重詩云黍稷重稑植穉菽麥此之謂也）是以粟少而失功（不當其時故粟少也食之少氣力故曰少而失功也）

地

五曰凡耕之道必始於壚（壚埴壚地也）爲其寡澤而後枯必厚其靹（厚深也）爲其唯厚而及餞者（餞或作選）薤（言土燥溼也）之堅者耕之澤其靹而後之上田則被其處下田則盡其汙無與三盜任地夫四序參發大甽小畝爲青

魚胠苗若直獵地竊之也既種而無行耕而不長則
苗相竊也弗除則蕪蕪穢也除之則虛無動稼根則草竊之
也故去此三盜者而後粟可多也所謂今之耕也營
而無獲者獲或作種其蚤者先時晩者不及時寒暑不節
稼乃多菑實其爲晦也高而危則澤奪陂則埒見風
則僠僠仆也高培則拔培田側也寒則雕雕不實也熱則脩脩長也
一時而五六死故不能爲來來丕成也不俱生而俱死虛
稼先死虛根不實衆盜乃竊望之似有餘就之則虛虛不頴不
粟詩云實頴實粟有郤家室也農夫知其田之易也易治也易讀如易綱之易也
不知其稼之疏而不適也疏希也不中適也知其田之際也

不知其稼居地之虛也 虛亦希也 不除則蕪除之則虛此
事之傷也 傷敗也 故晦欲廣以平甽欲小以深下得陰
陰溼也 上得陽 陽日也 然後咸生 咸皆也 稼欲生於塵而殖
於堅者 殖長也 慎其種勿使數亦無使疏於其施土無
使不足 土壤也 亦無使有餘 餘猶多也 熟有擾也 擾覆種也 必
務其培其耰也植植者其生也必先 先猶速也 其施土也
均均者其生也必堅 堅好也 是以晦廣以平則不喪本
本根也 莖生於地者五分之以地 分別也 莖生有行故遬
長弱不相害故遬大 遬疾也 衡行必得縱行必術正其
行通其風 行行列也 夬心中央帥爲泠風 夬決也心於苗中央帥率也嘯

冷風以搖長之也夫或作使苗其蒻也欲孤弱小也苗始生小時欲得其孤特疏數適中則茂好也長也欲相與居相依助不傴仆其熟也欲相扶扶相扶持不可傷折也是故三以爲族乃多粟族聚也凡禾之患不俱生而俱死是以先生者美米後生者爲秕秕不成粟也是故其耨也長其兄而去其弟養大殺小樹肥無使扶疏樹墝不欲專生而族居專獨也肥而扶疏則多秕根扇迫也墝而專居則多死專獨不能自蔭潤其根拔多枯死也不知稼者其耨也去其兄而養其弟殺其大者養其小者也不收其粟而收其粗上下安則禾多死厚土則蘖不通壞深不能自達故多蘖死也薄土則蕃轓而不發壚埴冥色剛土柔種免耕殺匿使

農事得

辯十二

六曰凡農之道厚之爲寶斬木不時不折折猶堅也必穗稼就而不穫穫得也必遇天菑菑害也夫稼爲之者人也爲治也生之者地也養之者天也是以人稼之容足耨之容耨據之容手謂根苗跡數之間也此之謂耕道是以得時之禾長稠而穗大本而莖殺殺或作小本根也莖稍小鼠毛桑條穀也疏穖而穗大穖禾穗果蠃也其粟圓而薄糠圓豐滿也薄糠言米大也其米多沃而食之彊彊有勢力也如此者不風風落也先時者莖葉帶芒以短衡穗鉅而芳奪秮米而不香奪或作奞字後

時者莖葉帶芒而末一作衡穗閲而青零青零未熟而先落多秕而不滿滿盛也得時之黍芒莖而徼下穗芒以長摶米而薄糠舂之易而食之不噮而香香美也噮讀如餲猒之餲如此者不飴先時者大本而華莖殺而不遂遂長葉藁短穗後時者小莖而麻長短穗而厚糠小米鉗而不香小米故厚糠也得時之稻大本而莖葆長秱疏穖穗如馬尾大粒無芒摶米而薄糠舂之易而食之香如此者不益益息也益一作蒜先時者大本而莖葉格對對等也短秱短穗多秕厚糠薄米多芒後時者纖莖而不滋厚糠多秕庭辟米不得恃辟小也恃或作待定熟卬天而死得時

之麻必芒以長踈節而色陽小本而莖堅厚枲以均後熟多榮日夜分復生如此者不蝗蝗蟲不食得時麻節也之菽長莖而短足其莢二七以爲族多枝數節競葉蕃實二七十四實也大菽則圓小菽則摶以芳稱之重食之息以香如此者不蟲蟲不蠹其莢芒也先時者必長以蔓浮葉疏節小莢不實後時者短莖疏節本虛不實得時之麥稈長而頸黑二七以爲行而服薄穛而赤色稱之重食之致香以息使人肌肌或作肥澤且有力如此者不蚼蛆先時者暑雨未至至或作上胕動蚼蛆而多疾胕動病必胕讀如漏其次羊以節後時者弱苗而穗蒼狼薄色而

美芒是故得時之稼興（興昌也）失時之稼約（約病也）莖相若稱之得時者重粟之多量粟相若而舂之得時者多米量米相若而食之（一作以為食）得時者忍饑（忍猶能也能耐）也是故得時之稼其臭香其味甘其氣章（氣力也章盛也）百日食之（百日食之者食之百日也）耳目聰明心意叡智（叡明也）四衛變彊（四衛四枝也）㐫氣不入身無苛殃（苛病殃咎）黃帝曰四時之不正也正五穀而已矣（五穀正時食之無病故曰正五穀而已）

審時

吕氏春秋卷第二十六